湖北省教育厅人文社会科学研究项目"基于用户内容生产的线上公共文化服务研究"（19Q154）;"十四五"湖北省优势特色学科（群）"智能体育与产业发展"

光明社科文库
GUANGMING DAILY PRESS:
A SOCIAL SCIENCE SERIES

·经济与管理书系·

公共与文化之间
——公共文化服务的地方结构网络

徐靖芮 | 著

光明日报出版社

图书在版编目（CIP）数据

公共与文化之间：公共文化服务的地方结构网络／徐靖芮著 . 北京：光明日报出版社，2022.4
ISBN 9787519464172

Ⅰ.①公… Ⅱ.①徐… Ⅲ.①地方文化—文化工作—研究—中国 Ⅳ.①G127

中国版本图书馆 CIP 数据核字（2021）第 272046 号

公共与文化之间：公共文化服务的地方结构网络
GONGGONG YU WENHUA ZHIJIAN：GONGGONG WENHUA FUWU DE DIFANG JIEGOU WANGLUO

著　　者：	徐靖芮		
责任编辑：	杨　茹	责任校对：	杨静熙
封面设计：	中联华文	责任印制：	曹　净

出版发行：光明日报出版社
地　　址：北京市西城区永安路 106 号，100050
电　　话：01063169890（咨询），01063131930（邮购）
传　　真：01063131930
网　　址：http：//book.gmw.cn
Email：gmrbcbs@gmw.cn
法律顾问：北京市兰台律师事务所龚柳方律师
印　　刷：三河市华东印刷有限公司
装　　订：三河市华东印刷有限公司
本书如有破损、缺页、装订错误，请与本社联系调换，电话：01063131930
开　　本：170mm×240mm
字　　数：245 千字　　　　　　　　　印　　张：16.5
版　　次：2022 年 4 月第 1 版　　　　印　　次：2022 年 4 月第 1 次印刷
书　　号：ISBN 9787519464172
定　　价：95.00 元

版权所有　　翻印必究

目录
CONTENTS

第一章　绪论 ………………………………………………… 1
　一、研究的背景 ……………………………………………… 2
　二、研究的主题 ……………………………………………… 5
　三、研究的结构 ……………………………………………… 6

第二章　从结构到意义：公共文化服务与社会网络相关文献探讨 ……… 8
　一、关于公共文化服务的相关探讨 ………………………… 8
　二、关于文化参与测量的相关探讨 ………………………… 16
　三、关于社会网络分析的相关探讨 ………………………… 21
　四、关于组织资源宽裕的相关探讨 ………………………… 29
　五、文献总结与本研究定位 ………………………………… 35

第三章　研究设计 …………………………………………… 37
　一、研究个案 ………………………………………………… 37
　二、研究思路 ………………………………………………… 39
　三、研究方法 ………………………………………………… 40
　四、研究概念的操作化与数据收集 ………………………… 45

第四章　上城区公共文化服务的政府行动者：政策变迁与职能网络 … 57
　一、上城区公共文化服务概况 ……………………………… 58

  二、上城区公共文化服务的历史叙事 ……………………………… 61
  三、上城区公共文化服务职能的社会网络分析 ………………… 75
  四、小结与讨论 …………………………………………………… 100

第五章　上城区公共文化服务的机构行动者：资源张力与空间网络 …… **103**
  一、上城区公共文化服务机构地理时空分析 …………………… 104
  二、上城区公共文化服务机构访问情形的社会网络分析 ……… 118
  三、上城区公共文化服务机构资源宽裕社会网络分析 ………… 129
  四、小结与讨论 …………………………………………………… 141

第六章　上城区公共文化服务的公众行动者：行动机制与参与网络 …… **145**
  一、上城区公众文化参与调查问卷讨论分析 …………………… 146
  二、上城区公众访问公共文化机构的小世界网络与文化参与的相关
    分析 …………………………………………………………… 160
  三、上城区公众文化参与的焦点小组讨论分析 ………………… 172
  四、小结与讨论 …………………………………………………… 188

第七章　公共文化服务的整体网络：地方实践的结构特点与经验讨论
　…………………………………………………………………………… **192**
  一、整体结论与讨论 ……………………………………………… 192
  二、理论对话与贡献 ……………………………………………… 198
  三、管理意义 ……………………………………………………… 203
  四、研究局限与未来方向 ………………………………………… 205

参考文献 ………………………………………………………………… **210**
附录一　深度访谈提纲1（政府职能部门） ………………………… **242**
附录二　深度访谈提纲2（公共文化服务机构） …………………… **244**
附录三　上城区公共文化服务机构的参与情况 ……………………… **246**
附录四　上城区居民文化参与调查问卷 ……………………………… **248**

第一章

绪 论

"在一般的假设情形中,客观理性忽略了社会结构和社会关系对个体行为的复杂影响。社会网络分析方法提供了一个更为明确的先导性前提:行动者之间的关系结构和行动者在结构中的位置对个体行动者和整体结构的行为、认知和态度都有着重要影响。纽带和联结的模式可以用来解释涉及行为的诸多方面。忽视结构,充其量只能说明一个不全面的解释,而最坏的情况是得出完全错误的推论。"(Knoke,1994)[1]

以上所引文字表明了本研究的主要理论立场,即从社会网络关系的视角进行社会科学的解释相较于从个体属性视角的解释更加完备。社会网络分析致力于实现从社会网络关系的可视化到网络结构特质和行动逻辑的跨越(Scott,2017:3),不仅是一种新的研究方法,也是一种新的社会科学研究范式,无论利用的模型是为了理解关系背景下的个体行动,还是直接研究结构,社会网络分析都根据"关系"对结构进行操作化,互动的模式即为结构,而"标准"的社会科学量化研究常常忽视了关系性的互动结构。本研究将公共文化服务的地方实践纳入社会网络结构的分析框架之

---

[1] 本段文字摘录于 Knoke D. (1994) 的《政治网络:结构观点》(*Political networks: the structural perspective*) 一书第一章的一小节,部分相关原文如下:"By hypothesis, objective rationality ignores the complex efforts of social structure and social relationships on individuals 'behaviors'." "The structure approach offers an explicit premise of great import: the structure of relations among actors and the location of individual actors in the network have important behavioral, perceptual, and attitudinal consequences both for the individual units and for the system as a whole. The patterning of linkages can be used to account for some aspects of behavior of these involved." "To ignore structure gives, at best, a deficient explanation and, at worst, an incorrect one."

中，试图以社会网络分析的范式考察公共文化服务在基层的实践结构。在社会网络分析基本范式的基础上，结合公共文化服务研究现状，焦点主要围绕三类行动者：公共文化服务中的地方政府、服务机构与公众，探讨在地方公共文化服务网络的结构关系之下，地方公共文化服务的公共性与文化性之张力。

一、研究的背景

在当代中国行政管理的实践领域，公共文化服务依旧是一个富含本土特色又急速复杂化的词汇，这种本土特色来自对文化定位的不断演变，以及在实践领域与其他政策重点的互动：①在政策理念层面，党的十九大进一步提出，"满足人民过上美好生活的新期待，必须提供丰富的精神食粮"，"完善公共文化服务体系，深入实施文化惠民工程，丰富群众性文化活动"，公共文化产品和公共文化服务供给的增加，体现了新常态下政府职能的转向，也为我国公共文化服务模式的转型提供了契机；②在法理层面，2017年3月1日施行的《中华人民共和国公共文化服务保障法》中规定，"公共文化服务，是指由政府主导、社会力量参与，以满足公民基本文化需求为主要目的而提供的公共文化设施、文化产品、文化活动以及其他相关服务"，人民群众基本文化权益和基本文化需求实现从行政性"维护"到法律"保障"的跨越，公共文化服务将实现从可多可少、可急可缓的随机状态到标准化、均等化、专业化发展的跨越（新华网，2017）；③在行政体制层面，2018年3月《国务院机构改革方案》中提出，将文化部、国家旅游局的职责整合，组建文化和旅游部，作为国务院组成部门，在文化事业、文化产业与旅游产业的融合中迈出实质性步伐，从顶层条线改革设计中进一步明确了文化在地方发展尤其是产业经济发展中的工具性价值。在政策理念与法理层面，均对公共文化服务在政府公共服务中的地位予以强化，同时在政策内容层面，文化与经济、地方及发展的关系也进一步交织融合。

在公共行政与公共管理的研究领域，公共文化服务依旧是一个意义变动、建构中的词汇。"公共文化服务"在各项研究中除了是"新公共服务"

理论的衍生，就其研究内容和研究路径而言，则吸纳了文化政策、政治经济学、文化政治等学科的相关内容。之所以呈现概念的发散性，一方面是由于"文化"与"公共服务"的交互关系理论化不足，这关系到公共文化服务研究中如何处理文化主体性的问题，并呼应着 Hall（1997）提出的"文化转向（cultural turn）"——文化作为意义生产的机制，随着当代与文化相关的机构和技术的兴起、文化成为推动全球变迁的动力、日常生活的文化概念转化，以及主体与社会认同中文化成为关键、核心的因素，倒转了过去社会结构分析下文化次要、附属的位置，在各个领域中兴起方法论及学科疆界的重划，重新面对文化的议题；另一方面，文化与权力之间的关系也更加凸显出来，"文化就是我们分享和竞争关于我们自己、彼此之间以及我们所生活的社会世界之意义的场所"（Storey，2010），文化越是成为核心议题，权力对其形塑、调整的力量也就越显著（Hall，1997），这导致公共文化服务的研究，因文化的特殊属性，将更多的关注其影响力及对权力的影响，而这两方面问题的回应难度成为公共文化服务目前的研究呈现出多学科研究路径却未能对现实具备高度解释的困境。

同时，因公共文化服务实践的本土性及概念的复合性，公共文化服务的研究目前还面临中西方语境断裂的问题，这种断裂主要表现为针对本土化的公共文化服务实践，缺乏对西方研究部分理论适用性的反思，具体在政府、公共文化服务机构与地方三个层面渐次体现。

在政府层面，表现于政策设计与演变中，文化既是公共服务的对象、工具，也是目标，公共文化服务这个场域的构筑和运作，因文化所具有的正当化效果，而成为社会各方追逐的目标。整体的公共文化服务的职能履行过程仍遵循着中央制定政策方针，层级下放财政与政策资源，地方政府具备一定的政策创新空间，但其主要职能仍为承接政策指令、扩大文化近用、以文化的方式进行道德意识培养，这一整体的政策过程伴随着政府公私合作、文化正当化效果以及民间相关 NGO（非政府组织）发展等因素，深刻展现了治理过程中政府与社会力量交错推拉的张力。在西方相关研究中，着眼于文化是社会力量角力的场域性质，并关注文化的治理作用，相关理论借此探讨国家、地方及其他社群如何以文化的名义进行资源和价值的协商与权力形塑，如英国文化政策与博物馆学者Bennett（1986：233）以博物馆研究的角度出发，主张在文化治理概念下注重治理网络中多极的能动者角色，强调应有效分析文化机构形塑知识、资源分配以作用于社会的方式，但这类研究视角目前在国内尚未形成充分对话。

在公共文化机构层面，地方公共文化服务机构作为空间实体，与其所在的空间、市井、社区形成紧密的连带关系，在中国公共文化服务政策脉络发展下，地方公共文化服务机构有其自身独特的样貌：公共文化服务机构与地方、社群共存是其成立的重要理由，但伴随着改革开放进程以来对市场化的回应，在地认同与地方文化特色在地域竞争中的独特作用，这一共存基础在实际执行层面却面临诸如影响力价值积累、自身资源断层与文化资源竞争等问题。在西方相关研究中，地方公共文化服务机构、社群与官方间的互动过程（Hannerz，1992），地方公共文化机构如何有效成为地方文化发声的主体（Yu-Sion，1998），如何在社区发展、在地文化诠释与保存工作中发挥作用等都有相当充分的讨论，但因为国内的研究视角往往无法脱离公共服务的理论框架，所以很难将公共文化机构作为一类重要主体做单独分析。

在地方层面，在官方具体的文化政策施加于地方之前，政治论述的建构与转型，便已深刻地影响了地方的政策走向，从1978年至今的文化政策发展中，尤其是2006年"十一五"规划至今的政策深化阶段（胡税根&李倩，2015），伴随着文化产业化的发展，地方公共文化机构演变成一种将本土化、地方经济问题等转化为文化议题的回应——文化作为一种方法。在全球化的地域竞争趋势下，当前的文化活动以激励地方经济发展、塑造地域认同为主要目标，尤其以城市为首，文化活动的塑造、地域文化形象的建立，在城市竞争下获得高度正当性。西方研究中，对文化的地方作用在两个维度予以探讨，一是文化对在地化特色及由此衍生的地方经济发展（Ramsay，1996）的作用，Harvey（2001：394-410）的"垄断地租"概念将地理空间与文化形式、空间商品化的资本累积模式联结在一起，垄断地租对地域特殊性、真实性和独特性的要求，使结果经常仰赖历史叙事、集体记忆与文化实践的宣称，是为"集体象征资本"的累积；然而垄断地租的机会可能吸引大量外来投资进驻，使原有的空间纹理面临均质化的危机（Harvey，2009）。二是文化作为社区营造（community build）的重要组成部分，如何最大化地凝聚社区认同与共识（Rutherford，1990）、整合社区资源（Kretzmann & Mcknight，1993；Namen, Bornstein & Rosenhead，2009；Mcknight & Block，2012；Diers，2004）等，甚至科学指导公共文化机构建设的手册在21世纪初大量出现（Borrup. & McNulty，2006）。文化在地方发展中对地域形象塑造的政策策略，往往可能超越了地域长久文化脉络的积累，由于对地方公共文化发展的文化理论视角关注尚为匮乏，国内研究难以从地方的角度对公共文化的积累与参与做进一步的探讨。

政府、公共文化机构及地方，这三个理论断裂层面的切入，恰恰提供了观察中国公共文化服务的"文化转向"发生过程。公共文化服务的地方实践是一种与周围环境和不同行动者密切联系的社会性行动，政府"自上而下"的行动逻辑、公共文化服务机构与公共资源的勾连互动、地方社区个体的文化参与日常，三者相互联系，构建起地方公共文化服务实践的结构，这种结构性视角依托于社会网络分析的基本立场，也是对公共文化服务在中西语境的三重断裂的弥合努力，因此本研究希望重新描述地方公共文化服务不同位置的行动者，重新提问地方公共文化服务机构的定位和能动性，厘清地方公共文化服务机构面对的"公共性"内涵，进而分析各文化机构分配、联结资源的有效性，辨识包括地方社区在内的能动者、各行动者在关系中拥有的资源、技术、理性和思维，建构地方公共文化服务的结构情境。

二、研究的主题

基于对公共文化服务的思考脉络，以及本研究的理论关怀，本研究发展出两个较为具体的问题意识，作为理论探讨与各章节发展的方向：

第一，从社会网络的观点探讨公共文化服务的地方运作与实践。

社会网络将稳定化的网络关系结构视为一种制度机制，而社会网络分析法更是有效的从结构观点描绘权力与资源流动图像的分析工具。本研究的第一个研究问题，将公共文化服务的地方政府、服务机构与公众的网络可视化，首先系统化地从个体行动者层次针对公共文化服务的地方行动者的行动机制进行分析，再将个体行动者层次网络进行结构性的归纳，形成公共文化服务地方结构网络的整体特征。过去的公共文化服务研究，往往聚焦于宏观与中观的政策制定与执行，或者政策效果中关于均等化效果的测量，并不看重不同公共文化行动者之间的互动结构本身，本研究首先探讨的即是公共文化服务的地方结构特质。因此，第一个研究问题的重点在于以网络分析的观点，描绘出地方公共文化服务的社会关系网络特质，这部分包含以下单个社会网络分析的层次，并将之区分为两个主要的问题：

作为行动者的网络：公共文化服务的三类行动者，即政府部门、公共文化服务机构与公众，在公共文化网络中如何行动，各自的影响力和行动逻辑来源为何？

作为结构的网络：这些行动者所共同构成的地方公共文化网络是何形态？各自所型构的位置与角色为何？在整体结构中同一位置的行动者，具备着何种共同的特质？这种特质与政府的公共文化服务资源配置与政策有何种关系？

第二，从社会网络观点探讨公共文化服务网络与文化参与的关系。

上述网络结构的分析是对公共文化服务的公共性议题的阐释视角，同时，对公共文化服务的文化性议题的回应，需要将文化参与引入研究中。文化参与作为个体文化行为参与公共文化服务中最为重要的表征，通过文化参与行为的分析，才能最大化地在文化性上理解公共文化服务的地方实践，才能在中西方研究语境断裂中寻找到可能的突破口。一方面认识当前文化参与的类型、偏好与特征，更进一步地探讨与公共文化服务之间的关联性，找出结构性促进文化参与和阻碍文化参与的因素，并进一步归纳这种行动的形成机制，尤其是构成反复参与与否的行动逻辑，并分析这一机制是否会进一步稳固公共文化服务网络的整体结构特征。

三、研究的结构

透过可得性资料和相应的研究方法，本研究解析地方公共文化服务地方实践的社会网络特质,包括政府、公共文化服务机构与公众三类行动者的网络。最后再根据前述章节的结构分析,将各类行动者网络的运作因素、实践特点与影响进行联结,形成整体性网络的讨论和反思,进一步掌握地方公共文化服务的运作特质,并反思在理论上将公共文化服务进行社会网络分析的局限性和可拓展的空间。在此勾勒本研究的初步蓝图,将按照上述研究问题与研究策略加以安排如下:

第一章:绪论,说明本研究的思考脉络、背景、动机、研究主旨、分析对象与问题意识等;第二章:相关文献检阅,探讨本研究所设计的理论与分析架构,首先检视公共文化服务的研究进展,延续第一章的公共行政研究语境,在"公共性"回归与"公共文化"属性的基础上展开探讨,其次将探讨社会网络研究范式与公共行政以及公共文化服务的关联;第三章:研究设计,说明本研究的分析框架与方法等,包括个案背景与特质、研究概念界定、研究分析架构与概念的操作化、资料搜集方法、资料分析方法等;第四章:上城区公共文化服务的政府行动者:政策变迁与职能网络,焦点在于对上城区公共文化服务的政策变迁与分类分级公共服务职能结构关系的全景勾勒;第五章:上城区公共文化服务机构行动者:资源张力与空间网络,将重点分析公共文化服务机构的地理变迁与网络的资源流动,结合组织资源宽裕的概念,以度中心性、接近中心性以及中介中心性等作为指标,寻找导致权力变迁的因素;第六章:上城区公共文化服务的公众行动者:行动机制与参与网络,将使用文化参与的测量指标,以调查问卷的形式对上城区居民的文化参与现状进行全面的调查,并分析参与情形网络与参与机制的形成;第七章:公共文化服务地方实践的结构特点与经验讨论,结论部分,根据上述章节整理出的地方公共文化服务机构与文化参与的网络图景,再依据机构的网络位置与资源流动总结行动结构及其影响,并最大限度地发现本研究的未尽之处和可待进一步探索的问题。

第二章

从结构到意义：公共文化服务与社会网络相关文献探讨

在中国社会及其文化剧烈转型的时代背景之下，公共文化服务现实中与政治、经济的这种交错复杂的情境造成了理论与实践映照上的困难。政府作为这一网络的众多行动者中的一员，如何与其他行动者互动、连接抑或通过资源和权力影响整体网络，已经成为必须面对的课题（Kettl & Milward, 1996；Klijn, Koppenjan & Termeer, 1995；Koppenjan & Klijn, 2004）。基于本研究的这一研究主题，在文献纵览上，将重点关注公共文化服务与文化参与的研究进展，并在社会网络相关的主题下进一步关注本研究需运用到的组织资源宽裕这一概念最新的研究成果，以期能够为本研究奠定相关理论基础。

一、关于公共文化服务的相关探讨

公共行政学作为独立学科自创立、范式变迁以来对于"公共性"的不断反省与回归，是在公共行政学科语境下讨论公共文化服务的首要动机，而经由"公共性"所定义的"公共文化"在中外颇具差异的文化认知成为在中国语境下讨论公共文化服务的重要视角。

（一）公共文化服务之公共性

所谓"公共"，有两个古典的意义来源，一为希腊词汇 pubes，本意为"成熟"，衍生成"公共"（Andrews, Boyne, Meier, O'Toole & Walker, 2012），指"成熟个体对自我与他人关联性的充分理解"；另一为希腊词汇 koinon，从 kom-ois 衍生而来，本意是"关心"。根据这些字源意义，Ventriss（1994）认为，"公共的行动具有互动性，并能产生公共性的结果或影响，'公共'的内涵展现于政策行动规划与思辨过程中的公共学习能力"。Frederickson（1997）认为："公共的意义指能与他人共同努力并于其中关照他人。""公共"之概念在以上的古典内涵中被置于政治社群之中,其存在的意义是使其成员透过参与共同生活,获得幸福与良善。

传统行政管理学认为,政府公共文化管理职能是指国家行政机关对全民的思想道德建设以及教育、科技、文化、卫生、体育、新闻出版、广播影视、文学艺术等方面的管理(夏书章,2003)。从政府公共服务的视角出发,认为公共文化服务是"在政府主导下,以税收和财政投入方式向社会整体提供文化产品及服务的过程和活动"(章建刚,陈新亮 & 张晓明,2007)。而随着社会转型,公共文化服务的主旨逐步转变为建设文明健康的公共文化生活,实质转变为建构公共性(吴理财,2012),这种公共性的价值,结合公共性的内涵,主要表现为对文化自主性的尊重、对公民价值的体认及对公共精神的培育。从公共文化服务的内涵和实践内容出发,其公共性表现为政府的文化职能的转变,即政府在文化领域所能够扮演的更为广泛的角色及对文化意义的强调,包括建设主体、路径选择、供给内容及供给效果测量四方面的讨论:

(1)依据公共文化服务的资金来源与实施主体,学者们的观点大致将目前的公共文化服务划分为内生型、外包型和合作型的公共文化服务机制。内生型公共文化服务机制即由公共财政直接投资,公共文化机构生产并提供公共文化产品与服务(曹志来,2006;刘淑兰,2008);外包型公共文化服务机制即由公共财政直接提供,但提供对象为特定公共文化项目生产者,同时,政府作为外包运作的组织实施者,公共文化产品和服务的生产者是具有一定营利性质的文化类单位(陈坚良,2007;顾金孚,2009;疏仁华,2007);合作型公共文化服务机制则是社会资本为主、公共财政投入为辅,政府与企业或非政府组织双方共为运作的组织实施者,政府可以看作是扶持者与被扶持对象之间的中介,但企业或是非政府组织作为资金的提供者成为实际的支持力量(蒋晓丽 & 石磊,2006;李少惠 & 王苗,2010;刘俊生,2010;牛华,2010;周晓丽 & 毛寿龙,2008;朱旭光 & 郭晶晶,2010)。在资金来源与实施主体的不同组合作用之下催生不同的公共价值目标与行动路径,并彰显出不同的结构张力与文化影响。在众多关于公共文化服务主体的讨论中,其本质是关于公共文化服务结构的争论——各个主体的角色定位与职责边界界定应是主体之争的逻辑起点，另一方面，在强调主体重要性的同时，忽略了公众个体的自主性价值与文化参与的作用，公众角色的长期缺失显然不符合公共文化服务的"公共性"诉求。

（2）关于公共文化服务创新的研究以相关公共文化服务机构研究为主，并进一步关注网络与大数据作为创新手段的作用。公共文化服务机构（图书馆、文化馆、体育馆等）为公共文化服务提供载体，也被视为是除家庭空间、工作空间之外的"第三空间"的重要形式，即放松、学习、交流、思考及彰显公平与民主的空间场所（刘丛，2012；曲哲，2015）。部分学者在讨论公共文化服务方式创新时多半以这些具体的公共文化服务机构为场域或个案进行展开。如对图书馆的服务方式多元化（李纪英，2010；李怡梅，2010；梁钜霄，2012；邱冠华，2015）、运作机制多元化（李国新，2014；王素芳，于良芝，邱冠华，李超平，高文华 & 屈义华，2010）以及社区图书馆建设多元化的阐述（李俊玲，2008；李婷，2007）。更多的学者也日渐关注信息网络时代对公共文化服务载体的平台驱动作用，如建议以一体化网络为基础，以资源为核心，建立公共文化信息服务网络平台（粟慧，刘丽东 & 祝茵，2007），同时分析大数据（张春景，曹磊 & 曲蕴，2015）、数字技术（王淼，孙红蕾 & 郑建明，2017）、信息传播技术（高福安 & 刘亮，2012）对图书馆（李立睿 & 邓仲华，2015）、博物馆（王旭东 & 赵鹏，2016）等的服务范围、流程与效果所带来的影响以及可能实现的突破，而相关的研究视角多集中在图书馆和博物馆等作为综合信息媒介的身份如何更好地扮演文化服务信息的加工者、制造者和传播者。诚如学者们都或多或少地关注到了公共文化服务机构的载体作用以及承载其上的服务创新，但随着新技术的不断涌现和应用，如现实增强技术、视觉传达创新技术、云端服务等创新功能运转方式和"点餐制""需求订单制"等缝隙填充的平台工具增量，数字公共文化服务不足以涵盖未来可能依附的技术工具及媒介特质。网络化逻辑会导致较高层级的社会决定作用甚至经由网络表现出来的特殊社会利益：流动的权力优于权力的流动。在网络中现身或缺席，以及每个网络相对于其他网络的动态关系，都是我们社会中支配与变迁的关键根源。"互联网绝不是一个脱离真实世界之外而构建的全新王国。相反，互联网空间与现实世界是不可分割的部分"（Schiller，2000：289、205），公共文化服务最终所呈现的局面将最大限度地映射线上网络社会与线下现实世界的关联，准确表达线下公共文化服务网络的动态权力流动与结构化影响成为研究线上公共文化服务的重要基础。

（3）公共文化服务的提供内容即文化产品与服务。在公共经济学的视域中，社会公共产品和服务不但是保障国家安全、社会稳定的物质基础，同时也是保障和实现社会民主法治、公平正义，提升国民思想和道德素质的社会文明底线的制度安排。公共文化服务是指"由公共部门或准公共部门共同生产或提供的，以满足社会成员的基本文化需要为目的，着眼于提高全体公众的文化素质和文化生活水平，既给公众提供基本的精神文化享受，也维持社会生存与发展所必需的文化环境与条件的公共产品和服务行为的总称"（陈威，2006）。但这种从公共产品的视角下发掘新研究路径的尝试（Cheng，2006；戴艳清 & 孙颖博，2017；李少惠 & 穆朝晖，2010），具有明显的缺陷，它将文化视作一种可由政府以不同形式提供的、性质单一的"产品"，不讨论这种特殊产品不同层面的价值，忽视文化对于个体、国家政治体制至人类社会在内的广泛影响力（Baldwin & Huber，2010；陈浩天，2014）。文化广泛的社会价值以及战略价值是政府提供公共文化服务时必然考虑的内容，也为政府选择服务提供方式以及管理手段设定了前提条件。这方面的讨论以吴理财等相关学者为代表，重点分析公共文化服务所不同于一般公共物品的功能与价值，包括精神性、政治性、竞争性与再生产性的特质，其中特别强调公共文化服务对文化意义的再生产过程，应当成为政府调整公共文化服务前端供给的重要依据（吴理财，2012）。

（4）对公共文化服务效果的关注，重点在对于均等化与标准化的考量上。围绕公共文化服务均等化的内涵及理论渊源不同学者从财政投入（张启春，2009）、供需状况（金慧 & 余启军，2017）、动力机制（杨永 & 朱春雷，2008）与文化体制（刘敏惠 & 张仙，2016）等方面对城乡二元（吴理财，2008）、东西部区域（胡税根 & 宋先龙，2011）与社会分层（方堃 & 冷向明，2013）中的公共文化服务非均等化状况做了大量分析，这其中的重点是关于公共文化服务均等化程度的衡量（陈旭佳，2016；王晓洁，

2012），这一程度表征涵盖了均等化的范围、内容和标准（单薇，2015）。并依此产生关于公共文化服务供给主体与服务机制创新的种种建议，如学者吴理财认为公共文化服务供给包含一系列的政策选择行为，而地方政府作为文化服务的供给主体，应当确保文化服务在供需均衡的前提下得到合理的消费，形成分类、分级供给机制（吴理财，2008）；由于区域供给的差异性和层次性，对公共文化服务均等化的程度测量需要合理界定控制范围和差异程度，因而需要确定公共文化服务均等化的衡量标准。将标准化原理引入公共文化服务领域，标准内在性、权威性和客观性的特征更能使公共文化服务的内在的政治化价值、技术管理化价值、制度化价值得到凸显（杨海霞，2016）。在均等化的整体战略目标指向下，标准化作为一种阶段战术政策举措将在一定时期内占据学术内容讨论的重要位置。学界对标准化的讨论也多是从标准化内涵出发，基于实践归纳（胡税根，吴芸芸 & 翁列恩，2014；吴晓 & 王芬林，2018）的内容构建（王显成，2017）及其与均等化的关系探讨。随着公共文化服务标准化的工具性价值凸显，当下学界对公共文化服务均等化的讨论也呈现出与标准化耦合涵化的趋势（金慧 & 余启军，2017），在具体实践过程中，有学者进一步指出要警惕均等化、标准化、政绩工具化和"体制空转"的倾向。简单均等化与强制标准化制度设计因文化生态复杂性、差异性、互约性乃至自衍性而无法实现政策移植。为此有学者提出一方面应回归现代公共文化体系作为一项制度安排的逻辑起点和价值原点，进一步"解码"政策执行过程，同时将人口规模、社会结构和绩效标杆纳入科学的标准化配置参照的技术思路（王列生，2017；吴理财，2011）。但就两者之间的内在传导机制探讨及实证研究相对较少。

纵览上述文献，传统的公共文化服务研究在当前语境下存在两方面的断裂：一是文化所不同于其他公共物品的属性，例如文化的精神性价值、民众大规模文化参与的文化意义与再生产价值，均未能得到充分的反映。二是公共文化服务的公共性并非同质性，因此，在分析服务过程和效果中，不应忽视政府的层级性，无论是各供给主体还是公共文化服务的内容，皆非均质的单一体，形成分类、分级供给机制是多维结构决定的，涉及对公共文化服务结构层级性以及服务内容多样性的探讨。这也将成为本研究展开讨论的重要切口。

(二) 公共文化服务之公共文化性

公共文化服务建设是一个从物理空间到文化空间不断演进的过程，其建设的转向是一种以文化空间为中心的统一进程（方坤，2015）。公共文化服务在研究语境中存在中西方的断裂，在中国语境中，所对应的是公共文化服务这个具体实践所生发出的研究问题，涉及服务主体、对象、服务内容、服务方式与效果。在西方语境中，所对应的研究重点是国家、地方与文化的关系，这是国家参与或支持文化建设的逻辑起点，也是西方研究中关于公共文化性着墨最多的部分。文化从本质上来说具有"社会交往意义上的公共性"。但是在人类历史上，文化并不因为这种"公共性"而使其必然成为公共服务的内容。彻底的"公共性"的文化必须依赖"对公众基本文化权利的普遍承认和确立"，具有权力的成熟个体对包括文化产品在内各种资源的平等使用，是实现文化公共性的基本条件（Habermas，1989）。

1. 作为工具的文化或作为对象的文化

Bocock（1992：234）认为现代社会的文化是"生产意义的种种社会实践活动"。因为文化具备"对价值与意义认知"的核心内涵，任何制度的运作都需要有文化作为支撑（Williams，2001：59）。公共文化服务场域中，文化既是公共服务的工具，也是对象和目标。在中国语境下，公共文化服务中的文化在意识形态前置和共识凝聚两个层面并行不悖，体现了其工具价值。对构建公共文化服务系作意识形态前置的处置方案，直接影响到构建国家公共服务体系的政府治理目标、功能、质量和有效性程度（王列生，2007）。事实上，西方学者早就概括出文化资源的创造具有导引与凝聚共识的功能（Eagleton，2000），Finley（1985）经由长期研究，也发现雅典民主制度得以发展，主要是有文化传统所形成的公共意识的支撑。有国内学者从这一角度出发，基于文化产品的公共性差序而将其分为意识形态文化产品、群众公益文化产品、社团公共文化产品、企业组织生产的文化产品和个人生产的文化产品（魏鹏举，2009），进而对其财政扶持方式进行灵活多样的制度安排。

另一方面,文化作为一种资源成为公共文化服务的对象。文化是一个聚集的现象(Levine, Park & Kim, 2007),其界限是动态的,富有弹性并且不断被塑造的(Fung, 2007)。与文化市场中流动着的文化产品不同,公众对文化空间所提供知识的理解与思考构成了公共文化空间的重要意义,而公共文化空间内部的资源拥有量是实现文化繁荣的重要前提(曹爱军,2009)。通过在公共文化服务过程中对文化资源的不断挖掘,每一种文化会不断与外来的文化力量互动,形塑并且丰富原本的文化,使文化更趋成熟(Lee, 2007)。但文化资源不是一种具体事物性内容,它是一种对当地环境与既有人、事、物的共同认知。文化资源本质上不只是在于有多少文化遗产或古迹,重要的是在于认知是否能有所转化;文化资源的创造,重要的不在于社区所拥有过去事物的多寡,而在于有多少过去的事物可以被整理、理解与重新认识(陈介英,2015)。基于对资源的理解,国内研究者多将其作为公共文化服务供给效率提升的重要切入点,强调通过文化资源的分类整合提升供给能力,实现公共文化服务均等化。随着公共数字技术的不断介入,则更多地将视角转向公共数字文化资源整合的动力机制(肖希明 & 唐义,2014)、规范原则(肖希明 & 完颜邓邓,2015)、体制障碍和共享前景(罗云川 & 李彤,2016)。

同时,无论是作为工具或是对象,公共文化服务中的文化概念都无法摆脱其自身语境。在市场经济背景下,文化资源作为公共文化服务的重要组成,必然同时为大众文化所阐释、折射与消费。大众文化并不是一套固定的、具有历时性的"大众文本与实践"(popular texts and practices),它会随时空的转变、理论的介入而被建构出来,同时也并不意味着大众"拥有"文化,而是一种工业制造行为,是大众在一种统一格式下的集体休闲娱乐方式。大众文化不仅反映了文化的现象,同时还成为社会与时代的文化权力诉求。有学者因此认为,就作为公共文化服务和大众文化所共有的文化资源而言,政府的职责不在于生产什么文化,而在于如何形成一种"大众文化生产模式"。最值得政府与研究者关注的是大众文化的大规模参与特征,政府必须有能力引导这种消费方式的趋势,至少应在民族文化消费方式上做出积极而必要的干预（孔进，2010），这一语境特征直接关系到本研究中文化参与测量的必要性与重要性。

2. 作为地方的文化

作为地方的文化强调在地特色的表达及公众的文化参与赋权。每一种文化都会不断与外来的文化力量互动，形塑并且丰富原本的文化，使文化更趋成熟（Lee，2007）。因此从文化理论的角度介入，公共文化也蕴含着流动、杂糅、越界等特质，对应公共文化服务的多元分众，公共文化代表的是不同文化类型的社群，且正是由于文化机构相较于其他机构，被认为更能扮演社群融合的催化剂，因此"文化以及创意的发展的主要能力就在于协助在地社群表达自身需求的能力"（Matarasso & Landry，1996；Sandell，2002）。

国外有相当数量的学者从公共文化的这一属性探讨国家与政府的文化行为。如 Bennett（1986）从澳洲的文化制度与政策讨论政府对于公民权的落实与保障民众文化能力（cultural competence）的重要性。主张文化不只是特定族群文化或是差异的呈现，而是公民权中文化学习的共同经验、学习过程与赋权（empowerment）。此外，文化公民权的提升意味着更有效率与更有创意地参与国家文化，例如，广设文化教育机构、适合的语言、多元的文化认同等（Turner，2001）。

许多国外研究指出文化可以改变、改善或强化社区。如 McCarthy（2002）指出文化影响社区的途径，类别包括：①直接介入：多指居民解饿如社区创意活动，如修习社区内的艺术课程；②观众参与，如观众的纯粹观赏或参与展演；③艺术家或组织的存在，如参与社区建设活动。Guetzkow（2002）认为：①文化可增加社会资本和社区凝聚力；②文化与文化活动可对经济造成有利的影响，如吸引外来的观光客、在地居民和商业交易，以及相关投资等；③文化对于个人可增强个人健康、促进心理健全、增进技能、文化资本和创造力。Borrup（2006）等人也举出文化活动可以如何改变社区，包括：①可增加在公共空间的交流和互动机会；②节庆活动可增加民众参与感；③可激励青少年有机会在社区活动；④可使公众建立与社区的联结感和归属感，进而保存地方特色；⑤可扩大民众参与社区活动的广度和深度。社区大众不再满足于只是"观众",而渴望实质地参与文化生活,这不仅可增进彼此之间的联结,也可强化与社区或机构的紧密度。

回溯以上研究,公共文化服务的公共性探讨往往忽视了解政府之外的其他行动者对公共文化服务场域的影响,公共文化服务的公共文化性探讨在中西方语境之间需要借助文化参与测量架起理论对话桥梁。在学科知识版图内部,则更应关照对公共文化服务所产生的大量实务过程,与理论化的距离和可能增进的知识。包括对政府政策过程而言,基于对总体性叙事反思的局部性叙事如何在公共文化服务的分析中扩展?宏观的公共文化服务标准化相关规划在地方的政策执行过程中如何实现政策扩散及政策移植,不同地区所表现出的差异其背后的逻辑及障碍为何?对公共文化服务机构而言,有益于从公共文化的视角重新审视现有公共文化服务机构以及在地化行为。传统的定义将其界定为非营利机构,其功能聚焦于保存、研究、展示与教育推广,随着对公共文化的扩展认知,公共文化服务机构应扮演多元角色与功能,应当是学习中心、公众与社区的活动空间、文化理解与研究机构、创造力触媒、旅游观光伙伴以及创新的事业。同时,产业发展的政策议程、资源与财政的压力、公众多元的需求,成为地方公共文化服务机构长期以来必须面对的问题。基于地方政府政策执行、地方公共文化服务机构与公众参与的初步理解与衍生疑问,本研究尝试借由官方内部资料、与各公共文化服务行动者的接触、观察,以及在地主要街区的田野调查,与不同类型关系对象——政府官员、机构负责人、居民、活动参与者等的交谈,获取相关调查资料,用社会网络分析的范式发现政府机构、公共文化服务机构与居民的行动逻辑,试图真实描述这种公共文化服务关系中不同的行动者与权力关系。

二、关于文化参与测量的相关探讨

文化在为个体提供内在扩展价值,为集体生活提供"先在"的基本参考框架的同时,也需要个体实在生活与知识经验的参与来不断生产、散布与被生产,同时,文化与个体文化参与的这种互动与形塑过程也是广泛地认同与共享过程。将文化参与纳入公共文化服务之中进行分析，有着相对完备的研究基础与巨大的理论对话空间。

（一）文化参与与公共文化服务之区隔与关联

在西方的讨论中，文化参与肇始于市民参与的文化转向这一深刻的历史变化（Clark，2018）。Inglehart根据对97个国家和地区90%的人口进行的世界价值观调查（World Values Survey），认为全世界范围正经历一场深刻的代际价值观转变——随着成年人口中较年轻群体替代较老年群体，将逐步实现"物质主义价值观"向"后物质主义价值观"的转变。例如，对个体自由、自主、平等以及社会正义的自由表达，对生活方式、生活品质与质量的格外重视，对文化消费、艺术审美、时尚表演、兴趣爱好等的不断追求……这些正在成为文化参与和转型的一部分，这种文化转向，成为城市公共政策变革的一种新动力（Inglehart，1990）。Clark（2004）则进一步指出这种转向的普遍性，个体趋向富足的历史趋势、以互联网为主的信息技术革命、新社会阶层（创意人群）的崛起，这三种基本力量型构着文化参与，并促使这一文化参与作为城市社会整体性和根本性转型的主要动力。这一重要推动作用在现实中国也日渐体现：在城市经济方面，文化参与作为内驱力推动城市产业升级，文化创意产业成为城市经济增长的新亮点；在城市社会方面，文化参与逐步培育市民的公共精神，文体类社会组织在社区活跃发展；在城市政治方面，文化参与作为一种基层社会治理的间接方式开始显露出其应有的价值，市民对政治制度的信任度与认同度有所提高（吴军，2015）。

西方语境下的文化参与将其置于文化公民身份理论或权力领域中去探究其内容。文化不只是特定族群文化或是差异的呈现，而是公民权中文化学习的共同经验、学习过程与赋权。作为重要的公共事物议题，文化参与往往与公民的文化权（cultural rights）相伴而生，是文化权的落实，也是其核心概念。有学者将文化参与表述为"参加文化生活的权利"，内容包括：从事科学研究和文学艺术创作、享受文化设施和服务、选择文化生活方式、保持和发展文化特性、表现和传播文化等；也有学者认为文化参与包括：接受性文化参与、融入性文化参与、体验性文化参与（王列生，

2009），文化公民权的提升意味着更有效率与更有创意的参与国家文化，如广设文化教育机构、适合的语言、多元文化认同等（Turner，2001：12）。中国的学者则更多从中国的实际出发，以区分文化活动中事业与产业领域的不同性质将文化参与分类为：作为公众的文化参与、作为消费者的文化参与、作为经营者的文化参与。这种分类有效划分了政府在各类文化参与中所扮演的角色和职责，如在公众的文化参与中，政府作为公共文化事物给付者；在消费者的文化参与中，政府作为文化市场的规制者；在经营者的文化参与中，政府作为文化资源分配者（华燕，2012）。文化参与概念的探讨初衷即针对其内在指向性和规定性探求普适性规律和内生性机制，最终的落脚点回归到现代公共文化服务的功能作用，即作为具有道德属性的公民文化权利，其价值在于为社会每一个个体的平等、自由的实现奠定基础，作为实践公民文化权利的核心"场域"，公共文化服务体系的有效建构是实现公民文化权利"自觉"和"自为"的制度性平台（唐亚林 & 朱春，2012）。区别于葛兰西"文化霸权"和福柯"治理"对文化与权力关系议题的探讨，管理学或政治学意义上的"治理"和"新公共服务"理论，关注文化资源配置、文化政策的执行效率，以及由此产生的政府职能转型和社会治理秩序的整合，实现由文化权利到治理的公共文化服务转向（杨海霞，2016）。

诚然，这里尚存一个概念的误差，即公共文化服务与文化参与之间的关联性为何？公共文化服务的供给方式主要是以国家意志为主导，为民众提供最为基本的公共文化服务，而文化参与是包含文化消费在内的多元化、地域化、动态化的文化需求，两者之间存在一定的范畴区隔。但正如前文对公共文化服务的研究检视所述，公共文化服务的职能转变核心围绕其公共性展开，其中的重点是保障公民的文化权，文化参与作为公民文化权最为直接的表现形式，将是公共文化服务的公共性存续的重要动因。而目前对公共文化服务的研究，最大的问题即难以跳脱公共服务所带来的视角局限，无法回归到公共性与文化性的本质源头去思考服务的对象、服务的内容以及服务的影响。公共文化服务与文化参与的主要内容都为文化服务或产品，服务的主要对象都为具有主观意志和行动力的个体。受众无论是参与公共文化服务或进行一般文化消费，都是将文化表达的期望投射其中的过程，只有将公共文化服务视为文化参与过程中的一种情形，才有可能进一步地从文化性角度对公共文化服务予以研究。

（二）文化参与之测量

文化参与概念十分广泛，因为资源限制，多由国家机构进行全国性的调查，并以美国政府的调查最有代表性与系统性。美国是由1965年成立的美国国家艺术基金会（National Endowment for the Arts，以下简称"NEA"）负责执行民众参与文化艺术的调查。该基金会从1982年开始执行"大众参与艺术调查"（Survey of Public Participation in the Arts，简称"SPPA"），NEA关于艺术文化的调查问卷用以统计美国民众文化参与的具体情形，包括表演艺术、视觉艺术、历史遗迹参访、音乐与文学。至2017年为止，NEA共进行八次SPPA调查（1982年、1985年、1992年、1997年、2002年、2008年、2012年及2017年[①]），以1982年的SPPA调查为例，核心问题包括过去12个月参与艺术活动与休闲活动的相关题目。这些活动包括爵士乐、古典音乐、流行音乐、音乐舞台剧、非音乐舞台剧、芭蕾舞、电影、参观博物馆或其他艺术馆、参访历史建筑遗迹以及自然科学博物馆；同时也包含受访者参加绘画、雕刻、手工艺制作、歌唱课或参加合唱团、纺织手工艺与写作创作等问题。之后的数次调查内容，大部分与1982年、1985年的调查相似，但NEA还是不断修正问卷以期能够使文化参与相关问题更加多元。例如，艺术教育包含新的问题：艺术教育的地点、受访者在上个年度里是否曾参加艺术教育课程，省略关于手工艺课程的问题，或者对现场参与（参观）艺术、休闲活动、音乐偏好、艺术创造，以及透过不同渠道获知信息等相关问题进行修正。2002年的调查对1992年的SPPA调查做了小幅度的修改。例如，在媒体种类中关于利用电视观赏艺术节目的问题增加了DVD选项，对音乐偏好的种类做了增加与删减，并且在调查最后增加了两个新部分：参加文化活动或博物馆的旅行，以及花费多少时间（频率）在网络上观赏、聆听或学习艺术。由此可知，经过几次SPPA

---

① SPPA. SPPA普查报告［R/OL］. SPPA网站，2017-04-01.

调查后,艺术活动的范围加入休闲活动,包括电影、运动赛事、动物园与花园的参观(Holland et al., 2012)。此外,2008 年的调查,特别关注美国人口特质的变迁,如增加拉丁、西班牙或是萨尔萨(salsa music)现场艺术表演的问题,其他核心问题是调查关于爵士、古典音乐与歌剧的现场聆听等。至于 2012 年的调查,强化从多元利害关系人观点搜集意见,包括 NEA 内部与外部人员,因而 NEA 在 2010 年邀请研究方法专家、艺术经理等提供调查设计的意见(Holland et al., 2012)。①

另外,联合国教科文组织(United Nations Educational, Scientific and Cultural Organization,以下简称"UNESCO")也对文化参与有一定的测量与修正。2006 年 UNESCO 对于文化参与测量的共识是排除运动、环境、广告、流行、语言与游戏,将视觉艺术独立类别,加入建筑与新媒体,并关注文化与社会发展的关系(Morrone, 2006)。随后,文化统计的领导小组(Leadership Group on Cultural Statistics,以下简称"LEG")提出修正架构,增加能进行比较分析的文化领域。LEG 认为测量文化参与,有助于了解文化与社会经济发展的关系,修正 UNESCO 的评价框架,一是配合实务,二是希望新的概念框架能适应不断变迁的环境和不同国家的特殊国情。LEG 框架包含八项主题,包括美学与历史古迹、手册、图书、书籍与报纸、视觉艺术、建筑、表演艺术与影音媒体,文化参与的类型包括出席欣赏、业余表演或制作、互动等(Niec, 1998),对于出席欣赏没有特别区分是主动或被动出席,并进一步强调文化机构利用信息网站与公众的互动。②

在欧洲的调查部分,Bína(2012)提出文化参与、文化近用(access to culture)的测量指标。其主要是根据欧洲联盟理事会议员大会的欧洲理事会(The Parliamentary Assembly of the Council of Europe)提出的构想,即每个人都有参与文化生活的权利,应针对不同团体建立文化生活参与的指标,尤其是对年轻群族形成持续监测统计,以更好地通过教育、文化与相

---

① SPPA. *How A Nation Engages With Art:Highlights From the 2012 Survey of Public Participation In The Arts* [EB/OL]. SPPA 网站,2017 - 11 - 01.
② *European statistical Works on Culture:ESSnet – Culture Final report*(2009 - 2011)[R/OL]. ESSWC 网站,2017 - 11 - 01.

关政策进行民主治理（democratic governance）。因而，文化参与的指标应该与个人背景结合，至少包括性别、年龄与教育程度，而文化参与类型包括参观文化设备、机构，表演艺术，媒体习惯（阅读、听音乐、看激光视盘、使用计算机等），如过去十二个月曾经参与文化表演活动，过去十二个月曾经参观文化古迹（包括博物馆、艺术馆、知名建筑等），过去十二个月因为休闲阅读过书籍、报纸，同时区分花在看公共电视与商业频道的时间，并区分四类活动，下载游戏、电影、音乐，上传自我创作内容或是设立博客或网站，以及访问社会网络。文化参与的障碍因素主要包括教育程度、文化艺术活动的价格、公共艺术服务的价格等。同时 Bína（2012）指出因为问卷设计题目、抽样、数据搜集方法不同，多数指标无法产生比较数据，建议修正并形成能比较的指标，包括青年文化参与的指标、年长者文化参与的指标、不同社会阶层文化参与的指标。

综合以上文化参与的测量，文化活动在社会历史变迁中其活动范围涉及许多层次，较难形成一致性的界定。本研究进行文化参与调查时，主要参考美国历年 SPPA 的核心问题，并结合文化活动的在地化，以及调查结果的可比较性、与公共文化服务网络的结构关联性，在题目设计上兼取几项调查的共同性题目，以文化艺术直接相关的活动为主，以文化艺术学习活动为辅，调查的重点聚焦于文化参与情形，包括参与经验、偏好、障碍及知识等。

三、关于社会网络分析的相关探讨

社会科学关注的是结构，团体、社群、组织、市场、社会或世界体系都有结构，因为行为、态度、信息或货物要通过这些关系来传递，行动者即为参与了某种社会关系的个人、组织或国家，而社会网络分析的主要目的是探查和分析行动者之间的结构和行为模式（De Nooy, Mrvar & Batagelj, 2011）。社会网络分析方法是由理论所延伸出来的社会科学研究工具和范式，其结合了计量社会学、数学、社会心理学、平衡理论、派系、社会比较理论等领域的成果，透过问卷、访谈、观察等方法搜集社会网络资料，并运用图论的概念发展出弱连带优势、强连带优势以及结构洞等原创概念理论，应用于组织理论以及组织行为等研究领域（Kliduff & Tsai, 2003）。利用社会网络分析法可将各种关系网络具体描绘出来，并可运用所发展的社会网络指标来评估整个社会网络的状况，如结构松散或紧密、居于核心或边缘位置等，以协助分析和管理网络中所呈现出来的问题。

（一）公共文化服务与社会网络分析：从结构到意义

公共文化服务与社会网络分析的联结点在于公共文化服务的地方行动者之间的行动结构可能及行动过程中的文化资源传递，这与公共文化服务地方实践中的多元供给与社区参与转向紧密相关。一般来说，政府的公共服务是由政府科层来提供，社区参与和投入地方服务输送的治理过程相对稀少，但是随着政府在直接服务供给角色的极小化，以及将提供服务的责任转移至民间部门和非营利组织，即出现"第三路线"（The Third Way）的集体行动新形式，其目标是要将市场和社区纳入治理的过程（O'Toole, Dennis, Kilpatrick & Farmer, 2010）。当这种"透过社区来管理"（governing through community）或"转向社区"（turn to community）的治理模式成为公共治理的新选择时，它不仅被视为是社区发展的重要方式（Pill & Bailey, 2012），也被认为是改善社区生活品质的"善治"（good governance）（Bowles & Gintis, 2002）。着眼于文化是社区善治的重要方式，关注社会力量竞逐之场域或体制的性质，部分学者探讨国家、地方及其他社群如何以文化的名义进行资源和价值的协商与权力形塑，形成两类视角，一是强调结构化的力量，二是强调个体的文化自觉与文化意义。

1. 公共文化服务之网络：结构化力量与行动逻辑

结构化力量，首先是指文化领导权的塑造，即文化作为治理机制，展现为意识形态和道德指引，借此稳固主流社会秩序。其次，这种结构力量还是在市场经济活动的文化调节或文化经济背景下，文化领导权和经济活动的文化调节彼此相生相随的互动关系，共同筑造了公共文化服务所在的场域。在文化领导权和文化经济调节的结构性塑造力量下，有具体的操作机制，如当前有关多元文化主义、公众文化权，以及文创产业的论述和技术，在这些操作机制开启的运作空间中，不同主体角逐着文化事物及其意义的正当性，还有以文化名义串联的资源和机会。Bennett（2013）以博物馆研究的角度出发，主张在文化治理概念下注重治理网络中多极的能动者角色，强调应有效分析文化机构形塑知识、资源分配以及作用于社会的方式。

在我国，渐渐有学者从这一结构性视角出发，认为公共文化服务是一项在文化治理情境中由政府推动的服务于群众文化生活的制度实践，旧有文化管理方式向新型文化治理模式的转变是我国文化建设的基本情境，也是我国现代化治理的重要维度（颜玉凡 & 叶南客，2016b），进一步通过观察认为多样化行动策略隐藏着深刻的制度性与结构性动因，由政府在"路径依赖"下的行政惯习与应付性工作所产生的这种多样化策略背后隐藏着空间"异化"、活动同质化、组织自主性丧失等弊端，同时形成政府对居民和组织弱依赖、居民和组织对政府强依赖、居民和组织间弱依赖的"非对称性"互动关系（颜玉凡，2017），真正的文化治理的多元融合理想情境亟待通过多元共治的文化治理行动来破解（颜玉凡 & 叶南客，2016a）。另一些学者则更多从中国的实际出发，以区分文化活动中事业与产业领域的不同性质将文化参与分类为：作为公民的文化参与、作为消费者的文化参与、作为经营者的文化参与。这样分类的目的是可以有效划分政府在各类文化参与中所扮演的角色和职责，如在公民的文化参与中，政府作为公共文化事物给付者；在消费者的文化参与中，政府作为文化市场的规制者；在经营者的文化参与中，政府作为文化资源分配者（华燕，2012）。但这一分类方式所存在的问题是，无法依据文化的特性就文化参与活动本身的偏好进行概念化的操作。另一方面，也有学者从吉登斯结构化社会理论出发，通过分析深圳市宝安区"文化春雨行动"，认为城市公共文化服务是基于不断成长的社会文化需求的社会行动过程，在这一互动情境中，社会行动者的自主性和自觉性获得了明显提升，不仅促进了原有文化管理体制的改革，还由此培育出具有共享性和创造性特质的城市文化（吴予敏，2016）。

2. 公共文化服务之意义：从多元价值到新主体

以文化作为治理的手段和目标由来已久，但近来文化治理体制中文化的作用和意义有所转变。文化从培养民族精神、公众素养和维护传统的福利型支出，逐步转变为市场导向、具有经济竞争力的创意和美学化的商业收益。或者说，文化政策从国家论述和公众论述，逐渐偏向了市场论述（McGuigan，2001：125），文化政策的重点从教育和文化发展政策转变为产业发展政策，从知识素养和道德转变为消费品位和娱乐。

相对于将文化政策界定为以文化之名遂行政治经济的调节与争议，以程序、技术、组织、知识、论述和行动为操作机制而构成的场域，Dean（2003）和 Bang（2004）曾提出另一种公共文化服务的相关界定，认为当代自由民主体制面临的复杂状态，不再能以技术官僚组织来运作，也不再能仰赖对社会成员的直接指挥和控制，而是要求制度及实作的运行和改革，必须以个人自我治理和自我转变为媒介。这展现为通过公共文化服务的多元文化主义来承认公共领域中的文化差异（Dean，2003），也是对个人反身性（reflexivity）的要求，个体要"能够、愿意且理解如何按照既定社会、领域、场域或人群里形成决策的过程，来操作差异或操持自由"（Bang，2004：160）。所以，公共文化服务的社会网络结构不仅涉及文化在政治和经济领域的强大调节作用，也牵涉了新主体的构成中必须包含自我治理的个体，这些个体通过文化参与内化了社会期望与自我规制，在结构中扮演着重要的行动者。

公共文化服务的结构与意义转变，尤其是文化治理情境构成本研究使用社会网络研究范式的逻辑起点，目前公共文化服务的结构化视角中只将政府、机构和公众做了两两相关的行动关系总结，而并未在这种关系中进一步抽离文化的意义及个体参与的价值，这将在本研究中通过三类行动者的整体网络得以展现。

（二）公共行政与社会网络分析：从政策网络到网络治理

公共行政领域的网络化研究视角并非灵光乍现。政策的复杂化、政策目标与政策规则的矛盾、信息累积导致的联结制度化、交叉领域的行政监管与许可的执行难度共同促成了公共行政在实践与理论领域的网络研究（O'Toole，1997）。公共行政领域的社会网络应用，主要体现在政策网络的结构归纳及其网络治理的可视化过程中。认为公共行政所面临的复杂政策问题、McKevitt 与 Lawton（1994：39）；认为传统官僚体制可以确保一致性、统一性与公平性而寻求责任的归属，然而这些官僚体制所强调的原则却无法让组织在面对混乱环境时能够保持弹性、发挥创造力与响应力，并推崇 Osborne 与 Gaebler 所提出的十点政府再造原则作为改变官僚体制的依据。而 Osborne 与 Gaebler（1992）的政府再造思维在政策执行方面，强调应该抛弃过度自上而下的立场，反而应该重视自下而上的民间力量，亦即政府必须唤起民间社会与企业部门的参与动能。Borzel（1998）认为政策网络是一个相对稳定的关系体系，本质为非层级节制性以及互相依赖的行动者，彼此交换资源以追求共同利益，并将合作策略作为达成目标的最佳方法。Deleon 与 Varda（2009）则认为政策网络可借由积累有关潜在共识的相关信息以强化实践承诺的可靠度，从而具有增加政策共识的可能性与扩大政策共识范围的能力。

1. 政策网络与社会网络分析的两类视角

在此背景下，近三十年来，公共行政发展了类似社会网络的分析途径，其首要功能是用于理解政策场域与组织管理日益复杂化与去中心化的事实与现象。就实务而言，政策的制定与执行皆是在网络的环境中进行（Kickert，Klijn & Koppenjan，1997；Meier，2004），O'Toole（1993；1995）应用政策网络的分析观点，探讨政府部门间对政策执行管理的战略，指出政府间的网络对于政策执行的成败非常重要，其维持和动员组织间网络的能力使得政策可以有效地被执行。Meier 和 O'Toole（2001）研究美国公共教育时发现，技术和政治性的因素，迫使学区的负责人利用并巩固它们周围重要行动者之间的联系，而这些行动者包括自己学校的委员会、州政府的教育部门、州议会议员、私部门的企业主以及其他相关团体。另外，Alexander（1998）对美国一些河川流域的环境治理研究中也发现，由各州之间，或联邦政府和各州之间建立的组织间网络能够在环境治理过程中发挥卓越的协调作用。许多的研究更证明美国目前的公共服务，是透过由公共部门、私人部门以及第三部门所构成的组织间网络来供给（Kettl，2011）。网络的形式俨然成为公共行政在科层、市场的治理机制后，一个新兴的治理模式，政策网络也成为新的治理形式的代名词。

同时，在社会网络视角分析政策网络实务的过程中，大致形成两类研究路径，一是以自我行动者为中心的政策网络分析，二是以整体网络结构为焦点的分析。以行动者为中心的分析方法，强调的是行动者与行动者之间的关系，所描述的关系内涵取决于关系的模式，从互动的强度、频率与对资源的可达性（reachability）着手。整体的网络分析强调的是行动者在整体网络中所处的位置，相对位置所体现的中心性与边缘性，进而决定了行动者对公共政策产出影响力的强弱。基于此，网络行动者在两种分析方式的逻辑中也有不同的体现。

以自我行动者为中心的政策网络分析中，Marsh（1998）认为应该包含行动者的利益、网络成员、水平和垂直的互赖关系以及资源等四个层面，网络关系是一种资源依赖（resources dependence）的形态与资源动员（resources mobilization）的过程，行动者的利益是网络中行动的驱使力量，对资源的联结与掌握是网络中权力的来源，拥有相同利益的行动者会基于扩张资源系统的汲取需要而进行互动，并形成稳定的网络关系。Rhodes（1997）在研究英国中央与地方政府的互动关系时，从 Benson（1975）的组织依赖观中得到灵感，认为政策网络的分析，是建构在网络行动者间资源互赖的情形，因而建构了"权力依赖理论"（theory of power dependence），其理论实质一方面在于其有一个政策进行的过程，但无须建构一个政策权力的主导中心，也不需由层级节制的权威加以协调；另一方面，则是在网络中并没有任何一个行动者可以单独拥有存续所需的所有资源，在政策产出与资源的问题上所展现的理论意义，便是没有任何一个行动者可以单方面决定政策产出的结果，或是独立输送公共服务，解决政策问题。

在整体政策网络的分析中，为了展现一个权变性的权力结构，指出不同的政策场域中，因行动者互动模式不一，政策的产出要将权力的结构特质放置到行动所形塑的语境（contexture situation）中，才能真正理解政策过程中权力的运作机制。上述关于权变性的观点，代表之一就是 20 世纪 80 年代以来所兴起的政策网络理论（policy network theory）（Klijn，1997）。这一理论也是公共行政众多理论中在某种程度上吸纳了社会学中重视政策环境的观点，但又脱离了结构决定论的模糊化的理论。政策网络中假定政策社群（policy community）会形成行动者间的稳定化关系，其共享的价值规范与沟通系统，能有效降低沟通成本与促进决策产出，也有决策环境制度化与政策变迁间因果解释的逻辑关系。因此，在理论的解释路径上，相对于理性决策模型的观点其更具备结构化的视角，但又不会陷入方法论上过度社会化的危险，可以将政策网络中行动者互动所产生的规则、规范、所分享的价值观等纳入解释变量，或者视为决策中制度环境的一环。

综合行动者与整体网络两种分析视角，提供了关于社会网络分析的一个逻辑起点。从行动者网络的观点归纳，政策的产出是诸多行动者间互动关系产生的结果，重要的是联结行动者间制度性或非制度性的关系，也就是关系与关系间所建构而成的，有别于正式制度的稳固的互动环境——为每一个参与的行动者提供了限制与机会。从整体网络的观点归纳，政策网络中的行动者，对于权力关系的解读，主要是基于行动者的认知、网络中的权力相对位置，以及基于位置所形塑的网络资源来达成。这与社会网络强调行动者的行为镶嵌于所处的社会结构观点相似。也正基于此，在政策效果的理解中，政策效果的执行并非取决于正式制度所赋予的制度性位置，而是非正式的网络关系所决定，特别是对于行动者网络位置的观察。居于网络中心的，相对而言其他行动者对其依赖的程度高，所构筑的关系也越紧密，对于网络的影响力就越大。这也构成了本研究关于公共文化服务的社会网络分析的基本思路，即综合行动者网络和整体网络两类研究路径，从行动者网络的分析中了解不同的公共文化服务行动者由资源依赖所形成的行动逻辑与互动环境，并将这一互动环境作为整体性网络的分析语境，将不同行动者在网络中的相对权力位置进行进一步的分析，最终归纳出整体网络的结构特征。

2. 网络治理与社会网络分析技术的应用

从现实复杂政策环境出发，相较于过去，多数国家正面临传统政治权力被侵蚀的问题。随着社会朝向多元化发展与政府财政的窘境，去中心化（Khaleghian，2004；Bardhan & Mookherjee，2006）的呼声，导致政府角色不断退却，资源不断萎缩，面对民众需求的日益增高，过去由政府内部单一规划与执行政策的情况，已逐步转变为政府与其他内部或社会团体组织共同合作的"网络治理"模式（network governance，Ansell & Gash，2008；

Bartel, 2001; Eggers & Goldsmith, 2005; Provan & Kenis, 2008; Radin, 1996; Sullivan & Skelcher, 2002; Williams, 2002)。目前政策的执行或公共服务输送的相关议题，已经不能仅仅止于讨论政府权力的大小与政策工具的优劣，因为治理目的的达成，由多元行动主体共建，政府行动的最大挑战，便是思索如何与非政府行动者共同克服政策执行中可能产生的不确定性（Kettl, 1993），同时维护统治的正当性与公共利益。

综上所述，政府作为众多行动者中的一员，如何在公共行政过程中管理复杂的网络体系，已经成为必须面对的课题（Kettl & Milward, 1996; Klijn, Koppenjan & Termeer, 1995; Koppenjan & Klijn, 2004）。随着行政环境日益复杂与多元，研究政府运作机制的学者，基于对很多政策现象的重要、复杂且矛盾关系的关注，开始思考以更具权变性的角度，讨论行政与治理的运作本质，也希望让公共行政学者找到更为坚实的基础，回答权力路径的问题，特别是在权力行使的动态过程中，能够提供一种较制度论者（Easton, 1985）角度的分析更为动态且完整的图像。据此，现今已有少数公共行政或政策学者，开始以社会网络的分析技术，来作为研究公共管理网络或政策网络的研究工具或途径。社会网络的基本假设认为，稳定化的网络关系可以提供信息，减少互动成本，约束投机行为，增加集体行动一致性的可能性，恰与政策网络中以政策社群为互动类型的决策模式相似。其中《理论政治杂志》（*Journal of Theoretical Politics*）期刊在1998年以建立政策网络模型为主题，收录了许多的理论与经验研究论文。其中包含了探讨网络的形成，如何模型化网络的分析，还有以强联结的观点辅以社会计量的方法来研究美国的卫生保健团体的政治（Carpenter, Esterling & Lazer, 1998）。此外，还有将政策网络的分析与图论相结合的努力，如政策网络的分析运用软件可视化效果（Brandes, Kenis, Raab, Schneider & Wagner, 1999; Brandes, Kenis & Wagner, 1999），将权力与政策极大化的计量方法应用于阿姆斯特丹的决策过程（Stokman & Berveling, 1998）。此外，更有系统模拟权力与政策偏好对网络结构和决策效果的影响（Nash & Scott, 2008）。这些努力预示着社会网络分析方法作为强化公共行政与政策网络研究的生机。

总体而言，网络治理理论的发展非但有理论的目的，也面临现实的需求，但相关的分析技术发展却相对贫乏，若无法结合系统化的分析工具，扎根于经验研究，归纳个案研究所积累的测量经验并持续修正，容易使这一理论视角的发展流于描述性的喻象（Dowding, 1995），而无任何解释行政变迁的理论能力。本研究所要探讨的公共文化服务网络，便属于一种边界清楚结构完整的网络互动结构。既有研究关注公共文化服务的产出与执行效果，提出了不少对现实图像描绘的洞见，但其相关的分析概念，因缺乏科学化的分析技术与理论的解释张力，长久以来也存在太过喻象化之嫌，失却作为一个理论研究主题应有的精准度。也由于网络的概念企图以更弹性化的角度，来包纳所有的公共行政部门可能有的决策与管理行为，导致了一个什么都包含，但什么都无法解释的问题。因此，对于公共文化服务研究的改进，须从理论和分析技术角度突破，结合经验化的深度描述，以社会网络分析方法将公共文化服务的分析更加形式化、科学化。

四、关于组织资源宽裕的相关探讨

基于上述社会网络及其在公共行政领域的研究，资源依赖是网络分析的核心概念，无论是作为行动者网络或整体结构网络，资源依赖将组织的互动模式描绘成一种图景，并运用中心性、密度等概念来说明其关系，确定各行动者的特定位置。资源依赖的出现是基于网络中的结构关系呈现权力不对称的形态，行动者透过对资源的控制和掌握，维持或提升其在网络中的势力范围及地位（Laumann & Knoke, 1987）。特定关系资源投入的数量更能反映行动者之间合作的深度（Rowley, Behrens & Krackhardt, 2000），将组织资源宽裕（organizational slack）引入公共文化服务的社会网络分析之中，是基于社会网络分析中资源的核心概念地位以及组织创新和变迁中组织资源宽裕的核心作用。

（一）作为节点关系衡量的资源宽裕概念

组织拥有的宽裕资源越多，进行策略决策的弹性越大，而且不同的宽裕资源类型对于组织也有着不同的影响（Singh, 1986），而组织资源的宽裕程度在很大程度上影响着组织间的资源流动。组织资源宽裕的概念可追溯至 March 和 Simon（1985）对组织目标冲突的讨论中。Bourgeois（1981）将组织资源宽裕定义为组织实际或潜在资源的缓冲，以适应因内部压力而造成的调整，或外部压力和环境而导致的政策转变。Greve（2003）认为组织资源宽裕是指组织可取得的资源存量，如员工时间、未充分利用的资本以及未充分利用的设备等。Nohria 和 Gulati（1996）认为资源宽裕是组织中资源的存储池，超过生产既定产出的最小需求。然而组织宽裕资源在组织内具有不同形态，如组织的剩余资源或尚未开发的机会（March，1991），或是组织内部的流动资金、存贷、机器设备等（Bourgeois & Singh，1983；Sharfman et al.，1988），也可用从外部环境取得资源的方式取得资源（Sharman et al.，1988；Geiger & Cashen，2002）。当组织资源得不到充分利用时，资源宽裕便会产生，它们是"可实现组织目标的潜在的、可转换以及可流动的利用资源"（George，2005）。以下是针对有关组织宽裕资源的概念，如表2.1所示。

表2.1 组织资源宽裕概念

年份	学者	组织资源宽裕概念
1963	Cyber& March	组织可获得的资源与维持营运所需的资源差额
1972	Cohe，March&Olsen	组织的资源和总需求资源之间的差额
1976	March&Olsen	现存资源和需求产生的差额
1978	Dimick&Murray	组织可自行分配使用的资源
1979	March	组织剩余的资源与可利用的机会，艰难时期的缓冲器
1981	Bourgeois	组织实际或潜在资源，成功地适应内部外压力和环境的缓冲器
1996	Nohria&Gulati	超出用以生产特定产出所需的最低资源量的剩余资源
2005	George	潜在的可利用、可重新配置的资源
2008	Voss，Sirdeshmukh&Voss	组织在一个计划循环中可取得的超额资源

资料来源：本研究整理

借由上述概念发展过程可知，资源宽裕的概念逐渐趋于宽泛，概念的核心在于强调对组织发展的作用，除了扮演缓冲器的角色，组织所拥有的宽裕资源越多，对于组织所能选择的策略越多。而宽裕资源的主要目的是使组织在不确定的环境下愿意进行革新，推动组织的变迁。

学者们也依据不同的定义对宽裕资源进行以下分类：

Bourgeois（1983）以资源恢复的难易程度将组织宽裕资源分为以下三类：①可使用的宽裕资源（available slack）：在组织中尚未被划分使用特定用途的资源，如流动资金；②可恢复的宽裕资源（recoverable Slack）：在组织中已被指派至组织特定用途的资源，借由资源的重新分配，能恢复到可取得的宽裕资源，如多余的制造费用或营业费用；③潜在的宽裕资源（potential slack）：组织可从其外部环境中取得额外资源的能力，如举债或释出股权等筹募资金的能力。

Singh（1986）依据是否已被指派达成某项策略目标，将宽裕资源分为两类（Cyert & March, 1963；Greve, 2003）：①已被吸附的组织宽裕资源（absorbed slack）：具有完成某特定任务使命的角色的指派资源，但超过组织最有效率的资源利用成本（Sharfman, Wolf, Chase & Tansik, 1988），例如组织给予的宽裕资本或人力；②未被吸附的组织宽裕资源（unabsorbed slack）：属于未被指派的流动资源（Voss, Sirdeshmukh, &Voss, 2008），例如，闲置时间、闲置资金、可动用的财务额度或可动用的团队等具有暂时性，但能快速提供给管理者运用的资源（Bradley, Shepherd & Wiklund, 2011；Cheng & Kesner, 1997；Su, Xie & Li, 2009）。

Voss（2008）依据资源的吸附与稀有程度，将组织宽裕资源的属性分成两类：①吸附性资源：资源在组织中被吸附于目前的活动，难以挪动到其他用途。而未被吸附的资源目前是自由的且可让组织内部任意部署，组织在营运下还拥有被吸附于组织的宽裕资源，包括产能（Greve, 2003）。②稀有性资源：组织依赖于有价值的资源，以维持持续的运作过程和长期的生存（Barney, 1991；Christensen & Bower, 1996）。在两个维度的分类标准中，各学者的研究进一步根据研究对象调整宽裕资源的类型，如财务资源宽裕（Greve, 2003；Miller, 2003）、运营资源宽裕（Bourgeois,

1981；Greve，2003；Tan & Peng，2003）、顾客资源宽裕（Adler & Kwon，2002；Barney & Hansen，1994）、人力资源宽裕（Barney，1991），但整体的分析维度仍围绕吸附性与稀缺性展开。

对组织宽裕资源的分类方式将决定节点定义尺度的可操作化过程。在社会网络分析的观点中，能够定义各行动者节点之间关系尺度的宽裕资源应当是对于创造和维持组织竞争力的地位最为核心，同时在组织内经过特殊历史轨迹和复杂社会互动过程积累呈现的资源（Barney & Hansen，1994）。根据上述分类，结合吸附性视角和稀有性视角两类分析途径，为了更好地描述公共文化服务机构与政府资源配置及公共资源之间的关系，将采用Cyert（1963）与Greve（2003）等学者对组织资源宽裕类型的分类观点，将公共文化服务机构的资源宽裕类型划分为"已被吸附的组织资源"及"未被吸附的组织资源"两项进行探讨，这类分类标准强调宽裕资源是否具有指派性质和特定用途，在分析公共文化服务的相关机构时，与其所面临的公共文化服务职能的公共性与市场经济环境下的营利性情境较为契合。

（二）公共管理中的组织资源宽裕

自创立以来的半个多世纪的时间内，组织资源宽裕的概念对管理学学者们仍有长盛不衰的吸引力，不同的学者不断探索这一现象如何影响组织决策以及组织行为绩效（Bourgeois，1981；Chiu & Liaw，2009；Daniel, Lohrke, Fornaciari & Turner，2004；Galbraith，1973；Moses，1992；Nohria & Gulati，1996；Sharfman et al.，1988；Tan & Peng，2003；Thompson，1967；Wefald, Katz, Downey & Rust，2010；Zona，2012）。

在普遍意义上，组织资源宽裕在组织运作过程中所起的作用如下：①维持组织运行存续的诱因；②解决组织冲突的资源；③组织面对环境干扰时的重要缓冲；④专项战略行为的促进者（Tan & Peng，2003；Voss et al.，2008）。更进一步，学者们逐渐发现不同类型的宽裕资源在组织行为中所起的作用有所不同，因为对于任何组织而言，宽裕资源是否具有价值是视组织发展中宽裕资源的可吸附程度而定的（Singh，1986；Tan & Peng，2003；Voss et al.，2008）。

<<< 第二章　从结构到意义：公共文化服务与社会网络相关文献探讨

组织资源宽裕在管理学领域中应用较多，近年来尤其是在社会企业以及涉及社会议题管理领域中企业社会责任以及社会绩效的考察中，作为一个重要的变量参与讨论。如在对中国1299家公共企业的社会绩效考察中，学者们发现只有未被吸附的组织宽裕资源对社会绩效有所贡献，这种正向关系也与未被吸附的宽裕资源与组织财务绩效的正向关系保持一致，而已被吸附的组织宽裕资源却对社会绩效产生消极影响，同时进一步依据企业所有权属性分析出国家所有权会弱化未吸附宽裕资源与社会绩效之间的正向关系（Bartel, 2001; Xu, Yang, Quan & Lu, 2015）。

在公共管理学领域，组织资源宽裕的概念建构与运用与公共管理理论各种范式变迁交织在一起。组织资源宽裕最早用于探讨新公共管理的范式转变——关于政府失败的重要表现之一即为在政府公共服务过程中的组织资源宽裕，这也成为进一步探讨政府公私合作可能性的依据（Peters & Pierre, 1998），此时的组织资源宽裕概念在公共管理理论面对现实张力的背景下，尚属于批判性词汇（Kouzmin, Korac Kakabadse & Jarman, 1996; Rosenthal & Kouzmin, 1996）

在新公共管理理论向新公共服务转变的过程中，组织资源宽裕这一概念也随着研究的深入逐渐走向客观（O'Toole & Meier, 2010），在强调新公共服务的环境回应性背景下，更多与组织策略行为探讨结合，在探讨公共组织策略态度与策略行为关系时，组织资源宽裕是其中的重要变量，尤其是在公共组织的创新行为（Brudney & Selden, 1995; Moon & Bretschneiber, 2002; Walker, Jeanes & Rowlands, 2002）和组织学习（Meier & Keiser, 1996; Moynihan & Landuyt, 2009）的探讨中。在讨论官僚制组织扩张过程中，行政官比政治官对组织资源宽裕最大化拥有更强烈的偏好（Jacobsen, 2006），组织的预算规模与宽裕资源之间具有很强的关联。Damanpour（1987）验证认为在图书馆的创新应用中，资源宽裕是其决定性因素，而Kimberly和Evanisko（1981）在考察医院创新行为时，也明确指出创新行为与组织资源宽裕之间正相关（Salge, 2011）。而学者Barker和Barr（2002）则进一步发现组织保守封闭策略的效率与组织资源宽裕之间存在负向相关的关系。组织宽裕资源作为一个重要的组织变量与环境因素、创新特质、人力资源水平共同组成影响公共管理领域创新的动力与障碍因素（De Vries, Bekkers & Tummers, 2016; Mizutani & Nakamura, 2014）。有学者进一步将组织宽裕资源的影响扩大，认为组织宽裕资源与公共组织的公共服务策略中所致力于延伸的范围存在正向相关的关系，即组织宽裕资源越多，组织策略规划中所意愿服务和探索的领域越广（Boyne & Walker, 2004），而组织财政支出规模与公共服务之间的正向相关关系程度直接决定了公共服务质量，组织宽裕资源与公共服务劳动密度投入、公众偏好行为共同作为其他自变量影响着公共服务质量（Horton, 1987），学者进一步考证公共组织利用宽裕资源（这里学者界定为超出公共服务所需的支出水平）是否会实现更好的公共服务绩效效果（Andrews, Boyne, Meier, O'Toole & Walker, 2012）。这是关于组织资源宽裕与公共服务之间关系的最直接的研究。但与管理学不同的是，公共管理学者将组织宽裕的概念内涵与公共组织属性相结合，认为在公共组织中，宽裕资源更多指向信息、时间、资金、人力资源水平、专业化程度、政府支持以及沟通水平（Maranto & Wolf, 2013）。Walker（2006）认为公共部门组织规模越大，其资源宽裕程度越高，因为它拥有更多的机会去实现观点的交汇与管理技术的探索。在众多影响公共部门资源宽裕程度的因素中，组织规模（Fernandez & Wise, 2010; Naranjo-Gil, 2009）、组织能力（Bhatti et al., 2011; Berry, 1994）和人力资源水平（Maranto & Wolf, 2013）被认为是最核心的因素。

尽管已有大量的文献探讨组织宽裕资源对于组织目标的重要性，但是对于何种类型的组织宽裕资源能够对组织的社会绩效以及公共需求满足产生帮助尚未有文献进行探讨。在最新的《公共管理评论》上，学者Kenneth与Erin通过实证的方法在探讨组织绩效中管理能力与人力资源管理相互之间的关系时，认为只有组织成员完全无法再满足组织要求时，组织宽裕资源才会发挥作用，管理者必须提升组织成员的潜力，借由人力资本实现组织资源宽裕（Melton & Meier, 2017）。

组织宽裕资源这一管理学领域的组织概念具有的复合属性。对于我们所探讨的公共文化服务相关组织所具有的适用性恰恰在此，即公共文化服务类组织一方面作为一个组织实体，存在切实的资源需求与资源流动，在当代语境下，这类公共文化服务组织也面临着如何保证其公共性，并在这一公共性基础上更好地实现自身资源流动与公众文化参与的平衡。

五、文献总结与本研究定位

检阅以上各主题的相关文献，本研究希望实现的突破包含以下几个方面：

（1）公共文化服务的公共性内涵除了对政府行动的主体性视角，还应观察在公共文化服务场域的其他行动者所共同构筑的网络结构。本研究所要探讨的公共文化服务网络，属于边界清楚、结构完整的网络互动结构，包含政府、公共文化服务机构和公众三类行动者。社会网络的分析方法，提供了理解网络关系形式与内涵更具科学化与系统化的测量指标，也由于网络的概念具有一定的弹性，容易在试图囊括所有行政管理部门和管理行为的过程中导致边界的模糊性。因此，对于公共文化服务研究的改进，需结合社会网络分析方法，并将地方实践过程做系统深描，清晰界定各类行动者，注意不同时间点所积累的网络结构变化，将公共文化服务的分析更加形式化、科学化，也将公共行政的研究进一步拓展至社会网络分析的领域。

（2）公共文化服务机构通过资源宽裕所形成的权力结构与资源流动，是公共文化服务机构、政府和公众所形成的社会网络的核心要件。资源宽裕类型和比例通过政府的资源配置政策和机构的时空变迁积累而成，通过已被吸附性宽裕资源与未被吸附宽裕资源的分类网络化结构呈现出公共文化服务机构与公共资源的依赖关系与依赖程度，以资源宽裕为尺度对公共文化服务机构节点关系的定义将对公共文化服务机构研究形成突破。

（3）公共文化服务研究的中国语境与西方相关理论的断裂，需要借由公共文化服务的文化性关注予以联结。将文化参与作为审视地方公共文化服务的温度计，一方面是保障公众文化权的重要体现，另一方面也是为公共文化服务正本清源，寻找改善地方公共文化服务的真正突破口：在大众文化与文化消费日趋个体化、多元化的当下，文化的大众化时代开启了一个文化生产能力大发展的时代。本研究希冀在公共文化服务的网络图景呈现之下，也能够以文化参与作为撬动文化服务研究的杠杆，在公共文化服务与文化参与的深层关联和转换关系中有所发现：立足文化本身，了解民众文化参与状况、偏好与差异原因恰恰是当前政府履行一切公共文化服务相关职责的重要前提，也是本研究试图打破以往公共文化服务研究从服务到服务循环怪圈的突破口——落实何种公共文化服务？为谁落实？

综上，本研究希望在横向上呈现出一幅公共文化服务的网络图景，在纵向上清晰勾勒出上城区公共文化服务实践经验的演化线索，但这一研究过程的实现需要借助社会网络分析的研究范式，如何将这一研究范式与公共文化服务结合？具体而言，结合公共文化服务的多元行动者转向的结构情境，将公共文化服务的多元行动者借助深度描述的过程，保证社会网络分析的行动者网络和整体网络都能在结构分析和可视化结果中得到进一步的具体阐释，从而在理论上进一步深化公共文化服务的多元行动者结构、行动逻辑及特征。

第三章

研究设计

根据前章理论的铺陈，依据社会网络分析的研究范式，借助文化参与的测量手段，并将多元行动者的公共文化服务情境应用到公共文化服务的地方结构中，为避免社会网络分析过于描述和抽象的缺陷，本研究将结合个案深描进行分析，首先建构适宜本研究个案分析的研究架构，提出相关的行动者网络和整体网络的边界。进一步根据各行动者网络的分析节点和尺度，设计资料搜集方法与分析途径，最后再根据这些资料搜集与分析方法，与本研究的研究问题做进一步清晰的关联。

一、研究个案

"地方"概念将场所、空间与人群互动的经验积累所形塑的形象与特性联结在一起，是借由人文活动的反复作用将自然空间转化成特定的地点，对活动其上的人群具有感情依附的价值，成为"地方感"（Agnew，2014）。地方认同既代表了心理上的地点依附及认同，也代表了一种排除（Cresswell，2014），因此"地方"也被认为是集体记忆的所在，它的独特意义需要由特定地域以及人群来创造与阐释，经由文化内涵和历史脉络，彰显其存在的意涵。

本研究将以上城区的公共文化服务实践作为个案进行分析。上城区是杭州市的中心城区之一，有丰富的历史文化资源，拥有全国、省市文保单位75处，占杭州市总数的39.5%；全国重点文保单位全国重点文保单位6处，市级文保单位53处；历史文化保护街区（地段）15处，地下文物重点保护区3处，特色文化保护区3处。同时，因历史文物和遗迹空间分布相对零散，尚未能通过资源的有效整合，形成更为完整、相互衔接的整体文化生活氛围，文化的综合价值未能在共同认知中被整理、理解与重新认识。公共文化服务方面，上城区委办区府办 2016 年出台《关于印发〈上城区公共文化服务体系建设工作方案〉的通知》（上委办〔2016〕第 9 号）文件，要求逐步完善"结构合理、发展均衡、网络健全、运行有效、惠及全民"的公共文化服务体系，充分发挥政府和社会两大资源的积极作用，以区公共文化服务体系建设工作领导小组全体成员单位、各街道文化站长和文化协管员、各社区文教委员等为主要对象，逐步构建完善区、街道、社区三级公共服务网络体系。各类文化培训活动、文化惠民工程和群众文艺活动广泛开展[1]。文化产业方面，上城区政府的文化产业发展战略突出，正迈向全国文创产业创新发展核心区。2014 年文化创意产业实现增加值 86.78 亿元，实现地方财政收入 6.17 亿元，规模以上文创企业 267 家，利润在千万元以上企业 23 家。2015 年，预计实现一般公共预算收入超过 55817.18 万元；截至 9 月底，规模以上文创企业 191 家（不含文创事业单位），资产总计 161.94 亿元，同比增长 18.1%；主营业务收入超亿元企业 30 家，同比增长 21.7%。而在"十三五"开局的 2017 年，上城区又提出了文化产业创新的新目标：未来五年内，文创产业增加值年平均增速高于全区 GDP 年增速；到 2020 年文创产业增加值实现较大增幅[2]。传统在地文化特色与资源鲜明，公共文化服务的标准化程度较高，文化经济发展的政策重点突出，这一地方背景十分符合前述对当代中国文化转向背景的认知，是地方公共文化服务的典型。

对上城区的公共文化服务的实践研究，也将与思考动机结合，重点从政府、公共文化服务机构与地方公共文化参与三个层面切入。将上城区的公共文化服务作为研究个案，除了让社会网络与地方公共文化服务的边界更清晰，更符合研究效度以外，也希望能够透过个案的分析，一方面以社会网络分析了解公共文化服务的地方权力分布与结构，另一方面分析影响地方文化参与的关系机制，并借此来验证公共文化服务机构

---

[1] 上城区人民政府. 关于上城区基本公共文化服务资金审计调查及整改结果的公告 [A/OL]. 上城区人民政府网, 2017-12-01.
[2] 杭州市人民政府. 上城迈步全国文创产业创新发展核心区 [EB/OL]. 杭州网, 2017-03-01.

网络化结构的概念。

二、研究思路

本研究通过行动者网络（Network as Actors）与结构网络（Network as Structure）图共同构建公共文化服务的地方实践整体网络图，探究三类不同的行动者在地方公共文化服务网络中各自扮演何种角色，谁是最有影响力的公共文化服务行动者？这一影响力，或者说公共性来自何处？并利用文化参与来回应公共文化服务的文化性内涵。具体架构如图3.1所示。

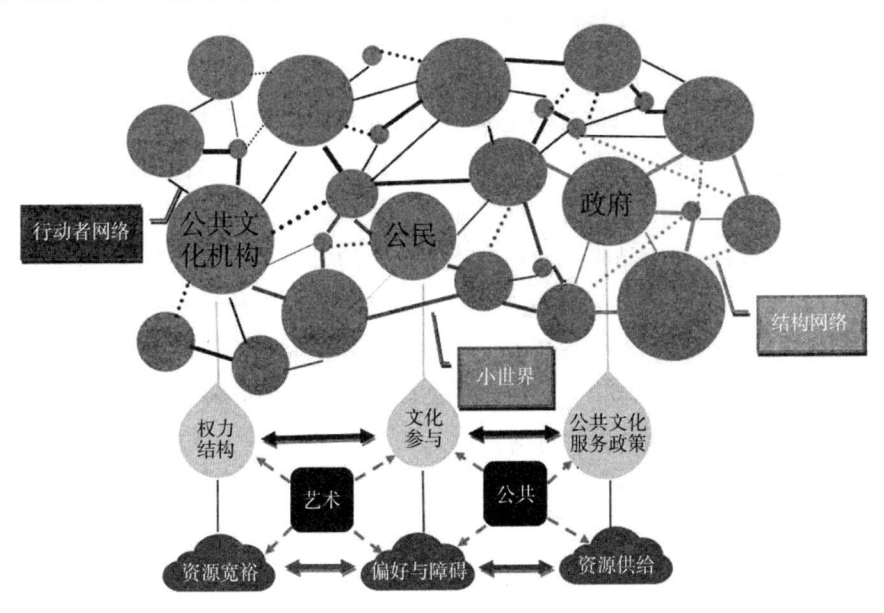

图3.1 研究框架示意图

（1）在政府行动者网络中，利用2013—2017年地方公共文化服务职能履行的政策话语内容（包括政策文本和实际工作总结）作为政府公共文化服务职能网络的节点尺度，了解上城区公共文化服务职能近五年的变迁和处于资源及权力中心的公共文化服务事项。利用财政分级分类供给的制度规定作为政府公共文化服务层级供给的节点尺度，呈现公共文化服务职能和财政层级的权力结构。

39

（2）在公共文化服务机构的行动者网络中，利用机构访问情形作为公共文化机构的访问网络节点尺度，了解上城区公共文化服务机构在公众文化参与中的影响力；利用组织资源宽裕作为各公共文化服务机构资源网络的节点尺度，了解上城区公共文化服务机构与公共资源所形成的依赖关系，并进一步对比访问情形网络与资源网络之间的权力位置落差，了解上城区公共文化服务机构的公共资源依赖对公众文化参与所形成的影响。

（3）在公众的行动者网络中，以公众访问公共文化机构的小世界网络为分析对象，结合文化参与的测量问卷，了解文化参与现状、偏好与障碍，进一步比较公共性视角下的网络结构与文化性视角下的网络结构的区隔，并分析这种区隔的影响因素，以及对文化参与的影响。

（4）将政府、公共文化服务机构与公众作为三类行动者的网络背后的行动逻辑做进一步的梳理，形成公共文化服务整体网络结构的归纳。政府作为公共文化政策的制定与执行主体，通过财政的分级分类投入形成公共文化服务内容的权力结构，并利用公共资源的投入与公共文化服务内容的投入重点，构成公共文化服务机构的资源宽裕情形，从而塑造了文化服务机构的权力网络，并由公众的文化参与及访问情形进一步推动公共文化服务机构的资源流动，与资源宽裕网络共同构成公共文化服务机构的变迁依据，并进一步影响政府的公共资源投入。

三、研究方法

（一）社会网络分析方法

本研究将主要采用社会网络分析方法，并依托 Pajek 软件，进行网络的可视化操作。Pajek 主要用于上千及至数百万个结点大型网络的分析和可视化，支持将大型网络分解成几个较小的网络并分析大型网络有效算法。研究中，通过 Pajek 网络完成上述三类行动者网络的可视化，并计算各行动节点的中心性，在具体分析过程中，析取同一类的结点，在双模结构与单模结构之间转换并分别地显示出来，反映出节点的连接关系和局域视角，如图3.2和3.3所示。

为了衡量社会网络的特性，研究中将主要运用中心性和小世界网络两

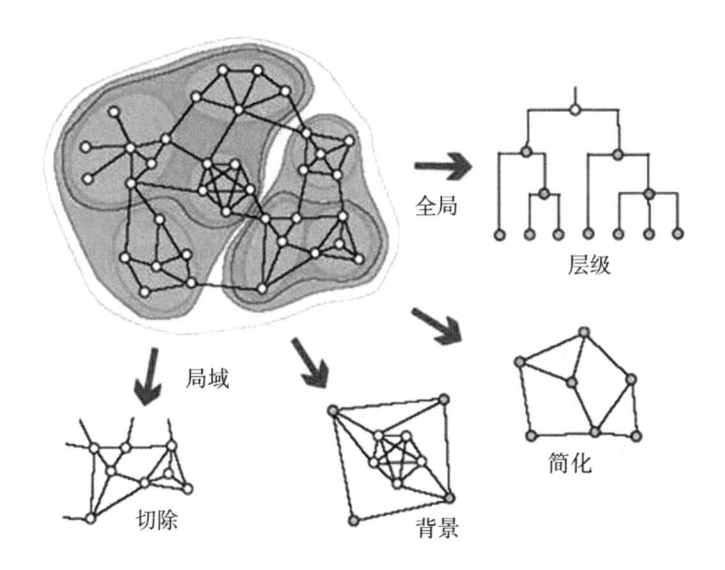

图 3.2　Pajek 处理网络途径

个主要的视角来分析社会网络特性。

1. 中心性（Centrality）

网络中心是衡量网络中最重要位置和角色的核心概念，中心性即为衡量哪些节点位于网络中心（Freeman，1979）。中心性可以衡量网络内哪些节点有着较高的权力或影响其他节点的能力。在衡量上城区整理公共文化服务行动者网络时，利用中心性找出具有重要地位的行动者。本研究主要使用三种指标来探讨中心性：度中心性（degree centrality）、接近中心性（closeness centrality）、中介中心性（betweenness centrality）。

（1）度中心性（degree centrality）

度中心性是利用行动者与邻近的行动者所联结的数量来衡量行动者的中心程度，度中心性越大则代表此行动者越有影响力。在有方向性的网络里可分为内向中心性（in degree centrality）与外向中心性（out degree centrality），在公共文化服务网络中，如果拥有较高的内向中心性，则表示许多在当年的公共文化服务以此行动者为政策重点与中心，若拥有较高的外向中心性，则代表此行动者能够影响到许多其他的行动者。内向中心性与外向中心性的公式如下：

$$C_{D,in}(n_i) = \sum_{j=1}^{1} r_{ij,in} \quad (1)$$

$$C_{D,OUT}(n_i) = \sum_{j=1}^{1} r_{ij,out} \quad (2)$$

其中 $C_{D,in}(n_i)$ 为节点 i 的内向联结程度，$r_{ij,in}$ 为联结到节点 i 的数目；$C_{D,out}(n_i)$ 为节点 i 的外向联结程度，$r^{ij,out}$ 为节点 i 联结到其他节点的数目。

而区域中心性因受到网络规模的影响，不同的网络中点的绝对中心性不具有可比性。所以 Freeman（1979）提出相对区域中心性，将其标准化，即点的绝对中心性与网络中点的最大可能的度数之比（刘军，2004），公式为联结数目除以最大可能联结数目：

$$C_{std\_D,in}(n_i) = \frac{C_{D,in(n_i)}}{g-1} \quad (3)$$

$$C_{std\_D,out}(n_i) = \frac{C_{D,out(n_i)}}{g-1} \quad (4)$$

C_{std_D} 为标准化度中心性，其中 g 为网络节点数目。

上述为测量网络中心性的公式，而全域的度中心性可测量网络中心的集中度，其公式如下：

$$C_{A\_D} = \sum_{i=1}^{g}[C_D(n^*) - C_D(n_i)]/Max\sum_{i=1}^{g}[C_D(n^*) - C_D(n_i)] \quad (5)$$

C_{A_D} 为全域度中心性，n^* 为网络中最大度中心性。

（2）接近中心性（closeness centrality）

另一项测量中心性的指标为接近中心性，接近中心性为测量不同公共文化服务行动者在网络中的紧密程度。同样的，接近中心性也分为内向接近中心性和外向接近中心性，内向接近中心性高的组织代表其他行动者可以透过较少的联结到达此行动者；而外向中心性高的行动者，则代表此行动者可以透过较少的路径接近其他的行动者。其公式如下：

$$C_C = \frac{g-1}{\sum_{j=1}^{g} d(n_j, n_j)} \quad (6)$$

其中 g 为整个网络的个数，$d(n_i, n_j)$ 为节点 n_i 到节点 n_j 的最短距离。

(3) 中介中心性（betweenness centrality）

最后一项衡量中心性的指标为中介中心性，此指标主要衡量节点在任意两节点的路径间的重要程度。其公式如下：

$$C_B(n_i) = \sum_j^1 \sum_k^1 \frac{g_{jk}(n_j)}{g_{jk}} \tag{7}$$

其中 g_{jk} 为节点 n_j 到节点 n_k 的所有路径，而 $g_{jk}(n_i)$ 则是在节点 n_j 与节点 n_k 间，包含节点 n_i 的最短路径。

与相对度中心性相同，相对中介中心性也受到网络规模的影响而有所差异，其标准化为相对中介中心性除以最大可能联结数目，公式如下：

$$C_{std\_B}(n_j) = \frac{2 * C_B(n_i)}{(g-1)(g-2)} \tag{8}$$

C_{std_B} 为标准化中介中心性，g 为网络中节点个数。

同时，可透过全域中介中心性衡量中介性是否集中在某些节点上。其算法为网络中最大的中介性数值域其他各节点的差异总和除以最大可能的中介性差异加总，其公式如下：

$$C_{A\_B} = \sum_{i=1}^g [C_B(n^*) - C_B(n_i)]/Max \sum_{i=1}^g [C_B(n^*) - C_B(n^i)] \tag{9}$$

2. 小世界（Small World）

六度分隔理论（Degrees of Separation）和小世界理论（The Small World；Milgram，1967）指任意两个不认识的人的联结度最多不会超过6，这个概念指出小世界的网络里只要透过几个少数的中介者就可联结到整个网络。1998年学者Watts也进一步指出许多实际的网络（如经济、市场等网络）都符合小世界的分布（Watts，1998），并进一步修正及提出小世界现象的特征与规则：

第一，在小世界的分布里有高度的群聚系数（Clustering Coefficient），群聚系数可衡量节点与节点的群聚现象，假设某点X有N个邻近节点，其可能发展出的最大集团派系（Clique）为n（n-1）/2，群聚系数如下式所示：

$$\text{Clustering Coefficient} = E(x)/E_{max} \tag{10}$$

第二，小世界的现象里有较低平均分离度（Degree of Separation），或是网络中有相对于节点规模较短的直径（Diameter）。社会网络中的分离度指的是两两节点最短路径之长度，而整个网络的分离度计算为整个网络中所有节点对节点分离度之平均值，而直径指的是存在于网络图形中最短的节点路径长度（刘军，2004）。Robin 和 Nicolas（2004）提出具有较短的平均最短路径长度和较高群聚系数的网络结构有利于知识和信息的扩散，而本研究中的公众公共文化服务机构的访问情形小世界网络恰好符合这些特性：其小世界网络中的节点路径长度包括物理距离和社会距离，在公共文化服务机构的访问情形交流扩散过程中，物理距离和社会距离越接近的群体越利于形成访问经验的传递，当每个成员与越多的成员交流，则访问经验传递网络的群聚程度越深。高群聚程度对其成员的忠诚性有较高的要求（蔡宁，吴结兵 & 殷鸣，2006），在公共文化服务机构的访问中，表现为对地文化特色的坚守态度。

（二）研究资料搜集方法

社会网络分析的关键点，一为节点的界定，二为关系的尺度定义和操作化度量。要实现关系的操作化度量，重点在于对关系尺度的属性数据和关系数据的收集。属性数据与个体或组织的自然状况、态度、观点、品质和行为等相关，这些数据通过问卷调查、深度访谈和焦点小组获得。关系数据则关注于互动、纽带和联结，这种依托于群体结构所赋予的个体行动关联并不因个体而减弱，这种关系不归个体行动者所有，是由行动者互动联结而成的关系系统。

本研究以社会网络研究方法为主，但正如社会网络分析教科书所言，在社会网络分析过程中，资料的收集方式既可以是量化的，也可以是质化的，其目的是为社会网络的节点定义尺度搜集更准确的属性数据与关系数据。因此在资料搜集过程中也会采取政策话语分析、问卷调查、焦点小组、深度访谈等方式弥补数据搜集资料的缺陷。

1. 政策话语分析

政策话语分析法是面向文本的分析评估方法，这种方法通过一系列的转换范式将非结构化文本中的自然信息转换成可以用来定量分析的结构化的信息形态,其目的是测度出文本中有关主题的本质性的事实及其关联的发展趋势,这种分析方法的基本单元是可公开看到的文本(李钢 & 蓝石,2007)。在勾勒上城区政府行动者的职能网络和财政层级网络时,将结合政府公共文化服务的政策文件,进行政策话语的内容分析,作为权力结构节点关系的重要依据。在界定上城区公共文化服务机构的资源宽裕程度时,由于实际组织数据资料的不完善,必须结合对组织机构相关负责人的深度访谈的话语内容和政策文本分析进行补充。

2. 问卷调查

以杭州市上城区居民的文化参与情形为调查主题,以了解文化参与现状,检验文化参与活动与公共文化服务社会网络的关系。虽然文化参与的问卷调查在国内已有不少,但系统地分析文化参与情形、偏好与障碍的民意调查却仍属少数。由于缺乏一致认可的变量与模型,为了设计这一问卷,本研究除了参考前述文献中的美国"大众参与艺术调查"、联合国教科文组织文化与社会发展关系调查外,将结合深度访谈的二十位上城区的居民的文化参与情形和前测结果,作为本问卷设计和调整的参考基础。经项目分析的预测题目相关性评估,并考虑调查问卷长度限制,保留32题问卷内容,共涵盖基本人口与家庭特征、文化参与情形、偏好与障碍、艺术社会化等四类研究主题(见附录)。

3. 焦点小组访谈与深度访谈

本研究需要利用组织资源宽裕来衡量各公共文化服务机构之间的节点关系。通过前期的田野调查以及深度访谈发现,界定组织资源宽裕程度的统计数据资料尚不充分,为了补充统计资料,本研究将对上城区社区的居民、公共文化服务机构负责人与工作人员进行深度访谈,根据访谈内容,结合政策文件做进一步的内容分析。同时,鉴于文化参与测量的已有研究中难以准确把握文化参与的个体经验以及反复参与的逻辑,在研究方法上,将主要以焦点小组的形式了解公众文化参与行为的过程和参与的经验,通过主轴编码、选择性编码和故事线梳理归纳文化参与行动逻辑。

四、研究概念的操作化与数据收集

社会网络分析视关系为各节点之间川流不息的联结表达,更是行动者

(各节点）联结和附属的社会关系组成，这种分析过程需要将关系量化并通过关系类型的定义进一步探究这种关系的意义，因此社会网络分析是由大量的定义网络结构及其演化的定量方法所构成的（Scott，2017）。

社会网络分析具有两种操作途径：作为结构的网络以及作为行动者的网络（Kahler，2015）。作为结构的网络认为社会网络中会给予个体机会以及行为限制，而个体的属性、性格、态度、价值、认知等是无法对社会网络造成任何影响的。作为行动者的网络则认为个体的行为将会影响社会网络的变化，其所关心的重点在于如何建构一个适当的网络结构，而不是结构论者所主张的网络结构能给个体什么资源。本研究将结合两种操作化途径，在可视化网络的分析中，先由行动者网络描绘出整体网络的结构，再通过整体网络结构，形成上城区的公共文化服务网络的整体特征与对个体行动者的影响。公共文化服务的行动者网络主要由政府、公共文化服务机构与公众三类行动者构成，研究以行动者为中心，若行动者处于网络中心位置，则能建立的联系越多，获取的资源也越多，因此研究的重点在于观察其网络中的联结与位置，并借助度中心性、接近中心性、中介中心性等指标将联结位置具体化。

（一）政府行动者网络[①]

政府行动者网络将通过五年历时性职能网络与财政分级分类网络来描述。操作化过程首先是对公共文化服务职能要素的定义，公共文化服务作为重要政府职能，其在具体实践中的公共性职能要素主要包含三方面（如图3.3）：①宏观制度层面公共文化服务相关经费保障、设施建设、服务标准等支持性政策法规的制定与管理，微观执行层面相应服务的预算及资源投入；②建立公共文化服务机构、场所，公共文化组织、机构与服务主体的交互联系。由政府财政预算投入及社会自愿参与投入的具有文化服务功能的设施设备，如文化馆（站）、图书馆、博物馆、美术馆、文化广场、文化中心等是公共文化服务的传播媒介，公共文化服务组织及人员是公共

---

① 为了更规范地论证过程，此部分将三类行动者网络的节点、节点尺度定义和数据收集过程分别做详细说明。

文化服务的发起方与提供方，广大人民群众则是受众和反馈方；③探索创新公共文化服务方式。近十年以来，在全国范围内实施的文化信息资源共享工程，包括文化点餐、流动图书馆、流动演出，以及结合互联网传输及分享技术的网上博物馆、网上文化培训等，都是拓展公共文化活动形式、延伸服务范围的体现。

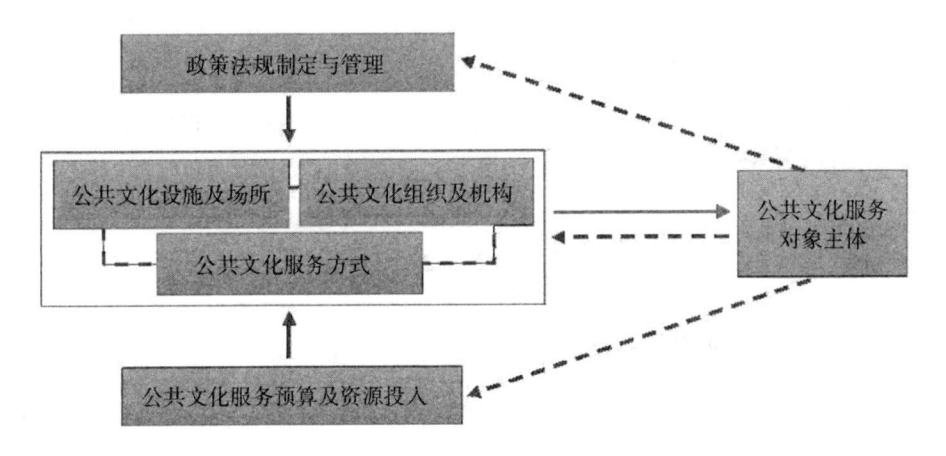

图3.3 公共文化服务的政府职能要素

1. 节点构成

依据其上对于公共文化服务职能要素的分析，公共文化服务的政府行动者主要通过政策支持和财政支持力度来建立与其他公共文化服务行动者之间的关系。因此在政府行动者网络中，将主要对政策文本中的公共文化服务事项网络和财政支持网络进行分析：其中公共文化服务事项网络中的网络节点为上城区2013—2017年实际开展的公共文化服务的各类事项，财政支持网络中的网络节点为上城区的公共文化服务财政支出的具体层级与对应事项。

2. 节点尺度定义

公共文化服务事项网络的尺度定义中，将根据收集到的上城区近五年公共文化服务的政策规划与内部工作总结，尤其是针对每年上城区公共文化服务相关政策和工作总结中重点规划的公共文化服务事项，按照政策重点和事项发起层级将公共文化组织转换成双模关系矩阵（公共文化服务事项与政策层级之间是否有连接，在当年的政策规划和工作总结中是否被提及），按照公共文化服务事项开展的层级的主办与协办地位划分为两级，主办和承办分别记为2、1，按照2013—2017年的年度顺序形成双模矩阵，输入至社会网络分析软件Pajek中进行可视化分析；财政支持网络的尺度定义中，依据浙江省政务服务网，按照省文化厅、杭州市文广新局（市版权局）、上城区文广新局（版权局）的公共文化服务政务公开内容以及年度预算和决算，根据不完全统计，结合对上城区文广新局和宣传部分管领导的深度访谈内容，整理上城区公共文化服务具体清单内容与支出责任，根据分级负责（分别记为3、2、1）、共同负责（分别记为1、1、1）等不同情形，进行矩阵的Pajek可视化分析。两类网络所使用的指标将集中在网络结构位置角色分析（positional and role analysis），目的是为了解析整体网络结构层次，并利用区截（block model）与缩影矩阵（image matrix）简化政府的行动者网络结构，比较网络结构密度特征，以及是否具有类似的结构位置与角色关系。

3. 节点尺度的数据收集

这一部分的数据收集将利用访谈法和二手文本梳理（政务信息公开网络、内部工作总结资料）资料形成主要的依据。主要的访谈对象为上城区文化广电新闻出版局（以下简称文广新局）的主要负责人与业务骨干，上城区委宣传部文明办的主要负责人与业务骨干，上城区下设各街道的文化服务专员。访谈的主要时间跨度为2017年4月至2017年12月，在此期间，进行了深入的半结构式访谈（访谈提纲见附录1），每次访谈时间30分钟到90分钟不等，累计访谈人数为17人；二手数据的收集截至2017年12月，研究者尽可能地收集了与上城区公共文化服务财政支出结构相关的资料，主要的数据包括上城区年度预决算、上城区文广新局年度预决算、杭州市文广新局年度预决算、上城区公共文化服务相关政策文本与规划报告（11份）、上城区文广新局年度工作报告（5份）、杭州市公共文化服务相关政策规划与工作报告（27份）等，同时，在研究中会不定时地访问官方网站及政务信息公开网站，以便获得关于公共文化服务最新的发展情况。

(二) 公共文化服务机构行动者网络

公共文化服务机构在具体的中国语境下，主要包括公共图书馆、文化馆、基层综合文化站、主题博物馆展览馆、美术馆等。由于涉及文化参与的因素，需要观察具体的参与情形，结合公共文化服务机构行动者的网络角色，其行动者网络主要包括公众访问情形网络和资源宽裕网络两类网络。依据度中心性、接近中心性和中介中心性，对资源网络中的重要机构进行进一步的个案分析。最后对两类网络中，公共文化服务机构所处的不同资源权力中心和访问权力中心的差异情形进行对比，并根据原因总结公共文化服务机构的资源依赖对公众参与所形成的影响。

1. 节点构成

上城区公共文化服务机构的访问情形网络中的节点以地理区划上存在于上城区区域内的公共文化服务机构为主，主要分为主题博物馆与展览馆、艺术美术馆、影院剧院、图书馆、区级公共文化服务机构、街道及社区基层文化服务机构几类。区级公共文化服务机构根据各类文化设施现行规范要求和杭州市的规划布局，主要包括：三馆、两中心、一广场（文化馆、图书馆、博物馆、文化活动中心、老年活动中心及文化广场）；街道文化设施根据基层文化设施配置要求，街道文化活动中心通过自办或资源整合等方式，6个街道文化站站舍面积达到1500平方米；社区文化设施即每个社区所配置的200平方米的文化活动室。

上城区公共文化服务机构的资源宽裕网络中的节点除上述公共文化服务机构外，还包括资源宽裕的具体类型：已被吸附宽裕资源［A1.1 运营政府资金支持、A1.2 政府硬件设施支持、A1.3 政策支持保证固定客源、A1.4 组织事业编制人员、A1.5 配合行政命令的主题活动及支出、A1.6 免费近用（free access）的财政补贴］和未被吸附宽裕资源（A2.1 创收盈余、A2.2 产业链拓展硬件设施、A2.3 自主声誉吸引稳定参与群体、A2.4 非编制专业技术人员与志愿者、A2.5 机构自主策划活动支出备用金、A2.6 组织声望吸引业界文化资源）。

2. 节点尺度定义

公众访问情形网络中，将以随机问卷发放的形式了解上城区居民最近一个月是否访问过列表中的公共文化服务机构，利用 Pajek 软件将公共文化服务机构参与情况的整体网络描绘出来，并借助机构所建立的年代特征分区文件将网络调整为历时性的局部视角，将居民访问情形网络与机构的年代变迁进行对比分析。

组织资源宽裕网络中，将机构的宽裕资源类型进行已被吸附宽裕资源与未被吸附宽裕资源的类型划分，并根据个案访谈内容和田野调查资料等，依照各类资源宽裕类型，以相应公共文化服务机构是否存在各类资源宽裕形式分别记为"1"和"0"，形成组织宽裕资源的矩阵并进行 Pajek 可视化。

3. 节点尺度的数据收集

居民访问情形网络的数据收集以问卷（参见附录三）调查的形式开展，为保证能够较为客观地反映上城区各公共文化服务机构的访问情形，调查地点为各公共文化服务机构，调查时间与个案访谈时间一致，每个机构发放问卷 25 份，共回收问卷 675 份，其中有效问卷 605 份。

组织资源宽裕网络的数据收集主要采取多重个案的方法，重点是探讨特定情境下的公共文化服务机构的独特性和复杂性，了解上城区公共文化服务机构变迁中的新问题。2017 年 4 月到 5 月，笔者收集了相关案例。通过田野调查和半结构深度访谈的方式，对上城区公共文化服务机构进行了系统调研（如表 3.1）。其中，在具体访谈中，每次访谈的时间 30 分钟到 90 分钟不等，并且在对方的允许下进行录音，以便资料确认与回溯；为获得尽量全面且可验证的信息，在重点访谈主要领导者的情况下，对其核心工作人员（1~2 人）也做一定的访谈询问。与此同时，我们还收集了有关机构的内部工作报告、组织手册和互联网相关网站信息；在条件允许的情况下，还对部分机构对应政府主管单位（如文广新局、宣传部等）的负责人进行了访谈。最后，在访谈资料整理阶段，进一步对关键的不明确信息做了电话回访，尽量保证信息资料的完整性和准确性。表 3.1 整理了 27 个案例资料收集的对象、调研时间和其他基本信息。因多重个案设计被视为具有"比较性"的研究，通常多重个案得到的证据较强而有力，因此整个研究常被认为是具有稳健性的（Herriott & Firestine, 1983）。需要说明的是，其中 S21 社区文化活动中心在案例收集过程中选取了湖滨街道青年路社区文化活动中心做案例，但考虑到上城区众多社区的情况差异，在后续的问卷调查中，将其抽象为被调查者对应所在的社区文化活动中心，以期将其作为一个文化活动单元进行考察。

表 3.1 上城区公共文化机构案例收集过程信息

序号	时间	地点	搜集图径
1	2017-5-18	S1：杭州博物馆	访谈、网站资料
2	2017-5-19	S2：中国财税博物馆	访谈、内部手册
3	2017-4-19	S3：南宋官窑博物馆	访谈、内部手册
4	2017-4-19	S4：胡庆余堂中药博物馆	访谈、内部手册
5	2017-4-20	S5：杭州西湖博物馆	访谈、网站资料
6	2017-4-20	S6：杭州近代教育史陈列馆	访谈
7	2017-4-21	S7：杭州市非物质文化遗产展示厅	访谈、内部手册
8	2017-4-21	S8：上城区"匠·无界"非物质文化遗产展示厅	访谈、主管单位信息
9	2017-4-24	S9：杭州图书馆生活主题分馆	访谈、网站资料
10	2017-4-25	S10：杭州市老年活动中心	访谈
11	2017-4-25	S11：杭州市工人文化宫	访谈、内部资料
12	2017-4-26	S12：上城区文化馆	访谈、网站资料、主管单位信息
13	2017-4-28	S13：吴山文化公园	访谈、内部资料、主管单位信息
14	2017-5-4	S14：东坡大剧院	访谈、网站资料
15	2017-5-5	S15：红星剧院	访谈、网站资料
16	2017-5-8	S16：浙江胜利剧院	访谈、网站资料
17	2017-5-9	S17：杭州市上城区葛德瑞书画艺术馆	访谈、网站资料
18	2017-5-10	S18：唐云艺术馆	访谈、网站资料

续表

序号	时间	地点	搜集图径
19	2017-5-11	S19：浙江美术馆	访谈、网站资料
20	2017-5-10	S20：浙江赛丽美术馆	访谈、网站资料
21	2017-5-12	S21：青年路社区文化活动中心	访谈、内部资料、主管单位信息
22	2017-5-15	S22：小营街道文化活动中心	访谈、内部资料、主管单位信息
23	2017-5-16	S23：南星街道文化站	访谈、内部资料、主管单位信息
24	2017-5-17	S24：紫阳街道文化站	访谈、内部资料、主管单位信息
25	2017-5-12	S25：湖滨街道文化活动中心	访谈、内部资料、主管单位信息
26	2017-5-22	S26：望江街道文化活动中心	访谈、内部资料、主管单位信息
27	2017-5-23	S27：清波街道文化站	访谈、内部资料、主管单位信息

资料来源：本研究整理

观察图表可以发现，从地理位置上看，这些机构隶属上城区地区，因此基本的经济和社会环境相对较为接近，且所有的个案机构都是登记注册的，这就控制了法律合规性等方面因素对于组织活动和基本结构的影响（高丙中，2000）。因此，上述案例的基本情况有助于我们更好地将上城区公共文化服务机构视为一个行动者网络，并借助文化地理的概念来进行相关的分析。

（三）公众的行动者网络

在公众的行动者网络中，将主要以居民访问情形的小世界网络进行可视化分析，并借助小世界网络的核心行动者，分析其文化参与情形，以形成公共文化服务参与和文化参与之间的联结：首先在居民访问情形的小世界网络中，将以问卷发放的形式了解上城区居民的公共文化服务机构访问情形，利用 Pajek 软件形成访问者的小世界的可视化网络，再借助小世界网络的度中心性将网络中的核心成员调整为局部视角，通过文化参与问卷测量核心成员参与其他文化活动的具体情形、偏好与障碍，并将核心成员的文化参与情形与其他成员进行对比分析，了解上城区参与公共文化服务机构较核心的成员是否在文化参与中同样表现出偏好的一致性和参与的稳定性。

1. 节点构成

上城区公众的行动者网络将以居民访问情形的小世界网络为主，网络节点为上城区接受访问情形调查的居民。

2. 节点尺度定义

以问卷发放的形式了解上城区居民最近一个月是否访问过列表中的公共文化服务机构，分别记为"1"和"0"，利用 Pajek 软件实现居民访问公共文化服务机构情况的小世界网络可视化。

3. 节点尺度的数据收集

这部分的数据收集及对比分析主要借鉴混合研究策略：

首先通过文化参与问卷（参见附录四）的调查与定量研究方式准确测量上城区公众的文化参与情形。问卷数据不仅包括文化参与的核心变量（如参与偏好、参与障碍等），也包括之前研究中和田野调查分析中认为需要进一步了解的相关变量（如文化参与的知识门槛、文化参与相关的教育背景等），以及小世界网络需要了解的机构访问情形列表。从而了解上城区公众文化参与的现状，并借助小世界网络可视化中的核心成员，了解其所对应的文化参与情况。

问卷发放样本为上城区的居民，根据上城区的人口比例[①]，按照分层

[①]《上城区统计年鉴》显示，2016 年年末，上城区户籍人口 326903 人，其中男性 163356 人、女性 163547 人；比上年末净减 1021 人，其中男性减少 753 人、女性减少 268 人。从年龄结构看，0～17 岁、18～34 岁、35～59 岁、60 岁及 60 岁以上分别占 11.28%、22.00%、36.52%、30.20%，其中 60 岁以上占比较去年末提高 1.16 个百分点。全年出生人口 3023 人，出生率为 9.25‰，比去年末上升 1.68 个千分点；死亡人口 1529 人，死亡率 4.68‰，与 2015 年的 4.95‰基本持平；人口自然增长率为 4.56‰，比去年末上升 1.94 个千分点。

随机抽样方式，通过民政局所提供的上城区居民信息簿，为了避免信息簿的缺陷，参考专家的建议，采取信息代码最后两位数代之以随机数方式，来选取本研究实际发放问卷的对象，既可增加涵盖率又能降低空卷率。问卷调查分三个阶段完成：第一阶段初步形成本文主要的测量问卷；第二阶段结合前期田野调查和深度访谈的相关信息，对问卷内容进行补充、删减和调整，同时，将完成修改的问卷初稿先行在小营街道小营巷社区的文化工作人员和群众中进行试填写，并在填写完成后请对方就问卷的题项、结构和适用性等方面提出修改意见；第三阶段正式发放问卷。基于前期的调整完善，笔者于2017年6月末至9月期间，在上城区范围内开展了大样本的问卷发放工作。问卷发放以现场发放为主，辅以邮寄的形式。扣除无法联系发放人员，本研究共发放问卷900份，保证成功接受问卷调查的有效问卷为671份，完成率为70%以上。

其次通过焦点小组研究上城区公共文化服务的参与行动机制。该方法的核心是通过引导小组讨论等具体的互动方式（Kitzinger，1994），尽可能地获取与某一主题相关联的深层次信息和概念可能（Merton，1987）。之所以选取这一方法，是因为受众往往很难准确清晰地表达自己抽象的文化参与经验，尤其是内在感受，焦点小组在一定程度上能够辅助彼此完成这种描述，在一定意义上它也有利于从实质性经验的角度把握大众真正的公共文化参与情形。同时，详细了解大众对于公共文化服务的真实理解和其他影响大众参与公共文化服务的因素后，进行相应的编码程序和模型建构，进一步提升后续研究的准确性，尤其是对现实情境的解释力，以便与量化结果进行交叉比对，提升结论的可靠性，建立接近实际世界、完整且具有统合性、内容丰富又具备解释力的理论。

2017年9月，笔者借助社区座谈会的方式，开展焦点小组研究，其中，共组织了6个访谈小组（每组8~10人），在上城区3个社区进行相关访问。按照Krueger等人（2015：75-78）关于提高焦点小组研究质量的相关建议，在成员选择、议题结构、小组规模和小组数量方面做了一定的前期控制和设计：

第一，小组成员构成。鉴于质化研究要求受访者对研究问题有一定的理解，采取理论抽样的方法，以便更有效地探索文化参与的轮廓。在小组成员的选择上遵循多样性和同质性的统一，即围绕公共文化服务的主题，邀请各街道及社区关于公共文化服务的主要负责人、社区的文化专员以及一部分的社区志愿者，他们作为一类焦点小组从政府和社区管理的角度来介绍所在区域的公共文化服务的参与情况以及他们对文化参与的理解，包括所认知的影响公共文化参与的因素或政策。另一类焦点小组以群众代表为主，包括社区一般群众、社区长期稳定参与文化活动的群众、参与文艺团体的群众等，他们主要从自身的文化参与经验出发，介绍比较喜欢或不喜欢哪些文化活动，在参与文化活动过程中的体验如何，对公共文化服务有何理解和期待。

第二，小组议题与讨论流程。参考之前的半结构式访谈的设计，通过对小组的具体议题进行适度的控制，主要在焦点小组的流程上做了预先安排：首先在小组讨论开始前，发放给参会人员大致访谈提纲，确保其对相关议题有充分的了解和思考时间，其次在小组讨论的开展过程中，研究者适当引导流程有序进行，一般先由研究者说明讨论主题，简单暖场，进而由一位主要的负责人介绍该社区公共文化服务和文化参与的主要情况，再由每位小组成员顺序发言，在这一过程中，研究者适时重点引导和发问，重点鼓励小组成员的互动，也注意到了保持客观性，未过分地加入自身的解读，或主导研究对象进行解读，并在发言结束后进行集中讨论和其他人员补充。

第三，小组规模和数量。为了保障焦点小组讨论的有效性以及过程中的协调性，每个讨论小组一般人数不超过10人，Morgan（1996）认为焦点小组的数量不应少于3个，本研究选择了6个焦点小组，符合基本要求。表3.2简单介绍了焦点小组涉及的社区、人员数量以及具体实施过程和其他重要信息。

表 3.2 焦点小组基本信息

编号	调研时间	调研地点	组织人员	参与群众	研究人员	总数	持续时间
1	2017-6-22 上午	小营街道小营巷社区-居民（A1）	3	5	1	9	2小时07分
2	2017-6-22 下午	小营街道小营巷社区-工作人员（B1）	6	2	1	9	2小时05分
3	2017-6-23 上午	湖滨街道青年路社区-居民（A2）	0	8	1	9	2小时35分
4	2017-6-23 下午	湖滨街道青年路社区-工作人员（B2）	7	1	1	9	2小时18分
5	2017-6-24 上午	南星街道馒头山社区-居民（A3）	1	6	1	8	1小时58份
6	2017-6-24 下午	南星街道馒头山社区-工作人员（B3）	5	2	1	8	1小时45分

资料来源：本研究整理

在行动者网络的基础上，归纳出网络中三类行动者内部的联系及其网络的结构特征，以资源的流动配置与文化参与为纽带，形成包含政府—公共文化服务机构—公众的两两关系相互联结的行动连续统，并进一步构成整体网络。这一整体网络也构成公共文化服务的地方实践结构，并通过结构逻辑进一步影响公共文化服务中的三类行动者，从而回应研究主题设计中的整体网络视角。

第四章

上城区公共文化服务的政府行动者：政策变迁与职能网络

> 重要的是讲述神话的年代，而不是神话所讲述的年代。
>
> ——福柯
>
> 中国由于其浓厚的在地性，甚至连"忠国"，其根本也在于"安乡"。
>
> ——沟口雄三《作为方法的中国》
>
> 政府即事物的正确处置。
>
> ——福柯

本章焦点在于对上城区公共文化服务整体情况扫描以及政府结构关系的全景勾勒。在本章中，首先对上城区公共文化服务乃至整体区域公共文化领域的发展进行阶段梳理。根据这一历时性的网络特征的变迁，清晰地看到公共文化服务政策语境的变化，并对所要进行个案研究的上城区公共文化服务的基本样貌有所把握。

基层文化机构既是公共文化产品和服务的生产者，又是基层公共文化传播系统的一部分，因其承担面向基层社区提供公共文化产品的任务而获得自身的合法性（傅才武 & 许启彤，2017）。有学者通过对基层公共文化服务机构实际的公共文化服务工作的开展过程进行观察，总结出当前开展的基层公共文化服务职能主要由街道文化站的"迎检式""比赛式"公共文化活动和社区文化中心自发组织的日常文化娱乐活动这两个层级的两类活动构成，街道作为纵向行政权力体系的末梢，其职能部门之一的文化站同时也具备了街道的这种过渡地带性质：执行上一级文体局和所属权力机关的指令与支持社区自发公共文化活动并存。而社区公共文化服务机构在政府公共行政职能从管制到服务转变的大背景下，理论上发挥着公共文化活动的自发组织和日常展示功能（苏霞，2013）。

在实际的地方运作过程中，相关学者采用 DEA – Tobit 两步法和多元线性回归模型比较地方公共文化服务财政支出效率表明，地方性所包含的人均 GDP 因素、政府财政支出因素以及政府规模因素都呈现出与公共文化服务效率负相关的关系（杨林 & 许敬轩，2013），这也进一步指向公共文化服务的地方实践，其实践效果在地方赋权与职能偏移之间呈现步履蹒跚、来回胶着的状态，并从一个侧面勾勒出地方公共文化职能履行的制度成本（张波 & 宋林霖，2008）与理论价值诉求之间巨大的沟壑，激励学者们重新思考这一偏差的来源：由于政绩需求（苏霞，2013；吴理财，2011）、机构改革压力、公共文化转移支付不合理（江光华，2009）、基层行政文化体制的越位和缺位（苏霞，2013）、传统业务模式与高速城市化进程和数字信息技术快速发展的结构性失衡（傅才武 & 许启彤，2017）等共同造成了社区公共文化服务机构组织能力和反馈机制薄弱，地方公共文化服务部分偏离职能轨道。通过对国家公共文化政策实验基地文化站的持续观察显示，基层文化机构正陷入公共资源投入不断增加而绩效却持续下滑的"悖论"（傅才武 & 许启彤，2017）。

公共文化服务的地方赋权与职能偏移的深入探讨是对公共文化服务的公共性的表征来源进行研究的重要切口，也将对长期以来强调公共文化服务的地方财政投入来提升公共文化服务水平的行动策略产生重要影响。这一部分研究将基本视角放置于政府的层级性以及公共文化服务过程的非均质单一性，从分级供给主体和分类公共文化服务内容出发，将分类、分级供给机制的多维结构通过社会网络图景展现，探索性地检视基层公共文化实践的网络位置及政策核心，并进一步地发掘这一地方职能过程可能存在的公共性议题。

一、上城区公共文化服务概况

（一）上城区基本概况

上城区东南临钱塘江与滨江区隔江相望；东北与江干区毗邻；西与西湖相连；北以庆春路与下城区为界。区域面积 18.1 平方千米，辖湖滨、清波、小营、望江、紫阳、南星6个街道51个社区（如表4.1所示）。截至2016年，全区共有户籍人口32.69万[①]，共23个民族，以汉族为主。至2016年，全区实现地区生产总值（GDP）900.16亿元，按可比价格计算，同比增长6.1%。按产业分，第二产业实现增加值343.13亿元，同比下降0.2%，其中，工业增加值324.41亿元，同比下降1.0%；第三产业实现增加值557.03亿元，同比增长10.6%。二、三产业结构为38.1∶61.9。[②]

表4.1 上城区街道列表

街道名称	面积（平方千米）	下辖社区
湖滨	1.588	涌金门、东坡路、青年路、岳王路、吴山路、东平巷
清波	2.286	清波门、劳动路、定安路、清河坊、柳翠井巷
小营	2.973	紫金、马市街、小营巷、葵巷、老浙大、大学路、茅廊巷、金钱巷、长明寺巷、梅花碑、姚园寺巷、西牌楼
望江	4.819	大通桥、兴隆、始版桥、莫邪塘、清泰门、徐家埠、耀华、近江东园、近江西园、在水一方、婺江
南星	8.492	馒头山、紫花埠、美政桥、复兴街、海月桥、水澄桥、玉皇山、白塔岭
紫阳	5.840	太庙、木场巷、十五奎巷、彩霞岭、上羊市街、凤凰、新工、海潮、候潮门、北落马营、甬江、春江

资料来源：根据《上城区统计年鉴》整理

（二）上城区建制沿革与文化资源积淀

上城区境古属吴越之地，后属楚国。因上城区位于杭州市区中心偏南，古人习惯上以南面为上，上城亦由此而得名。公元前22年，置钱唐县，属会稽郡。汉代曹华信在城东筑防海大堤，陆地渐固，生齿渐繁。汉

---

① 人口数据来自上城区统计年鉴.
② 上城区人民政府.2016年上城区国民经济和社会发展统计公报[A/OL].上城区人民政府网，2017-12-01.

魏时，钱唐县治自灵隐山麓迁徙钱湖门外（今清波门南云居山麓附近），始为全县的行政中心。公元589年，隋朝设杭州，此后州治由余杭移到柳浦西，这是杭州建造城垣的最早记载，今上城区境大多在内。五代时期，吴越以杭州为国都，在凤凰山麓修筑皇城。公元978年，杭州从吴越国治降为州治。宋室南渡后，杭州升格为府并被定为首都直至元朝。上城区境内散布德寿宫、龙翔宫、秘书省等宫殿和官衙。元明清三朝700年中，这一省市行政中心所在的格局未变。元时的江浙行省、宋至清的杭州府署等，均在境内。辛亥革命后隶属杭县，1949年5月建上城区，此后区划总体格局略有微调。2003年5月上城区调整区划并延续至今。

历史上特定的政治地位和繁荣的经济积淀了上城区丰厚的历史文化资源。

自建城至唐代，一直是杭州行政区划的核心。1127—1279年，南宋王朝建都杭州（时称"临安"），在凤凰山麓再筑宫殿、建皇城，历时150余年，至今遗迹尚存，也奠定了它作为中国七大古都之一的历史地位。吴山之下，为历代省、州、市、府、县衙署所聚之处。宋代的三省六部，德寿宫、龙翔宫、安抚司；元代的江浙行省；明清时期的织造署；清代的旗营将军署；宋至清杭州府署；元至清时期的仁和、钱塘县署；民国时期浙江省和杭州市的党政军主要机关也均设立于此。

上城地区历来是杭城文化中心，文化兴盛。南宋著名画家刘松年、词人李清照，元代的范居中，清代和民国时期的袁枚、陈端生、龚自珍、鲁迅、郁达夫等，均在上城辖区居住或留下过足迹；历代杭城的文化娱乐场所，如南宋时期的勾栏，元、明、清时期的书剧场，清末民初时期的戏院、剧场、电影院、报社、藏书楼、民众教育馆等，大都集中在今上城地区。民国三十七年（1948），辖区有影剧院12家、歌场3家、舞场3家，民众教育馆、图书馆、广播电台各1座；报社、杂志社、通讯社等18家。无固定场所的游艺活动，灯会、庙会、杭滩、杭剧、说书、杂艺等也大多集中在今上城地区的茶肆酒楼及街坊里弄。上城区拥有全国、省、市文保单位75处，占杭州市总数的39.5%；全国重点文保单位6处，市级文保单位53处；历史文化保护街区（地段）15处，地下文物重点保护区3处，特色文化保护区3处。其中国家级历史文物保护单位有胡庆余堂、闸口白塔、凤凰寺、梵天寺经幢、宝成寺麻曷葛喇造像、南宋皇城遗址等。另胡雪岩故居、龚自珍故居、郁达夫故居、相国井、孔庙碑林等重点文物保护单位都分布在该区内。

上城地区历来是杭城群众文化娱乐活动集中的地区。南宋时期，每逢传统节日，各行会组建舞队，上街表演，一些不入勾栏的"路歧人"，也在街头巷尾、宽广场地进行露天表演。据《梦粱录·元宵》记载，元宵之夜在崔家巷一带共有24家傀儡戏表演团体。明清时期，杭州庙会、灯会相当频繁。有正月十一的吴山神龙庙"乌龙会"，五月十八的"元帅会"，七月十三的"助圣会"，九月二十六的"华光会"等，市民和民间团体以凤阳花鼓、秧歌、高跷、面鬼、唅叫（口技）、龙灯、台阁等各种形式上街表演。特别是正月十五的元宵灯会，杭州风俗从正月十二"灯市"开始，全杭州所有"龙灯"上吴山神龙庙画睛"开光"，自此日起，吴山的"青龙胜会"熙来攘往，日盛一日，至正月十五转至琵琶街，达到高潮。杭州人有"正月十五灯市闹，看灯人上琵琶街"之说。清末民初，具有杭州地方特色的评话、弹词、小热昏等民间文艺，在20世纪90年代的上城区内依然十分兴盛（杭州市上城区地方志编纂委员会，2015）。

二、上城区公共文化服务的历史叙事

文化发展建立于"语境"之上，又是"语境"的窗口。特定的时空为文化的形式和内涵划分了大致的界限。地方公共文化服务职能的开展受制于政策环境与文化环境，是政治结构层级互动及在地资源重新配置的过程。上城区的公共文化服务在某种意义上是新中国成立后公共文化服务政策变迁的缩影，其历史阶段特征与公共服务的整体政策趋势同频共振，又偶有区域发声，整体的发展阶段经历了文化复苏、自救探索、职能重构、标准化推进和在地化寻求几个阶段，需要指出的是，这样的阶段划分，依照中央公共文化服务的政策发展历程，同时将公共文化服务置于文化体制改革、文化市场发展及大众文化参与的复杂历史进程中进行统筹考量。

（一）复苏重建与文化生活公共化阶段：1978—1981年

随着"文革"结束及拨乱反正各项工作的调整，落实党的各项文化政策，恢复"百花齐放、百家争鸣"的文艺方针成为这一阶段的整体文化背景。经中共中央批准，文化部（现文化和旅游部）恢复相关艺术表演团体原有建制和名称，文化体制整体上恢复至新中国成立时的苏联模式，即与行政体制相对应的层层建立的单一公有制的专业文艺团队。这一时期的公众文化活动在涵盖人群、活动内容和活动保障上都具有公共性质，相关文化基础设施全部由国家集中建立，提供的公共文化服务内容较为统一。但由于区域发展不均衡及社会总供给的不足，整体公共文化服务水平较低。1981 年 8 月 15 日，中共中央发出了《中共中央关于关心人民群众文化生活的指示》，要求各级党委和有关部门重视人民群众的文化生活。[1]

这一时期，上城区人民政府重视文化事业，文化设施增加，群众文化艺术活动开展普遍，文艺创作活跃。1976 年 2 月，上城区恢复区文化馆原建制。1977 年 11 月，上城区恢复文教局的文化职能。1980 年 8 月至 1982 年 4 月，文化工作由区委宣传部兼管。1982 年 4 月，区教育局又改为文教局。这一时期，前进电影院（原名大光明大戏院）、大华书场、上城区少年宫、上城区工人俱乐部重新翻建、整修，并逐步恢复公共文化服务的职能，其中上城区工人俱乐部迁址中山中路平津桥弄口，设有图书阅览、棋类、球类、歌舞等活动室，是上城区重要的群众公共文化活动场所。群众的文化娱乐活动，一般在区政府、公安派出所辖的范围内组织和安排下开展。值得关注的是，上城区在解放初期即利用庵堂庙宇和空闲房屋建立居民俱乐部，后又以各街道办事处会场为基地建立青少年俱乐部。1979 年 3 月，湖滨街道文化活动楼落成，至 1980 年 3 月，当时全区 7 个街道全部建成文化站，面积共 1884 平方米，其中，会场 4 个、图书阅览室 7 个、文体活动室 8 个，配备属街道集体编制的从事文化工作的专职干部 6 人、兼职 5 人（杭州市上城区地方志编纂委员会，2015）。

（二）自救探索与文化事业分级网络形成阶段：1982—1995 年

1982 年 9 月的中国共产党第十二次全国代表大会，标志着社会主义现代化建设新局面的全面开创和改革开放的全面展开，大会提出了建设高度

---

[1] 国务院. 关于关心人民群众文化生活的指示［EB/OL］. 人民网，2017 - 12 - 01.

物质文明的同时努力建设精神文明的任务，公共文化服务在此阶段被定义为提升精神文明建设的文化事业。[1] 1983年的《政府工作报告》中进一步强调文化部门应当围绕不断提高精神产品质量这个中心，进一步安排好事业的调整、体制的改革、队伍的整顿和基本设施的建设，丰富不同年龄、不同职业、不同文化水平的人民的文化生活。[2] 1991年7月21日《国务院批转文化部关于文化事业若干经济政策意见的报告》提出，各级政府和有关部门要对文化事业在政策和财政上给予支持和保障，合理布局，统一建设，以使文化事业建设与经济建设协调发展。与此同时，改革开放催生大众流行文化及文化商品市场。20世纪80年代初，广州东方宾馆出现了第一支业余乐队和第一个音乐茶座，文化市场的经营活动由南至北、从沿海向内陆延伸（王海生，2005），1988年《关于加强文化市场管理工作的通知》，明确使用了文化市场概念，文化市场的合法地位正式予以确认（曹普，2007）。参照经济体制改革经验，响应文化事业单位改革号召，各地文化单位开始全面推行以承包责任制和"双轨制"为主要内容的改革，在精简机构的同时对经济困境采取自救措施。

浙江作为市场经济的先发省份，在20世纪80年代初期国家政策激励下，率先开展文化事业单位改革。上城区各文化艺术团体和单位，开展自发的改革措施，在剧团实行院长（团长）负责制，在报社、出版社实行社长负责制，一些国有文化机构逐步转变为具有经营性质的文化产业机构，或者获得了事业法人与企业法人的双重身份。公共文化事业的模糊定位及双轨制运行，一定程度上削弱了组织提供公共文化服务的激励，如1993年上城区文化馆以联办经营的方式，建成了拥有迪斯科舞厅、卡拉OK厅等现代化娱乐城，公益性文化相较于消费性文化发展速度缓慢。但依托其完善的层级文化网络和设施，上城区依然将公共文化服务职能有序开展。1985年，上城区组织了区"首届艺术节"和"首届老年文化节"，分别开展了十几项大型文化活动，

---

[1] 中华人民共和国中央人民政府. 中国共产党第十二次全国代表大会简介［EB/OL］. 央视网，2017-12-01.
[2] 中华人民共和国中央人民政府. 1983年国务院政府工作报告［A/OL］. 中国政府网，2017-12-01.

并在区委、人大、政府的重视与支持下，将160平方米的区文化馆舍翻造成三层1100平方米，1987年区政府又动迁了19户居民，复建清代名人龚自珍故居，建立纪念馆，并划归文化馆使用管理，作为文化馆的一部分，使文化馆拥有2300平方米组合型场地设施。1989年，上城区组织了杭州解放40周年庆祝活动，全区有10项系列文化活动连环演出。1991年元宵节，上城区区开展了"万家灯火"文化系列活动，全区分10个展区，展出上万盏形态各异的民间工艺灯，并有一支小学生提灯队、一支舞龙队参加表演，观众达几十万人。1992年，为纪念毛泽东主席《在延安文艺座谈会上的讲话》发表50周年，区文化委员会组织地区内省、市、区三级10台专题文艺演出。至1992年，上城区域内有省、市驻区影剧场、文化馆、广播电台、书画社、报社、书店等文化事业单位21家。区属电影院、书场、文化馆、少年宫、工人俱乐部各1家，街道文化站7家。辖区内各居民区共建立131个文化活动室，面积4036平方米，初步形成了区、街道、居民区"三级文化网络"（杭州市上城区地方志编纂委员会，2015），如表4.2所示。

表4.2 1992年年末上城区三级文化网络情况

街道名称	文化站 个数（个）	文化站 面积（m²）	居委会文化室 个数（个）	居委会文化室 面积（m²）	文化工作人员 专职（人）	文化工作人员 临时（人）	文化骨干队伍（人）	藏书（册）
合计	7	6988	131	4036	17	329	932	83383
清波街道	1	1326	25	628	2	85	19	10943
涌金街道	1	1170	22	538	3	32	50	10014
湖滨街道	1	1365	20	466	3	107	80	12458
清泰街道	1	210	19	851	2	26	205	13642
小营巷街道	1	1229	17	672	2	32	128	16290
横河街道	1	570	14	467	2	19	300	5036
城站街道	1	1118	14	414	3	28	150	15000

资料来源：本研究依据《上城区志》整理绘制

(三) 职能重构与文化事业制度化阶段：1996—2000 年

针对改革开放初期暴露出的社会变迁过程中的文化堕距①以及市场机制对文化市场的调节失灵，1996年10月，党的十四届六中全会通过了《中共中央关于加强社会主义精神文明建设若干重要问题的决议》（以下简称《决议》），《决议》强调"改革文化体制是文化事业繁荣和发展的根本出路……文化产品具有不同于物质产品的特殊属性……改革要区别情况、分类指导，理顺国家、单位、个人之间的关系，建立健全既有竞争激励又有责任约束的机制"②。1997年5月，中共中央成立了中央精神文明建设指导委员会，作为中共中央指导全国精神文明建设工作的议事机构，从组织上保证《决议》的贯彻落实。这一阶段对于文化单位的职能重新梳理定位，赋予并重申其公共性内涵，区分不同文化领域的发展方向，其间出台了一系列公共文化服务的政策文件，包括《文化部关于进一步加强农村文化建设的意见》《文化部关于加强老年文化工作的意见》《文化部关于实施西部大开发战略加强西部文化建设的意见》等，其作用在于纠正市场经济在文化领域的调节失灵，对弱势群体及薄弱地区进行重点政策扶持。

伴随市场经济的深化发展，浙江省在《浙江省文化发展规划（1996—2010年)》（以下简称《规划》）中适时提出文化领域的分类指导原则，要"合理区分公益型、经营型、混合型等不同的文化类型，实行有区别的文化经济政策，既能充分发挥文化事业单位的积极性，又有利于各级党委、政府加强宏观管理"。《规划》还要求"各地要积极支持图书馆、博物馆、

---

① "堕距"最早来源于文化堕距（cultural lag）理论。美国社会学家 Ogburn W. F. 在其著作《社会变迁：关于文化及本性》中将文化堕距界定为"在社会变迁过程中，文化集丛中的一部分落后于其他部分而呈现延迟、滞后问题"以及"社会变迁中非物质文化的变化总是迟于物质文化变化"的现象。在此基础上，国内学者以文化堕距为视角开展了相关研究，并在概念创新基础上提出了"制度堕距""政府职能堕距"等新范畴，从已有理论观点看，"堕距"即因行动延迟或滞后产生的实然与应然的差距，参见 Ogburn, W. F. Cultural lag as theory [J]. Sociology & Social Research, 1957；陈建. 文化精准扶贫视阈下的政府公共文化服务堕距问题 [J]. 图书馆论坛, 2017, 37 (7)：74–80.

② 中共中央关于加强社会主义精神文明建设若干重要问题的决议 [A/OL]. 中国政府网, 2017-12-01.

科技馆、文化馆、美术馆、新华书店、影剧院等公益性文化设施建设，建设用地可按国家土地政策，给予优惠，并适当减免城市建设配套设施费"（陈立旭，2008）。在具有高度媒介传播的社会中，文化产业是标志性的行业，甚至成为公共领域的标志，因此也是公共文化政策的基本要素（Tzanelli，2008）。浙江省委在1999年12月的十届三次会议上，提出了"发展文化产业，建设文化大省"的战略目标，将文化产业从文化事业中剥离，自觉构建公益性文化事业、公共文化服务与文化市场分类发展的新格局。在《杭州文化发展战略和总体布局（1996—2010）》中，则不仅提出要"发展现代文化产业，建立繁荣、健康的文化市场"，而且也提出要"繁荣群众文化""大力发展社区文化"，尤其是提出要"逐步完善公共文化设施布局"。杭州市文化局则在1998年的《杭州文化艺术跨世纪发展的思考和建议》中，进一步提出，应把公共图书馆、博物馆、纪念馆、群众文化馆站、文物保护考古馆等确定为公益性文化单位，以社会效益为第一，服务于公共文化事业，服务于人民群众。相应在公共财政投入上确保其人员工资和福利待遇，确保其公益性的文化事业经费（陈立旭，2008）。

上城区在这一过渡阶段也呈现出重构和整合的特点。本身这一阶段上城区也经历了区划重构，1997年1月1日，根据杭州市人民政府《关于调整杭州市市辖区行政区划的通知》，江干区的紫阳、望江、南星、闸口4个街道办事处和四季青镇的近江、望江、玉皇3个行政村划归上城区管辖，使上城区域面积从6.86平方千米扩大到18.3平方千米，常住人口从21万增加到34万，街道办事处从原来的7个增加到11个（杭州市上城区地方志编纂委员会，2015）。区划范围的扩大使得文化事业的更新与机构整合成为这一阶段上城区的工作重点，也是发展过程中城市更新的缩影。

（四）以规划为核心的文化经济浪潮与服务稳步推进阶段：2001—2010年

21世纪我国进入全面建设小康社会时期。2001年是国民经济和社会发展第十个五年计划纲要的开局之年，提出了政府"不再是资源配置的主要力量"，应该通过市场信号和竞争来刺激经济增长的发展方向。"十一五"期间，首次将计划改为规划，并引进了约束性指标，这些指标作为政府提供公共服务、保护环境和土地使用等方面对社会的承诺,与干部考核相结合(杨伟民,2003,2010)。2006年9月颁布的《国家"十一五"时期文化发展纲要》是我国第一部文化方面的发展纲要。规划作为中国治理各种问题的核心机制,将各个层级不同领域的政策主体相互链接成为一个庞大的网络,输出不计其数的政策文本,塑造各级政府行为(韩博天,奥利佛,麦尔敦 & 石磊,2013),公共文化服务的整体发展趋势在2001年之后即走上了以规划为核心的职能明确与层级运作道路,这一特征从中央层级的公共文化服务相关政策出台的数量上有所体现:2001年伴随着"十五"计划,有5套相关政策出台,2002年有5套相关政策配套执行。如文化部关于印发《文化部关于"十五"期间文化建设的若干意见》和《文化部关于深化文化事业单位改革的若干意见》的通知,《国家计委、文化部关于"十五"期间加强基层公共文化设施建设的通知》《文化部、教育部关于做好基层文化教育资源共享工作的通知》等。2006年10月,党的十六届六中全会通过的《中共中央关于构建社会主义和谐社会若干重大问题的决定》,进一步强调推进文化体制改革,鼓励社会力量捐助和兴办公益性文化事业,加快建立覆盖全社会的公共文化服务体系。公共文化服务的保障政策在这一阶段大量涌现,文化体制的改革进入全方位、宽领域和多层次阶段。

五年规划的政策循环过程以及约束性指标给予地方层级政府政策创新的空间,同时在文化市场领域广泛采取的签约式治理方式也确保和激励了下一级部门实施上一级部门的政策(韩博天,奥利佛,麦尔敦 & 石磊,2013)。浙江省在2003年被确定为全国文化体制改革试点省。分散的政策试验成为中央与地方政策过程的纽带,有助于地方出台的政策激励和中央目标保持一致(Heilmann,2010)。浙江省也相继出台了《浙江省建设文化大省纲要(2001—2020年)》、《浙江省关于加强基层文化建设的若干意见》《浙江省推动文化大发展大繁荣纲要(2008—2012)》,确立对不同文化类型采取政事分开、政企分开、企事分开的原则分类改革,提出"充分发挥公共财政的职能,逐步增加对公益性文化事业和重要新闻媒体的投入,鼓励社会力量捐赠公益性文化事业,建立多渠道的投入方式。积极探索文化系统自我积累、滚动发展的有效机制"。在《浙江省推动文化大发展大繁荣纲要（2008—2012）》中，更是用了相当的篇幅阐述"创新公共文化服务方式"的具体内涵和途径（陈立旭，2008）。公益性文化事业转化并突出公共文化服务的性质，注入市场化力量，形成政府、市场与社会的公共服务合作供给关系。文化作为公共服务的重要内容在各地政策中逐步清晰化，2007年11月杭州制定了《杭州市公共文化服务体系建设规划（2008—2010年）》，这是杭州市也是浙江省内制定的关于公共文化服务体系建设的第一个专项规划，标志着浙江省公共文化服务的全面统筹和分步推进时代的到来（陈立旭，2008）。同时，不可忽视的是，因为这种职能定位的清晰化，文化作为经济工具和城市发展元素也在各地广泛提及。杭州市2007年文创产业被提升到城市战略高度，杭州提出要"举全市之力发展文创产业"，重要举措是成立杭州市文创办，形成市文创产业指导委员会、下属区县（市）文创办的三级管理体制，三级部门均设立文创产业专项资金。

上城区在这一次文化经济浪潮中，面对城区转型、城市治理与经济发展的多重压力，呈现出文化产业与公共文化服务并进的态势。文化产业方面，从"西湖创意谷·开元198"到玉皇山南国际创意产业园，文化创意产业形成了新的经济增长点和资源聚集区，其中玉皇山南国际创意产业园签约和入驻企业75家，其中文化创意类企业53家、金融投资类企业22家。荣获"中国特色文化产业园区"和"2010中国最佳创意产业园区奖"等多项大奖。2010年，山南创意园成功入选市首批现代服务业重点类集聚区，2012年，被省政府评为省现代服务业集聚示范区。① 文化产业经济的激励作用初步凸显。公共文化服务方面，标准化成为上城区这一阶段的公共文化服务政策的重点。为提升公共服务质量，建设效能政府，弥补现行法律法规制定空白与执行缝隙，作为现行体制中宏观政策与具体事务的紧密结合层，上城区区委、区政府于2004年发起政府公共管理与服务标准化创新建设，通过职能梳理与顶层设计，形成1个总框架、4个职能体系、

---

① 上城报. 文创产业集聚高地［EB/OL］. 上城报，2017-12-01.

31个部门子体系、5309项具体职能事项、880项法律法规及政策依据，同时编制实施了154项标准。其中国家标准立项1个，即《居家养老服务管理规范》，申报国家标准3个，省级标准5个，市级标准35个，区级标准113个。社区公共文化服务作为其中的重要内容被整理完善成通用的标准化体系，于2006年开始实施，如以"一呼一网三个站"为主打，强力推进"居家文化"惠民服务建设等。[①] 这一制度化探索的成功得益于上城区的先进理念，以及明确的层级结构和完善的社区配套。因其对政府职能的合理配置、权力的透明公开，以及基本公共服务配置的公平正义价值满足而获得"第七届中国地方政府创新奖"，为上城区的公共文化服务的标准化全面开展赋予了更为规范的流程基础和更加明确的质量要求，而其标准化的先行探索也为全国的公共管理标准化政策工具的推广提供了成功经验。

（五）在地文化特色深度融合与服务标准化阶段：2011—2017年

2011年第十一届全国人大四次会议审议通过了《中华人民共和国国民经济和社会发展第十二个五年规划纲要》，"十二五"纲要对文化建设的主要内容进行了扩充，明确指出公共文化属于"十二五"时期基本公共服务范畴，并且为"十二五"期间基本公共服务的重点领域之一。2012年，中共中央办公厅、国务院办公厅共同印发了《国家"十二五"时期文化改革发展规划纲要》，指出要完善覆盖城乡、结构合理、功能健全、实用高效的公共文化服务体系。2013年，党的十八届三中全会上通过的《中共中央关于全面深化改革若干重大问题的决定》建设性的指出要"构建现代公共文化服务体系"，通过引入社会力量及社会资本夯实公共文化服务建设基础，创建完备的现代文化市场体系（胡税根 & 李倩，2015）。系统化成为这一阶段公共文化服务建设的重要方向，而标准化成为这一时期公共文化服务乃至公共服务的重要政策工具。2015年3月，国务院出台《深化标准化工作改革方案》，指出要完善新型标准体系，建立规范协调的标准化机制，构建标准化的政府工作格局。同年12月，国务院办公厅印发《国家

[①] 资料来源：田野调查资料。

标准化体系建设发展规划（2016—2020年）》，提出全面提高我国标准化，建设小康社会的迫切要求，对我国当前标准化建设的主要任务进行了战略部署，同时该项规划成为标准化领域的首项国家规划。至此之后，全国各地出现公共文化服务标准化相关议题的探索热潮。2016年12月，第十二届全国人民代表大会审议通过的《中华人民共和国公共文化服务保障法》对公共文化服务的实施标准进行了界定及说明，提出在国务院的统一指导和规划下，各地要依据发展实际、财政状况等调整公共文化服务实施标准，实现公共文化服务的制度化、公平性、可持续性。该项法律的出台意味着民众的基本公共文化需求由行政保护上升到法律保障。我国为进一步深化公共文化标准化建设，2017年制定出台了《文化部"十三五"时期文化发展改革规划》，指出要全面推进基本公共文化服务建设，扩大公共文化服务的覆盖范围，开发适用于各类人群的公共文化产品，维护民众的基本文化权益。

　　浙江省利用先行试点的制度优势及不断累积经验，在公共文化服务标准化的道路上走向标准范围扩大、标准水平提升、具体措施明确和数字标准化的发展阶段。2017年3月颁行的《浙江省公共文化服务保障条例》（以下称《保障条例》）规定，公共文化服务体系应被纳入各地经济和社会发展规划、年度工作计划、本级财政预算以及政府目标责任制。乡镇（街道）综合文化站应配备专职文化员，文化礼堂（社区文化家园）和文化活动中心应配备文化管理员。并逐步增加财政投入，支持公共文化服务相对薄弱地区的发展。标准化建设上，除了推广建设具有浙江特色的流动文化、县级文化馆总分馆，还要建立全省统一的公共数字文化服务平台。《保障条例》要求，各级人民政府及文化、新闻出版广电、体育等部门应及时向该平台提供相关数据资料。同时加强数字化和网络建设与管理，实现数字化文化服务全覆盖。而杭州市在贯彻标准化工作的同时，进一步深化政府购买公共文化服务的改革，以表4.3为例，杭州市政府采购目录和限额标准①不断调整，其中对公共文化服务的采购制度在 2017 年进行了较大的调整，扩大了政府采购公共文化服务和文化产品的范围，包括公益性文化创作和演出、公益性文化培训、民办文化机构面向社会提供的免费或低收费服务等，充分体现了杭州市公共文化服务领域政府、社会与市场的深度合作，兼顾供给效率和公共价值的理念初衷。同时，杭州市进一步利用完善的社区配套优势，开展建设"社区文化家园"的文化品牌。2017 年制定《关于开展城市社区文化家园建设的实施意见》（以下称《意见》），要求立足社区实际，彰显各自特色，生成集教育功能、展示功能、文化精神传承功能和娱乐功能于一身的文化综合体，要充分整合社区已有文化场所资源，挖掘可用空间资源，做到统一形象标识。其中，社区文化家园主要室内、室外场所设施总面积原则上在 600 平方米以上，并做到有一个 Logo 标识、有一个社区文化中心、有一个社区文化广场。而在"内容建设"方面，《意见》则要求重点培育邻里文化、志愿文化、社工文化，形成市民文化讲堂、社区文化展示、社区文化社团、社区文化品牌、社区文化节日和网络文化平台。全市有 18 家社区还成为首批社区文化家园（示范）推荐试点，范围覆盖上城区、下城区、江干区、拱墅区、西湖区、滨江区等主城区。②

---

① 在《2016 年度杭州市政府采购目录和限额标准》和《2017 年度杭州市政府采购目录及限额标准》中规定，单项或批量采购预算在 20 万元（含）以上的其他货物和服务项目实行分散采购。对纳入分散采购预算的项目，采购单位可自行组织采购，也可依法委托集中采购机构或采购代理机构进行采购。采购预算金额大、社会关注度高的分散采购项目，各级财政部门可以要求采购单位委托集中采购机构实施集中采购。集中采购机构应当接受采购单位的委托并依法组织采购活动。除集中采购目录外，公共文化服务采取分散采购形式。参见浙江省人民政府. 2017 年度杭州市政府采购目录及限额标准［EB/OL］. 浙江省政务服务网，2017 - 12 - 01.
② 资料来源：田野调查资料。

表 4.3 杭州市 2013—2017 年公共文化服务政府采购政策范围变化

2013 年	2014 年	2015 年	2016 年	2017 年
公益文化产品及服务（集中采购）	公益文化产品及服务（集中采购）	公共文化基础设施的管理与维护服务	公共文化基础设施的管理与维护服务	文化体育场馆等的建设维护与管理
图书馆服务一体化配套服务	图书馆服务一体化配套服务			全民阅读活动的组织与承办
群文网预约配送	群文网预约配送	群众文化活动服务	群众文化活动服务	优秀民间文化艺术的普及推广与交流展示
		优秀传统文化与非物质文化遗产保护及传承传播	优秀传统文化与非物质文化遗产保护及传承传播	文化遗产保护、传承与展示
		政府举办的公益性文艺演出	政府举办的公益性文艺演出	公益性舞台艺术作品的创作、演出、宣传与承办[备注：公益性舞台艺术作品（含戏曲）的创作、演出、宣传与承办]
		其他文化艺术服务	其他文化艺术服务	公益性文化产品的创作与传播（备注：公益性广播影视作品、公益性出版物、公益性广告、公益性数字文化产品等的创作与传播）
				公益性电影放映活动的组织与承办
				公益性文化艺术培训（含讲座）的组织与承办
				文化交流合作与推广服务
				面向特殊群体的公益性文化活动的组织与承办

续表

2013 年	2014 年	2015 年	2016 年	2017 年
				民办图书馆、美术馆、博物馆、演艺机构、文化服务中心等面向社会提供的免费或低收费服务
				互联网上网服务场所面向社会提供的免费或低收费上网服务

资料来源：本研究根据杭州市各年度政府采购目录整理绘制

在创新转型标杆区、文化传承标杆区、生活品质标杆区和社会治理标杆区的自我转型定位发展目标下，在地文化特色也成为这一阶段上城区文化产业和公共文化服务的战略性资源。文化产业方面，围绕南宋文化创意影视基地建设，形成"区域特色+文化产业"的创新发展模式。2017年10月16日，杭州麦粒投资管理有限公司（简称"麦粒资本"）与杭州市上城区政府举行合作签约仪式，双方共同签署了《麦粒控股总部落户上城合作协议》，上城区政府将提供各项优惠措施扶持麦粒资本打造"我想我享"文化产业生态[①]，重点推动"南宋文化"系列的文化产业项目。公共文化服务方面，2016年2月2日，中共上城区委办公室、上城区人民政府办公室出台了《上城区公共文化服务体系建设工作方案》，并提出构建具有上城特色的"多部门联动、多方面合作、社会支持、全民参与"的现代公共文化服务体系，这一阶段吸收社会投资办文化，建成匠无界文化大讲堂、最天使书城、南宋序集书屋等民间资本兴办的公共文化空间，有效地补充了公共文化设施的短板。同时制定《上城区基本公共文化服务体系建设标准（2016—2020）》，并做出详细的任务分解，这与上城区此前所开展的标准化公共管理创新所奠定的制度实施基础密切相关。近年来上城区文

---

① 新华网．"我想我享"文化产业生态项目落户杭州上城［EB/OL］．新华网，2017-12-01.

化馆结合传统节日风俗，举办系列群众文化活动，如举办"传南宋遗韵讲上城故事"系列主题活动等，并通过前期的固定活动形式的延续形成具有影响力的文化品牌，如已举办60多场次、观众达20多万人次的"上城区文艺团队艺术节"；自2008年开始已成功举办500多场的"百团百场"文艺演出；每年一届，已举办12届的"上城区歌手大赛"；"城市一家人"外来务工者歌手大赛、青年文艺新星擂台赛、书画展等。目前上城区已形成了党委政府主导、宣传文化部门组织协调、区文化馆业务指导、群众自主管理的新型群众文化社团管理模式。文艺团队在各项演出中，有183人次获得国家级奖项，316人次获得省级奖项，581人次获得市级奖项。先后被省文化厅评为首届省基层公共文化服务创新项目和省公共文化服务示范项目，成为省级可持续发展实验区建设的新特色。而在社区层面，更是强调"一街一品、一社区一特色"的群众特色文体格局，作为杭州市"邻居节"的发源地，湖滨街道号召居民以争做"文明湖滨人"为荣耀，引导广大居民和睦友善相处，共享品质生活；清波街道重点做好"文化+"三篇文章，推出"南宋文化月"系列活动；紫阳街道举办了首届南宋瓦肆文化节、瓦肆文化主题展等系列主题活动，集中展示民间曲艺、民间杂技、民俗技艺等颇具历史韵味的表演节目。另外，还有小营街道的"红巷+"品牌、望江街道的"智慧望江品质生活"文化品牌、南星街道的"乐活南星"品牌等。[1]

上城区的公共文化服务发展历程，表现出与央地层级政策的高度一致性，同时，在基于20世纪50年代以来确立的传统文化事业单位体制的改建过程中，利用浙江省市场经济先行省份的制度优势和杭州市的资源优势，比较完整地将服务从其他文化领域剥离，较好地摆脱了公共文化服务的体制路径依赖，并从制度心理层面不断趋向对文化公共性及在地凝聚作用的寻求。其发展过程中有几条闪亮的轨迹值得在后续探讨中持续关注：

（1）自中华人民共和国成立以来不间断的、完善的以区、街道、社区为层级划分的清晰明确的三级文化网络和文化参与传统，在具体政策过程中是否得以强化；

---

[1] 上城区人民政府. 上城区文化馆相关专题报道［EB/OL］. 上城区人民政府网，2017-12-01.

<<< 第四章 上城区公共文化服务的政府行动者：政策变迁与职能网络

（2）在全国范围内的率先开展的以区一级为单元的公共管理与公共服务标准化创新与制度经验；

（3）社区所具备的强大的公共文化服务承接能力，以及不断向社区赋权的公共文化服务体系在具体实践中如何直面大众文化参与，有何反馈；

（4）当下所强调的在地文化特色及文化资源整合在文化产业和公共文化服务两大领域所彰显出的不同发展路径，文化象征资本的公共性如何在具体实践中呈现。

三、上城区公共文化服务职能的社会网络分析

基于本研究的社会网络基本立场，即对行动者与网络结构的关注，对上城区公共文化服务职能的社会网络分析将在两个层面展开：一为2013—2017年五年内具体开展的公共文化服务重点事项与层级结构的关系；二为上城区公共文化服务的财政支出与层级结构的关系。截取时限内的内部工作资料，并对涉及的事项辅以新闻报道佐证，根据各事项的层级参与者与其所参与的具体事项，对数据进行处理后，编写双模结构矩阵做社会网络分析。网络分析将编写的双模结构网络转化成单模结构资料，进一步形成关联网络，再配合不同层级参与者的政策文本、访谈资料等做解读。两个层面由历时性纵览到具体对象聚焦，便于进一步观察地方公共文化服务过程中的参与层级与参与事项的变化。

（一）上城区"政策层级—公共文化服务事项"的历时性社会网络分析

本研究根据各项公共文化服务内容，结合省、市、区三级的公共文化服务政策法规及事项规定，同时参照上城区文广新局2013—2017年公共文化服务内部工作总结报告，并以新闻报道作为事实补充依据，依照"政策层级—公共文化服务事项"编列为双模结构矩阵（2-mode）。共计三大类（省、市、区）政策层级主体，为后期研究更为深入、明确，又将区级主要政策主体进一步划分为区级人民政府、区级宣传部、区级文广新局、区级文化馆、街道社区五个主体。根据公共文化服务事项的具体分工不同（如活动主办和承办的区别），将具体的事项与层级主体的关联赋值为"2"（主办）和"1"

75

（承办）。公共文化服务的制度文本，作为一种对公共文化资源占有和分配模式的权力话语，在官方文件中被生产出来，给予公共文化建设中的群众广泛参与以理论基础，为组织和动员社区居民参与公共文化活动打造了政策平台（颜玉凡 & 叶南客，2016）。在这里默认年终的工作报告作为行动者重要的自评价文本，将自动筛选出具有政策议程优先级的公共文化活动，因此，主要的活动依据来源于年度内部工作报告，而为了保证信息的完整准确，将以官方网站的事实新闻报道作为参与层级的依据。

1. 模型编码与整体网络可视化

依照上城区近五年的工作报告，共计11类公共文化服务事项，编码详情如表4.4所示。政策层级为省（Province Level）、市（Municipal Level）、区级人民政府（District Level – 01）、区级宣传部（District Level – 02）、区级文广新局（District Level – 03）、区级文化馆（District Level – 04）、街道社区（District Level – 05）五级，赋值后的双模结构编码如表4.5所示。

通过Pajek形成的可视化网络图（图4.1）系统地展现了基于政策主体的自评价的上城区2013—2017年的公共文化服务政策执行情况。在图中，节点的度中心性与连接纽带的粗细将政策层级与服务内容的权力位置与资源流动可视化，其中，处于中间位置被突出的部分即为上城区"2013—2017年政策层级—公共文化服务事项"网络中的核心节点，PCS02 – 3（公共文化服务各类公益培训或讲座）和PCS02 – 7（重大节庆及指令性群众文化活动）是公共文化服务事项中能够对整体网络起到重要影响的事项，对其进一步的观察将成为了解上城区公共文化服务状况的窗口；而District Level – 03（2015）和District Level – 03（2016），即区级层面的文广新局在上城区公共文化服务政策执行中处于主要位置，这在对上城区委宣传部主要领导和街道及社区文化站负责人的访谈中也获得了印证。上城区委宣传部相关部门主任X在访谈初期就建议笔者进一步了解区文广新局的具体工作，而在湖滨街道文化站的W则在谈到公共文化服务具体职责由谁履行时直接说道："具体的公共文化服务工作都是文广新局在做，宣传部只是方向性的指导，不涉及具体事务。"对区文广新局的进一步观察将成为了解上城区公共文化服务政策执行的重要载体。

<<< 第四章 上城区公共文化服务的政府行动者：政策变迁与职能网络

表 4.4 公共文化服务事项（对应政策文本、工作报告）编码一览表

事项编码	对应名称	服务内容（街道）	服务内容（社区）
PCS01-1	公共文化服务设施建设	·服务人口在5万人（含）以上的街道综合文化体育站，建筑面积不低于2000平方米；服务人口3万~5万的街道综合文化体育站，建筑面积不低于1500平方米，室外活动场地不低于1000平方米。 ·人流密集地点设置阅报栏或电子显示屏，提供信息服务。 ·为残疾人配备无障碍设施。有条件的公共文化场所配备安全检查设备。 ·基本功能空间应包括多功能活动厅、培训教室、综合展示厅、图书阅览室等活动室。 ·各功能室标识明显，形成"服务清单"并对外公示，定期更换文化活动预告。 ·宣传橱窗、阅报栏、文化走廊、电子显示屏。 ·在人流相对集中、场地比较开阔的室内外公共区域（如公园、广场等），建立面积不小于6m×8m的百姓舞台。 ·街道要建设全民健身中心。	·建立200平方米以上文体活动室，室外活动场地不少于300平方米。具备条件的建立文化公园，在社区人流密集地点设置阅报栏或电子显示屏，提供信息服务。 ·为残疾人配备无障碍设施。有条件的公共文化场所配备安全检查设备。 ·社区（居住区）建设健身苑（点）一处以上。
PCS01-2	公共图书馆建设	·街道设置120平方米以上的图书室，配有1万册以上图书，不少于1200种，每年订阅报纸、期刊10种以上。设有30个以上阅览座席。 ·在已建成的标准公共电子阅览室的基础上，达到全国公共文化信息资源共享工程基层服务点全覆盖。同时张贴规范的公共电子阅览室标牌，标明全国公共文化信息资源共享工程基层服务点。互联网接入带宽≥2M，实现免费无线Wi-Fi覆盖。 ·数字文化服务工作档案完整，数据统计规范。	·社区设置60平方米图书阅览室，10个以上阅览座席，配备2000册以上图书，每年订阅报纸、期刊10种以上。 ·张贴规范的公共电子阅览室标识，标明全国公共文化信息资源共享工程基层服务点。互联网接入带宽≥2M，实现免费无线Wi-Fi覆盖。

77

续表

事项编码	对应名称	服务内容（街道）	服务内容（社区）
PCS01-3	免费开放	·街道公共文化设施免费开放，基本服务项目健全。 ·街道综合文化站文化活动室开放时间49小时/周以上，开放时间要结合本地群众生活习惯，错时开放时间不低于总开放时间的三分之一。	·社区文体活动室，开放时间49小时/周以上，开放时间要结合本地群众生活习惯，错时开放时间不低于总开放时间的三分之一。
PCS02-1	群众性文化体育活动	·街道综合文化体育站每年举办文化节、读书节、运动会等大中型文体活动不少于12次。	·社区每年组织群众性文化体育活动不少于4次；读书节活动不少于2次。
PCS02-2	全民阅读及读书节活动	·每年举办3次以上本辖区的全民阅读活动，年度图书宣传或优秀读物推荐不少于4期、每期推荐图书不少于10种。	
PCS02-3	公共文化服务各类公益培训或讲座	·街道每月开展文化、体育、科技、教育、卫生等各类公益培训或讲座（含视频）不少于1次，全年不少于12次。	·全年开展文化、体育、科技、教育、卫生等各类公益培训或讲座（含视频）不少于6次。
PCS02-4	文化走亲活动	·街道组织、安排跨区域文化走亲活动不少于4次。	·组织、安排跨区域文化走亲活动不少于2次。
PCS02-5	文艺演出与创作	·街道每年组织创作并演出的作品、节目2件以上或参与区级及以上文化赛事2次以上。创作及辅导的作品在区级以上刊物发表或展览3件以上。	·

续表

事项编码	对应名称	服务内容（街道）	服务内容（社区）
PCS02-6	送文化下乡《浙江省公共图书馆管理办法》省政府令第161号	·	·
PCS02-7	重大节庆及指令性群众文化活动	·重大节庆文化活动以及上级布置的指令性文化宣传和文化活动。①	·
PCS03	文体团队	·每个街道拥有相对稳定并经常开展活动的各类文体团队不少于5个，类别种类不少于5种，每个文体团队参加区级组织举办的活动每年不少于2次。 ·每个街道建立文化志愿者队伍，队伍人数不少于50人，每年参加志愿活动不少于2次。	·社区要有3个以上经常性群众文体团队，每个文体团队参加区级以上组织的活动每年不少于2次。同时建立具有30人以上的文化志愿者队伍，每年参加文化志愿活动不少于2次。

资料来源：本研究根据浙江省政务服务清单及《浙江省公共文化服务标准》整理

---

① 如2017年度开展的我送你秀·百家社区文化行活动，主要内容包括送图书、文艺演出、摄影讲座、阅读讲座、艺术培训等。百家社区文化行活动，包括送文艺演出28场，送图书80场，送摄影、阅读讲座41场，送书画艺术培训51场。赠送图书涵盖健康养生、儿童、历史、人文等领域，参与活动的社区群众累计14080余人；社区文艺演出包括曲艺、歌曲、小品、舞蹈，累计11200余人观看了演出；送到社区的书画艺术、阅读、摄影讲座，受到社区群众的欢迎，累计3030余人参与了活动。

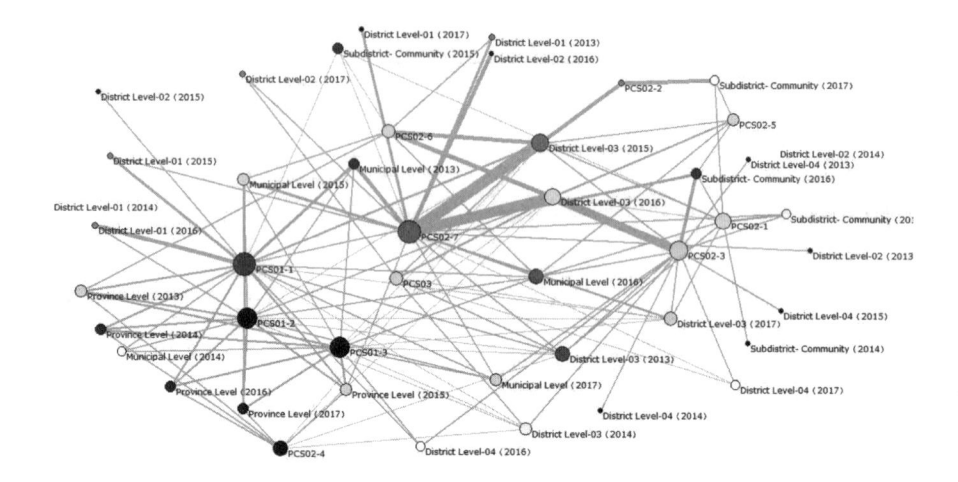

图 4.1 2013—2017 年上城区"政策层级—公共文化服务事项"双模结构示意图

表 4.5 上城区"2013—2017 年政策层级—公共文化服务事项"的双模结构矩阵

政策层级 \ 服务事项	PCS 01-1	PCS 01-2	PCS 01-3	PCS 02-1	PCS 02-2	PCS 02-3	PCS 02-4	PCS 02-5	PCS 02-6	PCS 02-7	PCS 03	Total
省级（2017） Province Level（2017）	3	3	3	0	0	0	2	0	0	0	0	11
市级（2017） Municipal Level（2017）	2	2	2	0	0	2	0	0	0	2	0	10
区级-人民政府（2017） District Level-01（2017）	0	0	0	0	0	0	0	0	0	4	0	4
区级-宣传部（2017） District Level-02（2017）	0	0	0	0	0	0	0	0	0	2	2	4
区级-文广新局（2017） District Level-03（2017）	1	1	1	2	0	2	0	0	0	3	1	11
区级-文化馆（2017） District Level-04（2017）	0	0	0	0	0	2	0	0	0	1	1	4
街道-社区（2017） Subdistrict-Community（2017）	0	0	0	2	6	0	0	2	0	0	0	10
省级（2016） Province Level（2016）	3	3	3	0	0	0	2	0	0	0	0	11

80

<<< 第四章 上城区公共文化服务的政府行动者：政策变迁与职能网络

续表

服务事项 政策层级	PCS 01-1	PCS 01-2	PCS 01-3	PCS 02-1	PCS 02-2	PCS 02-3	PCS 02-4	PCS 02-5	PCS 02-6	PCS 02-7	PCS 03	Total
市级（2016） Municipal Level（2016）	2	2	2	2	0	2	0	2	2	2	0	16
区级-人民政府（2016） District Level-01（2016）	6	2	0	0	0	0	0	0	0	0	0	8
区级-宣传部（2016） District Level-02（2016）	0	0	0	0	0	0	0	0	0	6	0	6
区级-文广新局（2016） District Level-03（2016）	2	2	1	1	0	12	1	3	7	15	3	47
区级-文化馆（2016） District Level-04（2016）	2	0	2	0	0	2	0	0	0	0	0	6
街道-社区（2016） Subdistrict-Community（2016）	0	0	0	2	0	5	0	2	0	4	0	13
省级（2015） Province Level（2015）	3	3	3	0	0	0	2	0	0	2	0	13
市级（2015） Municipal Level（2015）	4	2	2	0	0	0	0	0	2	4	0	14
区级-人民政府（2015） District Level-01（2015）	4	0	0	0	0	0	0	0	0	2	0	6
区级-宣传部（2015） District Level-02（2015）	2	0	0	0	0	0	0	0	0	0	0	2
区级-文广新局（2015） District Level-03（2015）	3	1	1	2	6	2	1	2	6	17	2	43
区级-文化馆（2015） District Level-04（2015）	0	0	0	0	0	2	0	0	0	0	0	2
街道-社区（2015） Subdistrict-Community（2015）	1	0	0	1	0	0	0	0	1	1	0	4
省级（2014） Province Level（2014）	3	3	3	0	0	0	2	0	0	0	0	11
市级（2014） Municipal Level（2014）	2	2	2	0	0	0	0	0	0	0	0	6
区级-人民政府（2014） District Level-01（2014）	0	0	0	0	0	0	0	0	0	0	0	0

续表

服务事项 政策层级	PCS 01-1	PCS 01-2	PCS 01-3	PCS 02-1	PCS 02-2	PCS 02-3	PCS 02-4	PCS 02-5	PCS 02-6	PCS 02-7	PCS 03	Total
区级-宣传部（2014） District Level-02（2014）	0	0	0	0	0	0	0	0	0	0	0	0
区级-文广新局（2014） District Level-03（2014）	1	1	1	2	0	2	1	8	2	14	2	34
区级-文化馆（2014） District Level-04（2014）	0	0	0	0	0	2	0	0	0	0	0	2
街道-社区（2014） Subdistrict-Community（2014）	0	0	0	2	0	0	0	0	0	0	0	2
省级（2013） Province Level（2013）	3	3	3	0	0	0	2	0	2	0	0	13
市级（2013） Municipal Level（2013）	4	2	2	0	0	0	0	0	2	6	0	16
区级-人民政府（2013） District Level-01（2013）	0	0	0	0	0	0	0	0	2	4	0	6
区级-宣传部（2013） District Level-02（2013）	0	0	0	0	0	0	0	0	2	0	0	2
区级-文广新局（2013） District Level-03（2013）	2	1	1	8	2	2	1	14	2	2	2	37
区级-文化馆（2013） District Level-04（2013）	0	0	0	0	2	0	0	0	0	0	0	2
街道-社区（2013） Subdistrict-Community（2013）	10	0	0	7	0	2	0	0	0	2	0	21
Total	69	33	32	31	14	41	14	33	30	95	13	405

资料来源：本研究整理

2. "公共文化服务事项—公共文化服务事项"单模结构分析

将"政策层级—公共文化服务事项"的双模结构转换成"公共文化服务事项—公共文化服务事项"的单模结构（1-mode），形成可视化的邻接矩阵图（图4.2），从而更好地探查网络结构的凝聚性和中心性。

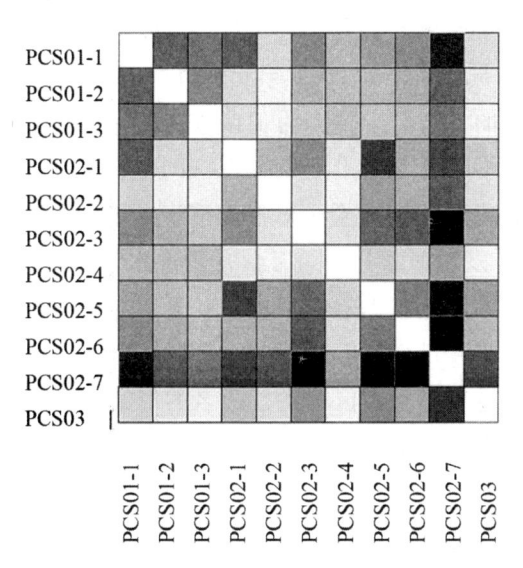

图 4.2 上城区"公共文化服务事项—公共文化服务事项"可视化矩阵图

其中，方格代表纽带联结，其灰度代表纽带关系强弱，颜色越深表示关系越强，而方格周边的邻接方格灰色程度，则代表了方格与周边的凝聚程度以及在网络中的活跃程度。凝聚成块的部分代表着由那些主要与群体内成员保持联系的行动者所组成的子群。从图中可以看到，PCS02-7（重大节庆及指令性群众文化活动）在网络中最活跃，其周边的凝聚程度较高，在上城区的公共文化服务事项中，处于最为核心的位置，通过这两类公共文化服务的开展，有效牵动着其他事项的进行。这与之前的发展历程和特征梳理也相对吻合，上城区近年来强调在地文化特色资源的运用，以节庆作为重要的文化符号，创意开展相关主题活动，这也是对上城区传统文化民俗的一种再现，如南宋时便保留下来的传统节日舞队，以及元宵节的灯会、庙会和露天表演，在近年来都以节庆主题活动的形式得以回归。

如2017年，上城区以打造"文化传承标杆区"为目标，开展"南宋文化节"系列活动、"传承南宋古韵味，树立文化标杆"传统年节文化特色活动等，活动举办的初衷是希望拓展节俗文化的视野，弘扬传统文化、续写上城文脉。不可忽视的是，在保留传统节日民俗的同时，相关公共文化活动的组织者（区文广新局等）往往结合当年的发展主旨和政策主题，赋予其新的政策宣传与动员色彩，如2012年元宵灯会的主题为"和谐上城·万家欢乐"、2013年的元宵灯会主题为"南宋古都·经典上城"，2014年的元宵灯会主题为"炫亮上城·相拥美丽"，2016年的春节活动主题围绕G20杭州峰会展开，为"喜迎峰会·欢度新春"，当时围绕这一主题，还有"喜迎G20峰会·发现美丽上城"摄影大赛和展览、湖滨街道"百年思鑫坊，鲜花迎宾客"迎接G20峰会倒计时100天、南星街道"南星闪耀馒头山银亮上城G20"老干部慰问等活动。这些都与当年上城区的区域发展政策主题密切相关，这些活动不仅以主题命名的形式突出政策重点，也往往在活动内容上进一步设计关联度，如2017年由区文广新局主办、文化馆承办、清波街道协办的"剿灭劣Ⅴ类水 上城团队在行动"文艺巡演活动中，即安排了上城区文化馆直属团队表演对唱《水乡温柔》、越剧《游湖》、舞蹈《祝福祖国》等节目，宣传五水共治，号召全民参与剿灭劣Ⅴ类水；同一主题的书画家免费书画展示活动，其创作和展示的作品内容也与"五水共治"的主题相契合，如书法作品"为有源头活水来""真水无香""一江碧水润大地、金山银山报后人"等，这些活动将内容融合进主题，而通过展演的形式进一步对主题进行宣传和弘扬，如"剿灭劣Ⅴ类水"系列活动报道中所言，"激发人民爱水护水治水热情"。除此之外，还有大量的主题活动是响应上级的政策要求承办的相关活动，如2016年承办上城区纪念红军长征胜利80周年歌咏大会暨第四届群众合唱节活动，在G20峰会准备期间，区文广新局接到区委紧急任务后，迅速组织近千人的业余文艺团队在吴山广场开展为期三天的群众文艺团队迎G20峰会活动，受到了省委的认可[①]，这类活动所占比重较大，在一定程度上反映了公共文化

---

① 上城区人民政府.2016年上城区国民经济和社会发展统计公报［A/OL］.上城区人民政府网，2017-12-01.

<<< 第四章 上城区公共文化服务的政府行动者：政策变迁与职能网络

服务的层级结构，将在后面的层级结构中做集中讨论。

通过单模网络图 4.3 的可视化呈现，可以看到标注了度中心性的节点位置。其中，度中心性最高的几项公共文化服务事项分别为：PCS01-1（公共文化服务设施建设）、PCS02-7（重大节庆及指令性群众文化活动）、PCS01-2（公共图书馆建设）、PCS01-3（免费开放），即为近五年公共文化服务事项中比较活跃的事项内容。虽然在之前的可视化矩阵图中，PCS02-7（重大节庆及指令性群众文化活动）的凝聚作用已经有所印证，但在单模网络中，可以看到，因为 PCS01-1（公共文化服务设施建设）、PCS01-2（公共图书馆建设）、PCS01-3（免费开放）这三项偏硬件基础设施的事项所涉政府层级较连续一致，即从省级、市级到区级的标准化规定，政策执行过程中也有较明确的规范化要求和指标体系，因此依然处于整体网络的核心位置，即最大限度地影响层级与服务事项之间的关系。这也从一个侧面表明，在公共文化服务的政策执行堕距中，硬件基础设施的相关事项依然是整体结构中执行度最高，也最便于响应自上而下的政策执行模式。这一点也将通过后续的"公共文化服务事项—财政支出结构"的网络进一步分析。

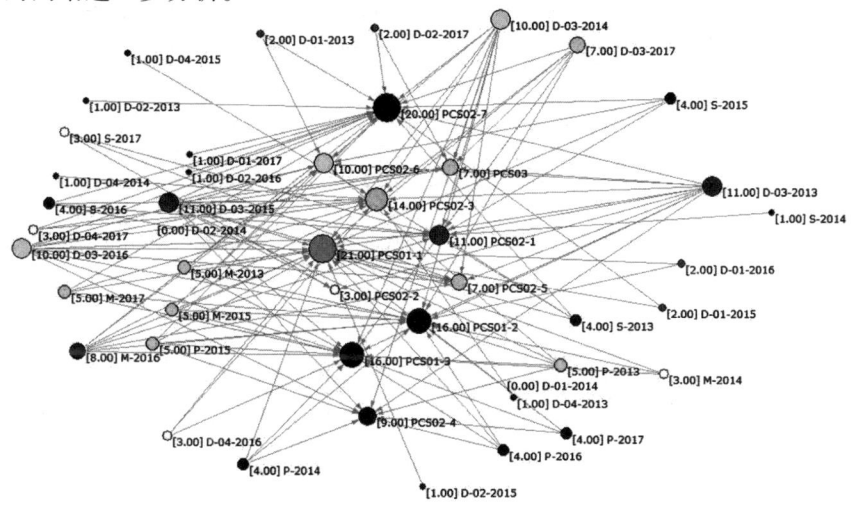

图 4.3 "公共文化服务事项—公共文化服务事项"单模网络图

85

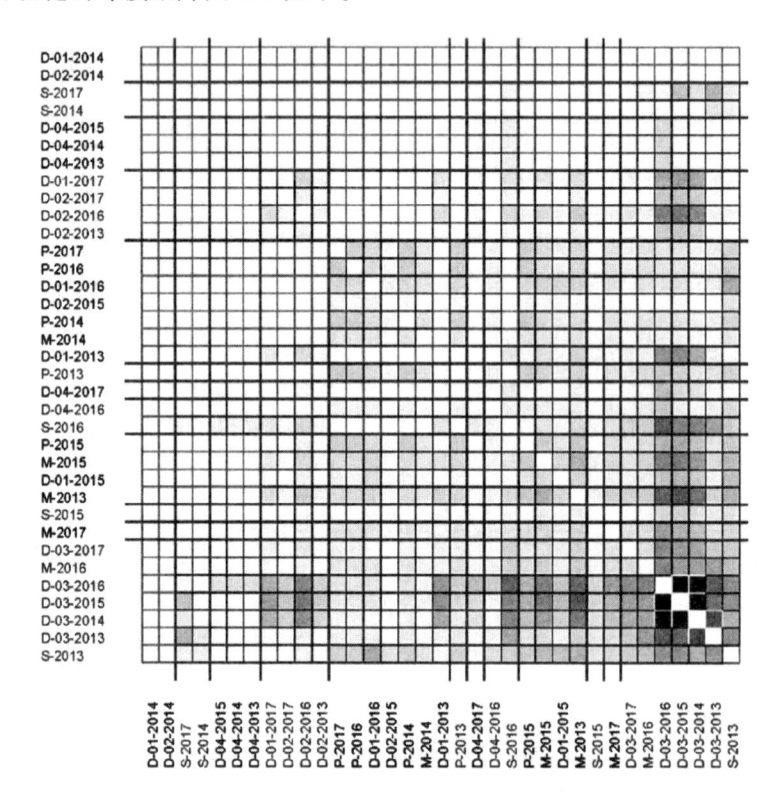

公共与文化之间：公共文化服务的地方结构网络 >>>

3. "公共文化服务政策层级—公共文化服务政策层级"单模结构分析

同样的，"政策层级—公共文化服务事项"的双模结构转换成"公共文化服务政策层级—公共文化服务政策层级"的单模结构（1-mode），形成可视化的邻接矩阵图 4.4 如下。

图 4.4 "公共文化服务政策层级—公共文化服务政策层级"单模可视化矩阵图

值得注意的是，重排后的矩阵并不遵循之前编码时的历时性时间顺序，即并不明显地表现出依据年份排列的凝聚性。从网格线划分中可以看出，在凝聚子群的析出中则更多地表现为对层级结构的依赖，这种明显的依赖性并非在所有层级中都有所表现，表现较为明显的是 D（District Level）和 S（Subdistrict - Community）层级，即区级层面及区所辖街道和社区层面。省级层面和市级层面的表现相对不够明显。其中，D - 03 - 2014（区级 - 文广新局 - 2014）、D - 03 - 2015（区级 - 文广新局 - 2015）和

<<< 第四章 上城区公共文化服务的政府行动者：政策变迁与职能网络

D-03-2016（区级-文广新局-2016）对矩阵其他节点的凝聚作用较强，这种凝聚作用依据方格的灰度呈现出逐年加深的状态，也进一步从历时性上强化了区级层面对整体网络越来越强的联结作用，区级层面的资源和权力流动对整体网络的影响越来越明显。

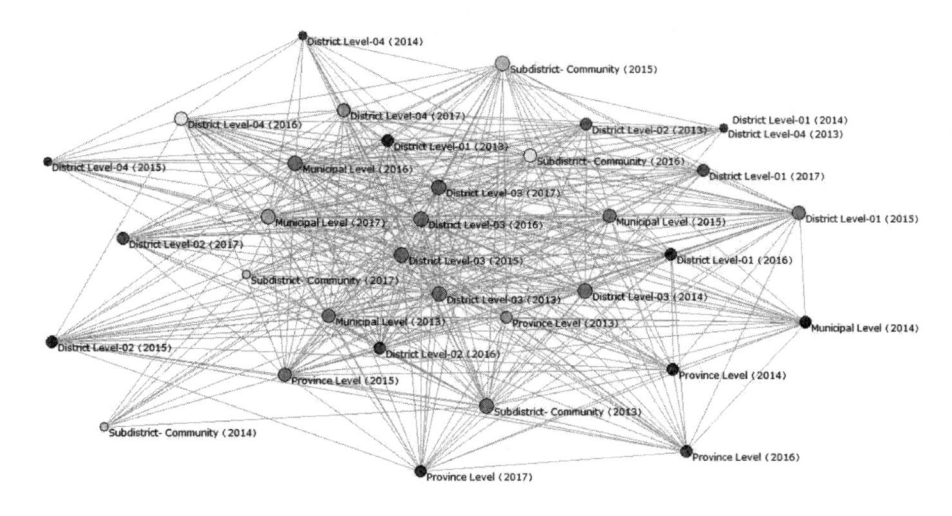

图 4.5 "公共文化服务政策层级—公共文化服务政策层级"单模网络图

（二）上城区"财政支出层级结构—公共文化服务"的社会网络分析

根据上节关于上城区近五年"政策层级—公共文化服务事项"的分析，可以进一步从层级角度对上城区的公共文化服务展开观察。在既有文献中，对于公共文化服务的层级考量往往从公共物品财政投入（张波 & 宋林霖，2008）与效率（Santagata, W. & Signorello, G., 2000；廖青虎，陈通，孙钰 & 陶志梅，2016）和政策执行（Bianchini, F., 1993；陈水生，2014）两个层面展开，但往往很难与具体的公共文化服务内容结合进行分析。上节已在政策执行层面对公共文化服务内容的具体实施过程有所了解，在这一节中，将进一步讨论财政支出在各类公共文化服务事项中的分类分级供给网络。

87

1. 模型编码与整体网络可视化

依据浙江省政务服务网，按照省文化厅、杭州市文广新局（市版权局）、上城区文广新局（版权局）的公共文化服务政务公开内容以及年度预算和决算，根据不完全统计，结合对上城区文广新局和宣传部分管领导的深度访谈内容，整理上城区公共文化服务具体清单内容与支出责任如表4.6：

表4.6 上城区公共文化服务—财政支出结构列表

服务类别	服务内容	保障标准	支出责任
公共文化服务设施建设、运维、管理及开放	公共阅读服务设施服务	公共文化设施内免费提供Wi-Fi，公共电子阅览室免费提供上网服务	省、市、区分级负责
	公共图书馆开放	公共图书馆免费开放，每周开放时间不少于56小时；县级公共图书馆人均藏书1册以上，或总藏量不少于50万册；人均年新增藏书量不少于0.05册；每年组织送书下乡1万册	省、市、区分级负责
	公共电子阅览室开放	公共电子阅览室开放时间不少于28小时	省、市、区分级负责
	观看电视	通过直播卫星提供25套电视节目，通过地面数字电视提供不低于15套电视节目，未完成无线数字化转换的地区提供不少于5套电视节目	省、市、区共同负责
	公共文化场馆免费开放	公共空间设施和基本服务项目免费	省、市、区分级负责

<<< 第四章 上城区公共文化服务的政府行动者：政策变迁与职能网络

续表

服务类别	服务内容	保障标准	支出责任
群众文化活动	公益性培训讲座服务	公共图书馆、文化馆每年举办公益培训讲座不少于12次，乡镇综合文化站每年举办公益培训不少于6次	市、区政府负责，省财政适当补助
	公共文化服务培训	每年培训不少于90项、240期、4300课时	区文广新局
	电影、文艺专场进社区、进工地、进军营活动	送电影不少于50场，送演出不少于12场	区文广新局
	重大节庆及指令性群众文化活动	重大节庆文化活动以及上级布置的指令性文化宣传和文化活动	区文广新局文化科
	文化体育惠民工程	深入推进以公共文化服务、"百团百场"公益演出，送戏送电影进社区，举办公共文化免费培训，向文体团队赠送器材，发放文体惠民券，开展国民体质免费监测为主要内容的"七送"文体惠民工程	市、区文广新局文化科、体育科
	公共数字文化活动	通过文化信息资源共享工程基层服务点、公共电子阅览室等服务设施，以及杭州数字图书馆"文澜在线"网站、手机、电视三大平台、杭州市数字文化馆网站、杭州市非遗中心网站等平台，为广大群众提供电子书刊阅览、讲座展览、视频点播、戏曲欣赏等丰富的数字文化服务	社会文化处（非遗处）、杭州市文化馆杭州图书馆、杭州市非遗保护中心
	文化走亲活动	组织、协调市本级和各区、县（市）每年开展好各类"文化走亲"活动	社会文化处（非遗处）、杭州市文化馆

资料来源：本研究根据浙江省政务服务网及上城区政务公开信息整理

根据各项公共文化服务内容，结合省、市、区三级的支出责任，依照"支出层级—公共文化服务事项"编列为双模结构矩阵（2-mode），如表4.8。共计三类支出责任主体，12项公共文化服务内容，标的编码详情如表4.7。

表4.7 公共文化服务事项（与层级支出结构对应）编码一览

事项编码	对应名称	服务内容
PCS01	公共阅读服务设施服务	公共文化设施内免费提供Wi-Fi，公共电子阅览室免费提供上网服务
PCS02	公共图书馆开放	公共图书馆免费开放，每周开放时间不少于56小时；县级公共图书馆人均藏书1册以上，或总藏量不少于50万册；人均年新增藏书量不少于0.05册；每年组织送书下乡1万册
PCS03	公共电子阅览室开放	公共电子阅览室开放时间不少于28小时
PCS04	观看电视	通过直播卫星提供25套电视节目，通过地面数字电视提供不低于15套电视节目，未完成无线数字化转换的地区提供不少于5套电视节目
PCS05	公共文化场馆免费开放	公共空间设施和基本服务项目免费
PCS06	公益性培训讲座服务	公共图书馆、文化馆每年举办公益培训讲座不少于12次，乡镇综合文化站每年举办公益培训不少于6次
PCS07	公共文化服务培训	每年培训不少于90项、240期、4300课时
PCS08	电影、文艺专场进社区、进工地、进军营活动	送电影不少于50场，送演出不少于12场

续表

事项编码	对应名称	服务内容
PCS09	重大节庆及指令性群众文化活动	重大节庆文化活动以及上级布置的指令性文化宣传和文化活动。
PCS10	文化体育惠民工程	深入推进以公共文化服务、"百团百场"公益演出，送戏送电影进社区、举办公共文化免费培训、向文体团队赠送器材、发放文体惠民券、开展国民体质免费监测为主要内容的"七送"文体惠民工程
PCS11	公共数字文化活动	通过文化信息资源共享工程基层服务点、公共电子阅览室等服务设施，以及杭州数字图书馆"文澜在线"网站、手机、电视三大平台、杭州市数字文化馆网站、杭州市非遗中心网站等平台，为广大群众提供电子书刊阅览、讲座展览、视频点播、戏曲欣赏等丰富的数字文化服务
PCS12	文化走亲活动	组织、协调市本级和各区、县（市）每年开展好各类"文化走亲"活动

资料来源：本研究整理

表4.8 "支出层级—公共文化服务事项"的双模结构矩阵

支出层级＼服务内容	公共文化服务设施建设、运维、管理及开放					群众文化活动							
	PCS01	PCS02	PCS03	PCS04	PCS05	PCS06	PCS07	PCS08	PCS09	PCS10	PCS11	PCS12	Total
省文化厅 Province Level	3	3	3	3	3	1	0	0	0	0	0	0	16
市文化广电新闻出版局 Municipal Level	2	2	2	2	2	2	0	0	1	1	2	2	18

续表

支出层级＼服务内容	公共文化服务设施建设、运维、管理及开放					群众文化活动							Total
	PCS01	PCS02	PCS03	PCS04	PCS05	PCS06	PCS07	PCS08	PCS09	PCS10	PCS11	PCS12	
区文化广电新闻出版局 District Level	1	1	1	1	1	2	1	1	2	2	2	2	17
Total	6	6	6	6	6	5	1	1	3	3	4	4	51

2. 基本公共文化服务专项补助资金的制度逻辑与区级财政激励

在图4.6中，从层级结构观察，"District Level"的度中心性最高，即以省、市、区的三级结构角度所规定的公共文化服务财政支出责任中，区级承担主要责任，即大量的上传下达及直接面向群众的工作开展由区级承担，而除了上级财政拨款之外，很多具体工作的开支由区一级直接承担，而具体的落实单位以区文广新局为主体。而"Province Level"通过与网络中的PCS01（公共阅读服务设施服务）、PCS02（公共图书馆开放）、PCS03（公共电子阅览室开放）、PCS04（观看电视）、PCS05（公共文化场馆免费开放）建立了相对有力的联结，而这几类恰恰属于公共文化服务设施建设、运维、管理及开放，也从侧面反映出在省级政策层面，因考虑到区域发展差异与均等化的价值诉求，在两者的平衡之间更偏向于在硬件基础设施上通过直接的财政拨款来实现标准化的建设，群众文化活动的自主权则更多地下放到市、区层级。通过深度访谈了解到，省级财政的拨款形式，主要为基本公共文化服务专项资金拨款。[①]

[①] 2013年，浙江省为推进专项资金管理改革，进一步完善全省公共文化服务体系经费保障和运行管理机制，省财政决定跨部整合公共文化服务相关省级专项资金，统一设立浙江省基本公共文化服务专项资金。

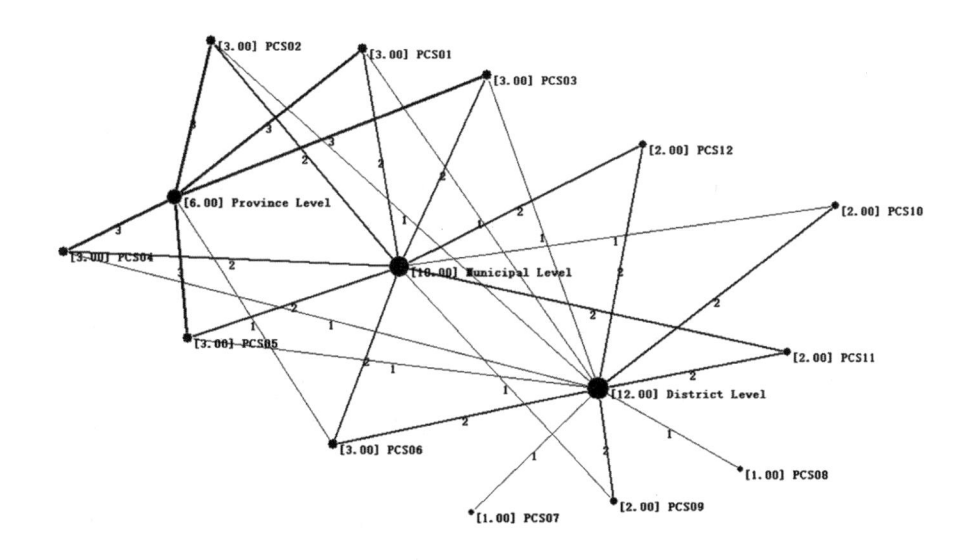

<<< 第四章 上城区公共文化服务的政府行动者：政策变迁与职能网络

图4.6 上城区"公共文化服务—财政支出层级结构"双模网络图

专项资金的来源主要有两个方面：一是整合省财政设立的基层公共文化服务建设、农村电影公益性放映、广电惠民服务工程、乡镇广电站设施设备更新改造、农家书屋建设、博物馆纪念馆免费开放等用于基本公共文化服务的专项资金；二是中央财政专用转移支付补助或奖励浙江省用于基本公共文化服务的专项资金。用途主要包括：（1）公共文化设施建设、运行、维护和管理；（2）公共设施免费开放；（3）乡村文化活动；（4）特殊群体公共文化权益；（5）人才队伍建设；（6）省级部门确定的相关文化示范工程创建、群众文化活动品牌培育等。补助资金按照分配法分配，影响分配金额的因素按照权重高低排列主要有：常住人口数（30%）、公共文化设施总建筑面积（20%）、公共文化设施数量（20%）、公共文化服务机构从业人员数量（10%）、地域面积（5%）、乡镇、街道数（5%）、行政村（含社区）数（5%）、低保户数（5%）。根据权重计算出某县（市、区）的分配因素得分，并与财力转移支付系数关联，得出该区应获的补助资金额度。①

省级基本公共文化服务的专项资金的分配规则中，除了人口变量之外，公共文化设施面积与数量的权重影响最高，这在一定程度上强化了地区公共文化服务硬件设施建设的财政激励，形成一种激励循环，即越重视硬件设施建设越获得较高的专项补助，越获得较高的专项补助越努力建设硬件设施。同时，专项资金管理中设立绩效考核的奖励资金，考核依据主要包括财政投入（公共财政中文化体育与传媒支出所占比重及增长、项目落实经费）和业务指标（设施覆盖率、合格率、运维情况、群众文化活动、社会力量参与、重点项目），考核标准进一步强调硬件设施的建设，并将文化投入经费作为一种奖励激励，为基层政府的公共文化服务的政策重点划定合理化依据，也在某种程度上起到了对基层政府公共文化服务投入的补偿机制。

沿着省级基本公共文化服务专项补助资金的制度逻辑，进一步统计上城区年度文化体育与传媒支出，发现从2013年开始，整体呈现出财政投入逐年稳步上升的态势，并在2016年实现较大幅度的增长。其中，2013年文化体育与传媒支出1369.9万元，完成预算的100.15%，为上年实际数的106.17%；2014年文化体育与传媒支出1385.6万元，完成预算的100.13%，比上年执行数增长1.15%；2015年文化体育与传媒支出2141万元，为预算数的112.87%；2016年文化体育与传媒支出3008万元，完成预算的119.55%，比上年同期增长40.50%，增幅较大的主要原因是加大了对文化企业的扶持投入②；2017年文化体育与传媒支出3163万元，是年初预算的102.63%，增加81万元。③ 五年间预算安排基本公共文化服务专项资金2557.9万元。基本公共文化服务专项资金实际支出合计2190.24

---

① 资料来源：田野调查资料整理。
② 上城区人民政府. 上城区2017年预算公开表及说明［EB/OL］. 上城区人民政府网，2017-12-01.
③ 上城区人民政府. 杭州市上城区政府信息公开［EB/OL］. 上城区人民政府网，2017-12-01.

万元，其中区文广局和区文化馆开支 1449.81 万元，街道实际支出数 740.43 万元。①

表 4.9 上城区 2016 年文化体育与传媒支出财政预算

代码	预算分类	预算（万元）
207	文化体育与传媒支出	2516
20701	文化	1362
2070101	行政运行	415
2070102	一般行政管理事务	48
2070105	文化展示及纪念机构	20
2070109	群众文化	702
2070111	文化创作与保护	50
2070199	其他文化支出	127
20702	文物	252
2070205	博物馆	252

资料来源：本研究依据上城区 2017 年预算公开表及说明整理

参看 2016 年上城区文化体育与传媒支出的预算明细表，文化体育传媒支出主要包含"文化"和"文物"两大子类别，而在"文化"子类别中，又包含"行政运行""一般行政管理事务""文化展示及纪念机构""群众文化""文化创作与保护""其他文化支出"六类，文物中只包含"博物馆"一类。文化类在"文化体育与传媒支出"中占主要支出份额，在文化子类别中，"群众文化"占主要地位，这也体现出预算的初衷与其所代表的区级层面对公共文化服务相关部门的自体认知，即希望能重塑或强调文化事业部门与主管部门的文化服务公益性属性与合法性地位，尤其是通过"群众文化"这一主要职能的开展获取某种纽带，以街头官僚的形式和文化的个性化服务形式（Lipsky，2010：216），在"国家"与"公众"之间

---

① 上城区人民政府. 关于上城区基本公共文化服务资金审计调查及整改结果的公告［EB/OL］. 上城区人民政府网, 2018-01-10.

建立桥梁，将公共部门与私人社区团体联结起来。需要注意的是，因省级专项资金的重点是对公共文化服务硬件基础设施的建设与运维，同时又激励基层政府的文化体育与传媒支出，在财政资金的客观层级结构中，"群众文化"也同时具有较高的地方灵活性，这也是上城区"群众文化"一项支出比例最高的重要原因。而2016年上城区文化体育传媒支出陡增的重要动因在于加大了对文化企业的扶持投入，这一扶持投入主要指向文化产业的发展，列于"其他文化支出"一项，这一转变暗示着，随着前文所梳理的公共文化与文化产业同时作为区域发展的重要目标，两者又在文化资源上具有近亲关系，对地方政府而言，两者的平衡与政策的取舍是重要的行动策略，其激励机制一个来自自上而下的合法性建构与公共财政，另一个来自自下而上的经济转型升级与区域特色优势竞争。2016年的文化企业扶持投入被列于"其他文化支出"并迅速增长的事实，在某种程度上即是这两种激励机制并生共存的表现，其实类似的事例早在2004年就有过迹象，出现在被访谈者L（文化馆代表）所提及的一次活动：

> 为迎接第七届中国艺术节，由浙江省筹委会主办、上城区文化馆承办了"展示浙江先进文化、弘扬浙江时代精神"MTV专辑的创作拍摄工作，在创作、拍摄该专辑筹备大量人力、物力的过程中，上城区文化馆争取社会资金的支持，并由此探索文化产业发展路径，完成筹备制作。

显然，与2004年面临公共文化服务的供给资源紧缺的压力与被动适应不同，2016年所呈现出的相似情形背后的原因已悄然转变，基层公共文化服务部门不再出于公共文化服务的供给需要而寻找文化产业的支持，而是出于对文化产业的经济激励而强化其与公共文化服务的联结合法性，且文化产业有进一步合法化"混迹"并"蚕食"公共文化服务的内在趋向。

3. 区级公共文化服务相关部门的结构张力

对于上城区涉及公共文化服务的同级各部门而言，同样面临着较为复杂的结构张力。根据深度访谈的内容，结合上城区出台的公共文化服务政策，目前区文广局承担区公共文化服务职能，由区属街道文化站、区文化馆、区博物馆和各社区具体组织实施，其中区文化馆①、街道文化站②为文广新局下属单位。通过实地调研与深度访谈获得的上城区文广新局涉及公共文化服务的职责如下：

（1）贯彻执行国家、省、市有关公共文化、文化艺术、广播影视、新闻出版、体育运动的法律法规和方针政策；组织拟订全区公共文化、文化艺术、广播影视、新闻出版、体育运动事业的中长期发展规划和工作目标，经批准后组织和监督实施；规划、指导全区文化艺术、广播影视、新闻出版科技工作。

（2）负责管理全区艺术创作生产和艺术研究活动；指导代表性、示范性、实验性艺术精品生产，推动各门类艺术的发展；依法管理全区文化艺术、广播影视、新闻出版宣传及重大文化活动；指导全区艺术教育工作。

（3）组织推进全区公共文化服务体系建设，规划、引导公共文化产品生产，指导、管理全区社会文化事业，指导图书馆（室）、文化

---

① 上城区文化馆成立于 1958 年 4 月，馆址河坊街 12 号，同年 7 月迁至枝头巷 26 号，1960 年 1 月又迁至崔家巷 12 号（后改为 4 号），1997 年 9 月文化馆新楼在惠民路 20 号落成。馆舍面积初期为 160 平方米，经过历次改造扩建，现总面积达 3700 平方米。文化馆初期隶属于区文教局领导。1970 年 2 月，与广播站、工人俱乐部、前进电影院和大华、新艺、西园三个书场及金石书画社等八个单位合并成为毛泽东思想宣传站，由区委宣传部直管。1974 年恢复上城区文化馆，前进电影院和大华、新艺两个书场归文化馆领导，文化馆隶属于区文教局。1987 年上城区政府设立文化科，文化馆、书场、电影院归区文化科领导。1988 年 9 月成立上城区文化局，文化馆、书场、电影院归区文化局领导。文化馆现设有办公室、艺术科。参见上城区人民政府．上城区文化馆介绍 [EB/OL]．上城区人民政府网，2017 - 11 - 01。
② 通过田野调查了解到，2012 年上城区设立街道综合服务中心，为街道直属事业单位，增挂街道文化体育站牌子，原街道文化站相应撤销，现有事业单位在编人员关系划归综合服务中心，街道文化站实际上已无事业法人资格。目前 6 个街道文化事业在编 11 人，其中占编不到岗 3 人（望江和湖滨街道 3 名文化编制人员实际从事城管拆迁工作），占 27%，有的社区文化工作人员兼职过多，无法满足文化工作开展需要。

馆(站)和基层文化建设;指导公共文化、体育基础设施建设,承担区级直属公共文化设施管理;指导、推动开展各类社会文化、体育工作。

(4)负责全区文化艺术、广播影视、新闻出版行政(行业)管理,依法实施相关的行政许可和监管;制定并组织实施文化市场、体育市场发展规划,指导全区数字出版产业发展管理;负责全区文化市场、出版物市场、体育市场的监督、管理,承担网络和数字出版发行监管的职责;负责文化市场综合行政执法工作;依法办理行政复议案件。承担区文化市场管理工作领导小组办公室和区扫黄打非工作领导小组办公室的日常工作。承担对从事演艺活动、广播电影电视节目制作、出版活动的民办机构进行监管的职责;指导相关行业协会、学会的业务活动。

(5)指导文化艺术、广播影视、新闻出版、体育发展等方面的配套工作,如人才队伍建设、相关系列专业技术职务评审及行业的教育培训管理工作、对外交流与合作。[①]

作为区一级层面的公共文化服务职能的履行单位,其定位是上传下达,并在执行政策法规的基础上行使相应的行政审批与监管权。承接上级精神与政策指令的同时尽量合理地规划区域的文化发展方向,做好相关政策实施的配套工作。

但在具体的公共文化服务的实践过程中,宣传部起到十分重要的作用。以笔者的田野调查为例,当对各部门相关负责人进行深度访谈时,被访谈对象都不约而同地提及宣传部,更建议在调查初期先行与宣传部相关工作负责人进行联系。根据深度访谈区委宣传部的相关工作人员,了解到其主要职能包括以下方面:

(1)组织开展思想理论教育和社科知识普及活动,推进中国特色

---

① 资料来源:结合深度访谈内容,并进一步通过网络资料整理。上城区人民政府.上城区文广新局职能[EB/OL].上城区人民政府网,2018-01-10.

社会主义理论体系宣传普及。

（2）积极宣传党委政府重大决策部署，加强互联网宣传和管理工作，抓好社会热点问题和突发事件舆论引导，营造良好的社会舆论氛围。

（3）推进公共文化服务体系建设，组织开展群众文化活动，加强对文化艺术产品创作生产的引导，充实丰富群众文化生活。

（4）组织协调文创产业的规划、政策制定及项目实施，推动文化创意产业发展。

（5）组织开展群众性精神文明创建活动，培育社会文明新风尚；组织开展基层干部群众思想动态调查研究，提出对策建议。

（6）加强基层宣传文化队伍建设，为推动社会主义文化大发展大繁荣提供坚强的组织保证和人才支持。

（7）承办区委交办的其他事项。①

从宣传部的职责表述中，能够发现其与区文广新局的职能都涉及公共文化服务尤其是群众文化活动方面，但更指向这一职能的宣传功能和文化价值，因此在实际工作中更多的是"引导""指导"，这也是其他部门在被问及宣传部在公共文化服务中所扮演的角色时，提及最多的词汇。这一作用在 2017 年 9 月中宣部、文化部、中央编办、财政部等 7 部委联合印发的《关于深入推进公共文化机构法人治理结构改革的实施方案》中也进一步强调，"实施方案部署推动在公共图书馆、博物馆、文化馆、科技馆、美术馆等建立以理事会为主要形式的法人治理结构"，同时明确"凡涉及公共文化机构改革发展稳定和事关职工群众切身利益的重大决策、重要人事任免、重大项目安排、大额度资金使用事项，党组织必须参与讨论研究，理事会做出决定前，应征得党组织同意"。文化部相关负责人进一步答记

---

① 如浙江省在文艺界广泛开展以"深入生活、扎根人民"为主题的"学、采、送、种"四大系列实践活动，经费由文化产业处（宣传部）从全年专项活动经费中进行统筹安排，以及采取政府采购、搭建平台等方式，为活动提供经费，支持提供必要的业务工作条件，安排下基层文艺工作者的交通、食宿等问题。

者问时强调,"公共文化机构是我国重要的意识形态阵地。加强党的建设是深入推进公共文化机构法人治理结构改革沿着正确方向发展的重要保证。实施方案把加强党的建设作为推进公共文化机构法人治理结构改革的主要内容之一,提出了更有操作性的指导意见。如明确党组织在决策、执行、监督各环节的权责和工作方式;落实意识形态工作责任制;完善'双向进入、交叉任职'的配备方式等。"① 另一方面,职能(4)是文广新局没有提到的,即对文创产业的助推作用,包括规划、政策与实施。根据能够搜集到的数据显示,上城区委宣传部 2015 年文化体育与传媒支出 66.98万元,子类别为"其他文化体育与传媒支出"66.98 万元;2016 年文化体育与传媒支出 137.02 万元,其中"文化产业发展专项支出"年初预算为 0万元,决算为 174 万元,决算数大于预算数的主要原因是省市级补助,"其他文化体育与传媒支出"年初预算为 0 万元,决算为 20 万元,决算数大于预算数的主要原因是市级补助。同时,在财政专项资金管理清单中,2016 年市委宣传部获得杭州市产业发展类现代服务业专项资金拨款为23717 万元,民生事业类文化事业专项拨款为 18764 万元;2017 年获得杭州市产业发展类现代服务业专项拨款为 24449 万元,民生事业类文化事业专项拨款为 17927 万元。在上城区委宣传部能够显示的财政数据中,可以看到除了对群众文化的价值引导外,无论从自上而下的专项财政拨款激励还是机构财政支出的实际状况,都渐渐突出对文化产业的扶持功能。

四、小结与讨论

政府对公共文化服务的重视与支持源于文化本身的价值以及由此衍生的相关资源合法性:公共价值理性、文化激励、艺术教育、社区近用与服务、生活方式改造、国家认同与民族自豪、经济发展等(Radbourne,2002)。上城区公共文化服务的发展历程是以规划为核心的公共文化服务政策议程不断"自上而下"政策响应与"自下而上"试点探索的缩影,区

---

① 杭州市文化创意产业发展中心. 关于深入推进公共文化机构法人治理结构改革的实施方案[EB/OL]. 杭州市文化创意产业发展中心官网,2017-12-01.

级公共文化服务的相关政策主体对整体网络具有越来越强的联结作用，区级层面的资源和权力流动对整体网络的影响也越来越明显。同时，文化领域的空间转向又赋予地方实践更多的可能性，当文化经济浪潮、城市更新与地域竞争同时并存，体现在文化领域的最基本张力即为公共文化与大众文化参与的区别、文化产业与公共文化服务的竞合，这两类矛盾深刻地贯穿在地方政府的公共文化服务政策制定与执行的各层级与方面。

（1）在公共文化服务的标准化逐步完善之后，公共文化服务所面临的转向是在地文化特色的最大化彰显。这既是公共文化服务塑造文化认同的基本价值要求，也是将区域文化资源效用最大化的体现，结合上城区悠久的历史文化背景，在地文化特色无论在文化产业还是公共文化服务方面均获得政府高度的重视，并不断将相应元素植入政策文本。在文化产业领域，目前还主要是以产业规划园的形式将具有地域特色的地标元素、文化景观等镶嵌其中，并在名称上进行体现，至于文创内容的挖掘还有待深入。在公共文化领域，一是激励下辖街道、社区开展以在地文化为主题的文化名牌竞争，在硬件基础设施中不断修缮、更新相关的文化活动场所，如"东坡文化园"等；二是在群众文化活动中将在地文化习俗尤其是传统文化特色融入其中，并与政策宣传、动员相结合。需要进一步探究的是，在地文化特色的强调与竞争在多大程度上满足了居民的文化需求，或者说，在多大程度上形成了大众的文化参与，群众文化活动所获回应在多大程度上能够真正激励地方公共文化的发展？

（2）伴随着国家财政制度的分税制改革，财政资金的分配出现了依靠"条线"体制另行运作的情形，即财政转移支付采用项目制方式在行政层级之外灵活处理（陈水生，2014）。

基本公共文化服务专项资金拨款作为地方公共文化服务的重要资源供给，在实施办法尤其是给付标准上进一步激励了公共文化服务硬件设施的标准化建设，也在客观上赋予了地方财政在群众文化活动上一定的自主权，这也符合区级公共文化服务机构的基本定位，即通过群众文化活动完成"国家"与"群众"之间的桥梁搭建，上城区的公共文化服务支出中群众文化支出所占的主要比例也进一步体现了这一点。需要明确的是，自上

101

而下的专项资金与自主激励除了在公共文化服务领域发挥作用，在文化产业领域同样有着重要的体现，表现之一为文化产业与公共文化服务因共有的文化资源所呈现出的边界日益模糊，甚至在地方财政预算有进一步合法化"混迹"并"蚕食"公共文化服务的趋向。需要进一步探讨的是，在政府购买公共文化服务与文化产品的形式日益灵活、相关政府部门从意识形态的实践与社会控制的角色转变为辅助产业市场运作的核心部门、项目制逐渐主导地方具体职能开展的情形下，如何保证公共文化服务在政策议程中持续公共性的激励。

（3）区级层面文广新局及区所属的文化馆、街道文化站、社区文化站形成日渐紧密联结的网络体，同时还有来自区委宣传部对于公共文化服务的价值引导与意识形态把关的议程。作为国家合法化资源建设（傅才武 & 许启彤，2017）的两类主体，在职能上并无交叉，在方向上保持一致，往往某类活动由宣传部发起或主办，文广新局承办，这也进一步形成了"重大节庆及指令性群众文化活动"在公共文化服务内容中的网络核心位置。对于服务的受众而言，需要观察的是，这种供给方式能否真正地满足其自我表达与自我实现的个性化需求。对于服务的主体而言，需要思考的是，这种供给方式和供给绩效能否真正地实现文化认同和社会文化意识形态的系统建构，公共文化服务机构能否从封闭网络的一个技术节点转变成真正的具有价值传播能力的传播主体，重回社会交往网络的中心。

第五章

上城区公共文化服务的机构行动者：资源张力与空间网络

地方是移动中的停顿，因为停顿可使该地点变成感觉价值的中心。

——段义孚《地方的亲切经验》

本章则将重点放置在上城区公共文化服务机构网络的访问情形与资源流动比较。若第四章的目的是为了展现公共文化服务政府行动者网络变迁，本章节则将重点放置于上城区的公共文化服务机构的文化地理变迁及资源网络。透过组织资源宽裕的未被吸附和已被吸附资源概念分类，在公共文化服务组织网络中寻找导致权力变迁的因素，以度中心性、接近中心性以及中介中心性作为指标进行呈现以及分析，并进一步寻找这种公共资源所形成的网络权力格局与政府公共文化服务的制度供给及资源供给方式之间的具体关联。

麦卡锡（2002）指出文化艺术影响地方的途径类别主要有三种：（1）直接介入：多指居民介入地方文化活动，如参加社区内的文化艺术课程；（2）观众参与：如纯粹的观赏或参与展览；（3）文化组织的存在：如文化组织参与协办社区的文化艺术活动。

在中国当前语境下，这三类途径是通过公共文化服务机构开展的。公共文化服务机构对社区和个体都具有广泛的作用（Markusen, 2014；Toepler & Wyszomirski, 2012），对社区的作用主要包括对经济发展与社区的提升（Grodach, 2009；Hayter & Pierce, 2009；Markusen & Gadwa, 2010；Markusen, 2014），社会资本和认同（LeRoux & Bernadska, 2014；Putnam, Feldstein & Cohen, 2003；Stern & Seifert, 2009），教育功能（Castora - Binkley, Noelker, Prohaska & Satariano, 2010; Stuckey & Nobel, 2010) 等; 对个体的作用主要是通过审美愉悦的深层次满足感, 培养个人的创造力和解决问题的能力 (McCarthy et al, 2004)。

公共文化服务机构在以上意义中具有双重要求: 一是其必须以最便捷舒适的方式, 充分满足公众的文化需求, 二是它在某种程度上充当了政府维护文化价值以及重视提升公共利益的符号象征。一个设计良好的公共文化服务机构需在功能与文化意义之间平衡, 具备超越表面意涵的综合性功能 (Peacock, 1994), 即使无人造访, 其作为地方文化资源本身仍有价值, 文化因自我发声而获得价值 (Baumol, 1997)。这些公共文化服务机构的首要角色是建立一个吸引人们聚集的场所, 进而借助艺术事件提供文化参与的经验, 以刺激进一步的集体行动。空间经过生活实践而产生意义, 这种意义镶嵌为空间的社会性质, 在这种多元行动的发生过程中, 以文化服务空间和经常性的文化活动为中介, 使处于自然情境中不同社会权力关系的人群获得在地认同。上城区的公共文化服务机构如何嵌入日常并在公共文化服务中扮演中介角色, 传递政策重点并影响公众认知, 其背后的行动逻辑如何被组织资源宽裕网络所塑造, 是这一章节的重点。

一、上城区公共文化服务机构地理时空分析

公共设施服务水准及区位选择是一种公共决策, 包含了种类、数量、区位以及标准等问题, 核心空间分析功能是"领域分析", 拉德伯恩 (2001) 认为文化设施的设置, 应包含旅行距离、空间配置、一般设施服务界限等相关要素。公共文化服务机构嵌入人们的日常生活在创造场景和改变空间上所起的作用, 是深刻的地方经验, 这种经验经由地理空间的变迁过程, 转化成为精神空间继续存在, 随着地域变迁整合的地方事实, 获得一种偏向地方文化地理学的观察意义 (Crang, 2013)。依据浙江省公共信用信息公示系统、浙江省政务服务地图①，结合上城区政务公开信息、文化类民办非企业信息及大量的访谈资料，整理出上城区公共文化服务相关机构的分类信息列表5.1：

表5.1 上城区公共文化服务机构分类信息列表

类型	名称	性质与隶属	成立时间（年）
艺术美术馆	S17：上城区葛德瑞书画艺术馆	民办非企业（上城区民政局审批登记）	2016
	S18：唐云艺术馆	民办非企业	1999
	S19：浙江美术馆	浙江省文化厅	2009
	S20：浙江赛丽美术馆	民办非企业（浙江省民政厅审批登记）	2014
博物馆展览馆	S1：杭州博物馆	市园林文物局	2001
	S4：杭州胡庆余堂中药博物馆	民办非企业（杭州市民政局审批登记）	1991
	S3：杭州南宋官窑博物馆	市园林文物局	2003
	S2：中国财税博物馆	财政部直属	2004
	S5：杭州西湖博物馆	市园林文物局	2005
	S6：杭州近代教育史陈列馆		2006
	S7：杭州市非物质文化遗产展示厅	杭州市文广新局	2013
	S8：上城区"匠·无界"非物质文化遗产展示厅	民办非企业	2016

---

① 浙江省公共信用信息公示系统．浙江省政务服务地图［EB/OL］．浙江省政务服务网，2017-12-01．

续表

类型	名称	性质与隶属	成立时间（年）
剧院、影院	S14：东坡大剧院①	民办企业	1992
	S15：红星剧院	杭州文化广播电视集团（杭州市上城区市场监督管理局审批登记）	1955
	S16：浙江胜利剧院②	民办企业（杭州市上城区市场监督管理局审批登记）	1934
图书馆	S9：杭州图书馆生活主题分馆	杭州市文广新局	2013
基层文体服务中心	S12：杭州市上城区文化馆	上城区文广新局	1958
	S11：杭州市工人文化宫	杭州市总工会	1951
	S10：杭州市老年活动中心	杭州市民政局	2007
	S13：吴山文化公园	上城区城市公园	2015
	S22：小营街道文化站	上城区文化馆	1979
	S23：南星街道文化站	上城区文化馆	1980
	S24：紫阳街道文化站	上城区文化馆	1980
	S25：湖滨街道文化活动中心	上城区文化馆	2001
	S26：望江街道文化活动中心	上城区文化馆	1980
	S27：清波街道文化站	上城区文化馆	1980

资料来源：本研究整理

---

① 在原杭州大世界范围及东坡剧院原址上拆建，于1990年建成，1992年正式开业。为迎接第七届中国艺术节，杭州市拨专款2000万元对剧院进行了全面改造装修。

② 2010年，在省文化厅的支持下，胜利剧院推出了"周末戏剧金舞台"文化惠民演出项目。参加演出的有浙江京剧团、浙江昆剧团、浙江小百花越剧团等专业剧团，来自北京、上海、苏州、扬州、福建的话剧、越剧、儿童剧、滑稽戏和莆仙戏，也在"金舞台"大放光彩。以往在西湖边、社区公园或街道活动室进行清唱交流的票友和民间剧社，也化上妆，穿上戏服，走上"金舞台"亮相表演。杭州议事厅. 浙江胜利剧院介绍［EB/OL］. 杭州议事厅网站，2017-11-15.

<<< 第五章 上城区公共文化服务的机构行动者：资源张力与空间网络

　　由于广义的文化机构涵盖的范围相当广泛，本研究参考卡普等人（1998）的研究，将其界定为对公众开放并提供经常性文化活动的文化设施。这些机构场所依据企事业单位性质可划分为企业、民办非企业和文化事业单位三类组织，服务内容都以文化艺术为主，包括艺术美术馆、博物展览馆、影剧院、图书馆和基层文体服务站。这些机构的选取，所依据的一是文化地理学意义上的上城区公共文化服务机构，即地理空间位置上处于上城区行政区划内的机构场所，二是从公众视角而言，能够镶嵌到其日常生活中的公共文化服务机构，三是机构的功能能够涵盖目前公共文化服务事项主要内容。这些组织构成了上城区地理范围内的公共文化服务机构网络。

艺术、美术馆
- 唐云艺术馆
- 浙江赛丽美术馆
- 浙江美术馆

博物馆、展览馆
- 杭州博物馆
- 杭州胡庆余堂中药博物馆
- 杭州南宋官窑博物馆
- 中国财税博物馆
- 杭州南宋钱币博物馆
- 世界钱币博物馆
- 杭州西湖博物馆
- 杭州近代教育中陈列馆
- 上城区"匠·无界"非物质文化遗产展示厅
- 杭州市非物质文化遗产展示厅

剧院、影院
- 东坡大剧院
- 红星剧院
- 浙江胜利剧院

图书馆
- 杭州图书馆生活主题分馆

文体服务中心
- 上城文化馆
- 杭州市工人文化宫
- 杭州市老年活动中心
- 吴山文化公园
- 清波街道文化站
- 南星街道文化站
- 湖滨街道文化站
- 望江街道文化站
- 小营街道文化站
- 紫阳街道文化站

图5.1　上城区区域内公共文化服务机构场所地理空间示意图

107

从地理分布上来看（图 5.1），上城区的公共文化服务机构散落分布，类型多样，各街道都有多样性的文化机构，既是不同时代的物质文明记忆的累积，也是地方文化脉络的演绎。其中，博物馆和展览馆数量最多，以主题博物馆为主。各街道社区都建立了较完备的基层文化活动中心，即在硬件设施和格局上保证了基层文化活动的空间。各类型文化机构依据不同的建设初衷予以功能定位。其中，主题展览馆和博物馆多半依托旧有文化资源和遗产而建，从而更好地彰显其文化符号的时间和空间意义。如南宋官窑博物馆依托南宋官窑遗址而建，胡庆余堂中药博物馆在胡庆余堂药馆的基础上重新设计整修而建，其中的有形文化遗产包括：古建筑群、馆藏药物标本、制药技术与工具以及名人字画、楹联等。这些有形的实物构成中医药博大精深的历史文化内涵，其所在的大井巷，还有叶种德堂、方回春堂等国药号，共同组成以清代徽派商业古建筑群为代表的建筑文化群。近代教育史陈列馆建立在浙大旧址之上等。这些都在一定程度上反映出，上城区的公共文化服务机构对上城区区域历史文化资源的依存度较高。

各街道社区的文化站则分布在各街道社区相对人流量较集中的位置，两者在历史变迁过程中相辅相成，文化站对于人群的聚集作用，也在一定程度上形成一种历史惯性，不断形塑着一个区域的人群日常活动轨迹。据《梦粱录·元宵》记载，元宵之夜在官巷口崔家巷一带有 24 家傀儡戏表演团体（吴自牧，1981），后在这一区域形成了各类文化活动机构，如大华书场，这一带后也成为湖滨街道综合文化站的所在地。

艺术美术馆则多数选址于风景区和艺术学院旁边，主要的定位初衷为烘托艺术氛围，相关的艺术美术馆都以艺术家名誉建立，如唐云艺术馆坐落西湖南线，仿江南园林式建筑，以唐云先生作品和书法藏品为主，与浙江美术馆相对，与中国美术学院为邻。浙江赛丽美术馆则在 2012 年由夏赛丽创建，坐落于南宋古皇城遗址，毗邻胡雪岩故居、吴山城隍阁等古迹群落。

第五章 上城区公共文化服务的机构行动者：资源张力与空间网络

表5.2 上城区区域内公共文化服务机构成立时间

成立时间	名称	隶属责任机构	
1934年	S16：浙江胜利剧院	民办企业（杭州市上城区市场监督管理局审批登记）	1981年以前
1951年	S11：杭州市工人文化宫	杭州市总工会	
1955年	S15：红星剧院	杭州文化广播电视集团（杭州市上城区市场监督管理局审批登记）	
1958年	S12：杭州市上城区文化馆	上城区文广新局	
1979年	S25：湖滨街道文化站	上城区文化馆	
1980年	S23：南星街道文化站	上城区文化馆	
1980年	S22：小营街道文化站	上城区文化馆	
1980年	S27：清波街道文化站	上城区文化馆	
1980年	S24：紫阳街道文化站	上城区文化馆	
1991年	S4：杭州胡庆余堂中药博物馆	民办非企业（杭州市民政局审批登记）	1982—2000年
1992年	S14：东坡大剧院	民办企业	
1999年	S18：唐云艺术馆	杭州市属公益性文博事业单位	
2001年	S26：望江街道文化站	上城区文广新局	2001—2010年
2001年	S1：杭州博物馆	市园林文物局	
2003年	S3：杭州南宋官窑博物馆	市园林文物局	
2004年	S2：中国财税博物馆	财政部直属	
2005年	S5：杭州西湖博物馆	市园林文物局	
2006年	S6：杭州近代教育史陈列馆		
2007年	S10：杭州市老年活动中心	杭州市民政局	
2009年	S19：浙江美术馆	浙江省文化厅	

续表

成立时间	名称	隶属责任机构	
2012年	S9：杭州图书馆生活主题分馆	杭州市文广新局	2011—2017年
2013年	S7：杭州市非物质文化遗产展示厅	杭州市文广新局	
2014年	S20：浙江赛丽美术馆	民办非企业（浙江省民政厅审批登记）	
2015年	S13：吴山文化公园	上城区城市公园	
2016年	S17：上城区葛德瑞书画艺术馆	民办非企业（上城区民政局审批登记）	
2016年	S8：上城区"匠·无界"非物质文化遗产展示厅	民办非企业	

资料来源：本研究整理

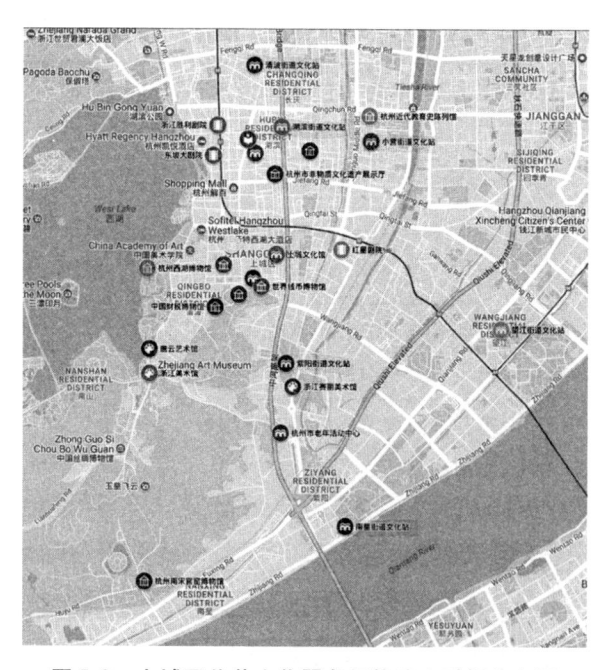

图5.2 上城区公共文化服务机构建立时间分布图

<<< 第五章　上城区公共文化服务的机构行动者：资源张力与空间网络

（一）1981年以前：中华人民共和国成立前文化机构改建及层级建制文化活动中心形成

这一时期将中华人民共和国成立前文化机构进行合理改建，如浙江胜利剧院，并按照展开地区文化活动的基本设施标准配备红星剧院、上城区文化馆、杭州市工人文化宫及街道文化站（湖滨、南星、小营、清波、紫阳）。在文化生活公共化的阶段，文化机构的建立所依照的是区与街道建制结构，形成"市—区—街道"三级文化活动中心结构，奠定了基本的文化服务格局。

胜利剧院始建于1934年，名称随历史时代更迭从"联华大戏院""东和剧院""中华大戏院""国际大戏院"到中华人民共和国成立后沿用至今的"胜利剧院"，也是浙江省唯一一个在原址保存完整、历史最悠久的剧院。剧院现有功能包括演出、播放电影、场地出租，传统功能为戏曲演出，集影厅和招待所功能为一体；一方面为民众带来专业剧团的文化惠民演出，另一方面为民间剧团提供专业的表演舞台。

上城区文化馆始建于1958年4月，馆址河坊街12号，后迁至枝头巷26号，1961年，迁至中山中路崔家巷12号（后改为4号）。1997年9月文化馆新楼在惠民路20号落成。馆舍面积初期为160平方米，经过历次改造扩建，现总面积达3700平方米，直属文艺团队46支。馆内有多功能厅、排练厅、综合活动室、阅览室、艺术展示厅等公共文化免费开放场所，并提供免费服务和培训。文化馆初期隶属于区文教局领导，1970年2月，其与广播站、工人俱乐部、前进电影院和大华、新艺、西园三个书场及金石书画社等八个单位合并成为毛泽东思想宣传站，由区委宣传部直管。1974年恢复上城区文化馆，前进电影院和大华、新艺两个书场归文化馆领导，文化馆隶属于区文教局。1987年上城区政府设立文化科，文化馆、书场、电影院归区文化科领导。1988年9月成立上城区文化局，文化馆、书场、电影院归区文化局领导。文化馆现设有办公室、艺术科。1989年被评为省一级文化馆，2004年被国家文化部授予国家一级文化馆的称号。文化馆除了组织策划群众文化活动、开展免费培训、发展群众文艺团队以外，也在市场化浪潮中积极争取社会力量办文化，组织承办各类企事业文化活动，如中华钱啤集团"盛世中华"音乐啤酒节,中国广厦集团、上城区土管局、上城区环境卫生局等的文艺比赛和文艺晚会等,积极创收。

杭州市工人文化宫原为上城区工人俱乐部,始建于20世纪50年代初,属于杭州市总工会直属公益性文化事业单位,地址初时在新宫桥会馆河下原药业会馆,后迁址中山中路平津桥弄口,"文化大革命"期间停办。1979年整修后重新开设,现全馆面积1157平方米,场馆内有文体活动大厅、台球室、乒乓室、棋牌室、电子阅览室、阅览室、展示室、放映活动室、计算机培训教室、多功能汇报厅、各类培训教室等。现主要承办省、市企事业单位的大中型会议、演出活动,服务群体为杭州职工群体,并以馆带团,形成千余人业余文化艺术爱好者团队,开展群众文化服务活动,如建立品牌活动"百场文艺送基层",主要为杭州基层职工提供文艺演出。因设施功能齐全,且因建立历史较久,周边区域居民形成文化惯性,容易产生近用心态,在区域建立较早的文化机构中拥有较高的利用率和知名度。

街道文化活动中心在居民俱乐部的基础上创建。解放初期,群众文化娱乐活动在区政府、公安派出所支持安排下,利用庵堂庙宇和空闲房屋建立居民俱乐部,在公安派出所辖区范围内组织开展活动,当时的俱乐部即建有供业余剧团演出的戏台。1954年,区政府下设街道办事处,居民俱乐部归街道办事处管理。1957年,原中原区并入上城区,街道办事处及居民区作了多次调整,居民俱乐部数量相应减少。1979年3月,湖滨街道文化活动楼落成,至1980年3月,全区7个街道都建有文化站,面积共1884平方米。其中,含会场4个,图书阅览室7个,文体活动室8个,配有从事文化工作的专职干部6名(街道大集体编制),兼职5人。之后在旧城改造进程中,各街道办事处文化站面积不断扩大,1992年末,全区街道文化站总面积6988平方米,藏书83383册,专职人员17人。1983年,城站街道图书阅览室被评为省级先进集体。1989年,小营巷、城站、湖滨街道文化站被评为市特级文化站,清波、清泰、涌金街道文化站被评为一级文化站,横河街道文化站被评为二级文化站。目前上城区各街道文化活动中心的具体资源配置情况如表5.3所示。经由上城区公共文化服务标准化政策的执行，街道和社区文化活动的硬件设施趋于标准化，包括活动空间、场所、藏书和计算机等都已基本完善，街道的文化活动差别主要体现在文化活动和培训的参与人次，即参与度方面，这也进一步指引在下一步的文化机构研究中，需要将参与情形作为文化机构的重要内容构成进行分析。

（二）1982—2000年：改革开放初期的城市更新与民办机构探索

文化产业在市场经济改革与文化事业单位改革的双重激励下在这一阶段有所探索，民办非企业类型的公益性文化机构在这样的政策背景下催生，其主要的动力并非来自营利性的需求，更多的是政策的许可，因改革开放初期的政策不确定性与风险评估，这一阶段的公共文化服务机构所建不多。胡庆余堂中药博物馆的最初馆舍建于1874年，是全国保存最完好的国字药号，1988年被国务院列为全国重点文物保护单位，总建筑4000多平方米，由陈列展厅、中药手工作坊厅、养生保健门诊、营业厅和药膳厅组成。

东坡大剧院于1992年重建后对外开放，剧院建筑面积4000多平方米，为迎接第七届中国艺术节，2003年又对其进行了全面改造。主要以杭州市旅委和文广集团共同打造的"西湖之夜"演出为城市品牌活动，引进杭州金海岸娱乐有限公司合作，以杭州的历史文化、民俗风情为背景，组合其他演出团体将各种文艺形式汇集成晚会演出，将市场运营机制和民企资本引进文化团体，以竞争的力量推动城市名片，当时提出"西湖、文化、演出、共赢"的口号[1]，"西湖之夜"的演出形式和市场化运作机制是形成西湖品牌的共生带与产业链的重要举措。

另外，城市的更新带来街道的调整，江干区的紫阳、望江、南星、闸口4个街道办事处和四季青镇的近江、望江、玉皇3个行政村划归上城区管辖，街道办事处从原来的7个增加到11个，在区划结构稳定后，望江街道文化站才得以建立。唐云艺术馆作为杭州市打造文化名城的重要举措，

---

[1] 资料来源：田野调查内部资料。

表5.3 2016年上城区-街道-社区三级综合文化站建设情况

名称	从业人员(人) 专职	从业人员(人) 在编	专业技术人员	组织文艺活动 次数	组织文艺活动 观众(人次)	培训 班次	培训 人次	举办展览 个数	举办展览 参观人次	藏书(册)	计算机(台)	房屋建筑面积(平方米)	文化活动面积	社区文化活动场所 社区文化活动室(个)	社区文化活动场所 社区文化活动面积(平方米)	社区文化活动场所 文化活动室内面积(平方米)	指导群众业余文艺团队(支)
上城区	14	4	10	3	388	80,050	124	10,030	108	30,635	133,000	71	8,935	6,500	63	53	21,354	9,554	93
望江街道	3	1	2		20	1,500	20	1,600	30	6,000	20,000	3	1,420	1,000	15	11	10,000	2,000	20
湖滨街道					55	27,000	28	3,000	15	6,000	15,500	10	1,500	850	12	6	6,604	2,804	20
南星街道	3	1	3	1	102	15,000	36	3,100	8	3,000	42,500	20	1,000	1,000	8	8	1,200	1,200	20
清波街道	4	1	2	1	36	7,000	7	450	23	3,000	12,000	10	1,050	1,000	5	5	1,000	1,000	12
小营街道	2	1	1		72	14,550	12	1,280	30	11,635	42,000	18	1,550	1,550	12	12	1,550	1,550	13
紫阳街道	2	1	2	1	103	15,000	21	600	2	1,000	1,000	10	2,415	1,100	11	11	1,000	1,000	8

资料来源：根据田野调查内部资料整理。

于 1999 年为弘扬杭州籍艺术家唐云的艺术成就而建立,是杭州市属公益性的文博事业单位,单独建制。占地 7000 平方米,艺术馆内馆藏唐云家属捐赠的艺术珍品 195 件以及唐云先生的文献若干。艺术馆内设展厅、美术家之家、创作室、品湖轩等几个区域。主要的公益性艺术活动包括为中国美院学生和老年大学书画爱好者提供临摹学习机会,并作为教育基地,联合举办学生优秀作品展。作为民办非企业,唐云艺术馆也配合杭州市委、市政府等举办文化交流活动并策划组织"相约西子湖"论坛活动。

(三) 2001—2010 年:主流官方对文化机构的主题化与特色化试验

随着初期的成功探索经验和政策鼓励,这一时期的主题展览馆和博物馆进一步增多,但以官办类型为主,这一时期随着 21 世纪全球市场的新经济时代来临,文化创意产业透过经济增长与全球接轨,政府对文化的工具理性达到前所未有的共识,形成关于依托文化的产业转型与城市更新愿景,其角色也逐渐转换成辅助文化创意产业市场的发展,引导民间文化机构组织,透过公共参与形塑文化软实力。因此,主流官办的文化机构在这一阶段以地方特色的策略大量出现,相关的博物馆都在这一阶段建立起来,如杭州南宋官窑博物馆、中国财税博物馆和杭州西湖博物馆,这些博物馆都以相关主题作为主要的陈列设计线索,如南宋官窑博物馆以陶瓷文化为主题,主要展出历代具有代表性的陶瓷文物、南宋官窑文物和仿古瓷精品。西湖博物馆是全国第一座湖泊类专题博物馆,以西湖的山水、人文、浚治和影响五部分组成。中国财税博物馆是全国首家财税主题博物馆,以各地各历史时期的税票和钞票作为主要的陈列物品。

另外,文化机构也依据不同群体逐步形成其特色化。如杭州市老年活动中心是杭州市委、市政府为全市老人建立的公益性活动场所,占地 8444 平方米,内设阅览室、书画室、棋牌室、电脑室、台球室、康乐球室、乒乓球室、多媒体教室、保健室、理发室、健身房、聊天吧、排练厅、舞厅 (多功能厅) 等娱乐、保健、教学设施等,同时还开设有老年大学课程,建立了服饰表演、乒乓球、游泳、舞蹈、唱歌、武术、书画、摄影、旅游文化等 10 多个团队,定期组织老年人开展活动,目前已开设 30 门课程、

60个班级,成为全市老年人的培训教育中心和公益服务中心[①]。

(四)2011—2017年:民办非企业与文化服务机构的公益性共享合作

这一阶段的文化机构建设展现为民办非企业的进一步增多,以及民办非企业与政府部门的进一步合作。浙江赛丽美术馆是浙江省目前唯一经省文化厅、省民政厅审批通过的一家民营公益性美术馆。2012年由夏赛丽女士创建。以收藏、展示、研究传统水墨艺术为主要立馆学术方向,占地5000多平方米,主体建筑共八层,设有主展厅、多功能厅、艺术家交流区、艺术家工作室、艺术商店、艺术家俱乐部等。上城区"匠·无界"非物质文化遗产展示厅则是杭州丰平文化创意有限公司在杭州市非物质文化遗产保护中心的指导下建设的,它同时还与杭州博乐工业产品设计有限公司共同建立非遗设计孵化基地,为非遗的产业化和非遗再设计的可持续化探索新合作模式。

另外,展现出资源与空间的深度开发和共享。吴山文化公园在2015年3月开始启动建设,占地15000平方米,公园主体可分为学习阅读、文艺演出、运动健身等功能区,文艺广场、雷锋广场和读书广场是三个主题场所。吴山文化公园的建立时间在杭州市筹备G20峰会期间,杭州提出"当好东道主,喜迎G20"的口号,"希望建设一批主题突出的城市文化公园,通过城市公共文化空间的打造,提升城市文化品位",这是宣传部相关负责人在被问及吴山文化公园的建立初衷时所解释的。对文化主题的突出和植入,是吴山文化公园不同于以往城市公园的亮点,如"一带一路"主题地雕,文化长廊与杭州文化名人的诗词碑刻等。这一阶段成立的葛瑞德书画艺术馆在地图上未能找到具体位置,经访谈后了解,该艺术馆在2016年借用湖滨街道的文化活动中心"湖滨家园"举行了开馆启动仪式,主要开展上城区的各类书画艺术公益培训,场地主要是借助上城区的湖滨家园文化活动中心,主要负责人在访谈中谈到,"这是上城区'政府指导、社会联办、资源共享、文化共建'的主导思想体现,启动过程得到了上城区文

---

① 资料来源:田野调查内部资料。

<<< 第五章 上城区公共文化服务的机构行动者：资源张力与空间网络

广新局、民政局和湖滨街道办的大力支持。"

不仅民办非企业努力寻求政府机构的政策与资源支持，上城区文广新局也加大与地区文化企业的合作力度，利用其管理师资力量、闲置场地等资源，建设文化体验点，提供多元文化服务。如位于四宜路的柘木汇艺术家居有限公司为社区白领提供红酒评鉴、电影鉴赏、插花、古琴等文化交友活动；位于高银街的清风坊为社区青少年提供围棋、书画、手工编织等文化培训活动；位于中山中路的一新坊为社区居民提供扎染、陶艺、版画等文化休闲活动。目前，街道已向15个文化体验点授牌①，这些合作形式都在一定程度上改善了资源现状，实现资源与空间的双重流动。

公共文化机构	官方	设施改建	区、街道、社区三级文化站	主题化、特色化设施	资源挖掘与空间利用
	民办		合法性初探	竞争与消亡	拓展产业链
	推动方式	层级建制	市场经济、城市更新	城市名片、规划竞争	资源与空间共享

	1981	1995	2000	2010	2017
公共文化服务	复苏重建 文化生活公共化	自救探索 三级网络	职能重构 制度化	规划为核心 服务推进	在地特色融合 服务标准化

图5.3　上城区公共文化服务机构设施历时性进程表

在上城区公共文化服务的宏观历时性阶段下，上城区公共文化服务机构的建立与推动情形如上图5.3所示。借由脉络梳理，可以看到伴随市场经济区域竞争而逐步兴起的城市更新与本土化在地意识，逐渐纳入官方政策的历程，包括对文化服务机构的规划策略形成、预算分配及推动执行，而另外的产业发展取向的在地文化强调，在这样的政策背景下较易获得政策瞩目，整体脉络呈现出经济论述与文化论述的微妙拉扯。经济竞争与城市发展转型成为机构建立最为重要的推动力，这一点从公共文化服务机构依据时间顺序所呈现的地理位置分布得以体现。公共文化服务机构由上城

---

① 杭州在线.注重群众性文艺活动 整合社会文化资源[EB/OL].杭州在线网站，2017-12-10.

117

区环西湖中心城区位置向外层层扩展建立,这一发展趋势与上城区的经济区域发展过程相一致(图5.2)。在此背景下,由于公共文化服务政策状况的改变,应创设的公共文化服务标准化硬件设施也为资源和空间共享提供了基础,公共部门对公共文化资源的再认识与民办机构对产业布局的谋划在新阶段契合,并以越来越灵活的合作形式推动公共文化服务的提供。值得一提的是,除了在建立时间和推动因素上所体现出了完整的公共文化服务发展历程,所建立的公共文化服务机构在随后所经历的环境变迁和自身的革新也都大致依循上述轨迹。如东坡大剧院、红星剧院等,这类影院、剧院由于文化类型的市场化程度发展较为迅速,机构较为完整地经历了文化市场化的过程与公益性文化职能的出走与回归。

二、上城区公共文化服务机构访问情形的社会网络分析

第四章中对上城区公共文化服务的整体情形进行了历时性的历史叙事分析,并将其大致分为五个阶段。在公共文化服务机构的网络中,可以参照阶段的划分,利用网络分区文件,将公共文化服务机构的节点依据创建年份进行聚类,归纳顶点的离散特征,从而将网络中的各个单一行动者归纳为一类行动者,将公共文化服务机构的历时性特征转化成同一网络中的共时性联结,并进一步分析上城区公共文化服务整体情形的历时性在公共文化服务机构中是否有所体现。

文化价值的输出建立在公共文化服务机构的良好对话基础上(Radbourne, 2002)。为了能够进一步对这些机构所形成的网络有明确的界定,研究采取问卷形式,在对机构的个案访谈的同时,将机构列表发放给公共文化服务机构的访问公众,让其在列表中勾选除目前访问的机构外,最近一月内是否访问过其他公共文化服务机构,只需勾选"是"和"否"(参见附录三),每机构发放25份,共回收问卷675份,其中有效问卷605份。对数据进行处理后,利用Pajek软件将公共文化服务机构合作情形的整体网络描绘出来,并借助年代特征的分区文件将整体网络调整为局部视角,获得图5.4。

度中心性为衡量行动者控制范围大小的指标,度中心性愈高,表示其

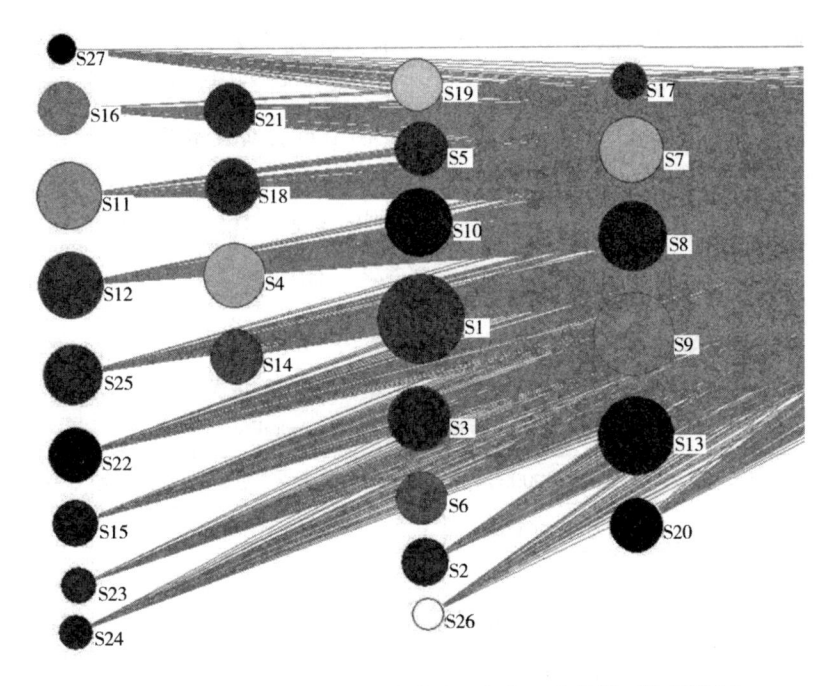

<<< 第五章 上城区公共文化服务的机构行动者：资源张力与空间网络

图5.4 "上城区公共文化服务机构建立年代—合作情形"网络图

在网络中与较多的行动者有所关联，其拥有的非正式权力与影响力也较多。从整体网络图中可以看到，杭州博物馆（S1）处在最为核心的位置，拥有最高的度中心性，其次为杭州图书馆生活主题分馆（S9）和吴山文化公园（S13），这三个公共文化服务机构在上城区的公共文化服务机构的访问网络中拥有最为重要的影响力。

依据时间线索的阶段分析，在1981年以前建立的公共文化服务机构中，杭州市工人文化宫（S11）度中心性最高，而1982—2000年探索阶段所建立的公共文化服务机构相对而言，度中心性普遍不高，胡庆余堂中药博物馆（S4）度中心性最高，在2001—2010年建立的文化机构中，杭州博物馆（S1）度中心性最高，在2011—2016年建立的文化机构中，杭州图书馆生活主题分馆（S9）度中心性最高。

从文化机构类型来看，杭州博物馆作为区域最大博物馆，在区域文化服务及活动中充当了相当重要的角色，杭州图书馆生活主题分馆作为上城区唯一一家图书馆以其重要的类型功能对区域的文化阅读起到关键作用，吴山文化广场作为开放的文化空间以其较高的自由度和综合性的文化功能和参与场地在区域文化活动中成为重要的节点。而美术艺术馆、影剧院和基层文化活动中心在整体网络中的活跃度均不太高，唐云艺术馆（S18）在美术艺术馆中的度中心性最高，东坡大剧院（S14）在影剧院中的度中心性最高，小营街道文化活动中心（S22）在街道文化中心中的度中心性最高。

表5.4 上城区公共文化服务机构访问
情形—入度及出度的度中心性（Centrality Degree）

S1	301.000000	S5	114.000000
S9	267.000000	S21	114.000000
S13	244.000000	S14	112.000000
S8	195.000000	S6	110.000000
S10	180.000000	S19	109.000000
S11	178.000000	S16	107.000000
S7	177.000000	S2	88.000000
S12	174.000000	S15	87.000000
S3	165.000000	S17	59.000000
S4	160.000000	S23	52.000000
S25	142.000000	S24	46.000000
S18	125.000000	S26	43.000000
S20	118.000000	S27	38.000000
S22	116.000000		

接近中心性为测量不同公共文化服务组织的紧密程度，接近中心性越高，表示能越快获取相关信息。在接近中心性的机构中，依然是杭州博物馆（S1）、杭州图书馆生活主题分馆（S9）和吴山文化公园（S13），这三个公共文化服务机构拥有最高的接近中心性，即能最快掌控其他机构的资

讯。其他机构的接近中心性排序也与度中心性一致。

表5.5 上城区公共文化服务机构网络行动者接近中心性（Closeness Centrality）

S1	0.449859	S5	0.346258
S9	0.426649	S21	0.346258
S13	0.412261	S14	0.345408
S8	0.384626	S6	0.344561
S10	0.376893	S19	0.344139
S11	0.375885	S16	0.343299
S7	0.375383	S2	0.335515
S12	0.373885	S15	0.335115
S3	0.369464	S17	0.324293
S4	0.367052	S23	0.321696
S25	0.358625	S24	0.319502
S18	0.351014	S26	0.318417
S20	0.347973	S27	0.316624
S22	0.347113		

中介中心性衡量网络中机构组织之间的互动，中介中心性越高的机构，其引导资讯流动的机会越多，同时也占据了操纵网络中资讯流通的关键性位置（Degenne & Forse, 1999）。在中介中心性中，依然是杭州博物馆（S1）、杭州图书馆生活主题分馆（S9）和吴山文化公园（S13），这三个公共文化服务机构拥有最高的中介中心性，即最能引导网络中的资讯流动，也在资讯流动中占据最关键位置。

表5.6　上城区公共文化服务机构网络行动者中介中心性（Betweenness Centrality）

S1	0.142343	S19	0.023593
S9	0.127119	S5	0.022385
S13	0.111106	S6	0.020124
S10	0.067953	S21	0.018404
S8	0.064863	S14	0.018150
S11	0.051708	S16	0.015527
S18	0.046000	S2	0.011163
S12	0.044325	S15	0.009408
S7	0.043535	S17	0.008219
S3	0.042749	S23	0.003746
S4	0.042231	S24	0.003513
S22	0.036844	S26	0.001566
S25	0.034459	S27	0.001201
S20	0.024008		

表5.7　上城区公共文化服务机构网络行动者总制约数（Aggregate Constraint）

S1	0.003322	S5	0.008772
S9	0.003745	S21	0.008772
S13	0.004098	S14	0.008929
S8	0.005128	S6	0.009091
S10	0.005556	S19	0.009174
S11	0.005618	S16	0.009346
S7	0.005650	S2	0.011364
S12	0.005747	S15	0.011494
S3	0.006061	S17	0.016949
S4	0.006250	S23	0.019231

续表

S25	0.007042	S24	0.021739
S18	0.008000	S26	0.023256
S20	0.008475	S27	0.026316
S22	0.008621		

总制约值越高,行动者在网络已有纽带中撤出的可能性就越小,可利用结构的"自由度"就越低。总制约值最高的公共文化服务机构也与度中心性的结果一致,即杭州博物馆、杭州图书馆生活主题分馆和吴山文化广场,说明网络的整体分布结构比较可靠,分析结果相对吻合,这意味着这三家公共文化服务机构在上城区的整体网络中不仅处于核心位置,而且变动的可能性较小,对其他机构和整体网络行动者的影响比较稳定。

依据度中心性、接近中心性、中介中心性和总制约值的分析结果,将重点对杭州博物馆、杭州图书馆主题分馆和吴山文化广场进行梳理,了解构成其网络核心位置的关键因素。

(一)杭州博物馆:区域综合性博物馆的教育功能转型

博物馆作为公共文化服务机构经历漫长演变,以精致文化(high culture)作为一种资源,除美学品位建构、公众道德提升、调节个体行为社会秩序稳定的基本功能之外,随着近代民主社会发展历程,逐渐扮演着赋予个体自我控制协调能力并促进"公共性"的功能(Chhotray &Stoker,2009),格林希尔(2000)认为公共博物馆作为教育公众并服务于国家的集体利益工具,将知识生产者与消费者分开。杭州博物馆的主管部门为杭州市园林文物局,与杭州西湖风景名胜区管理委员会实行"一套班子、两块牌子"的管理体制,是主要负责西湖风景名胜区的保护、利用、规划和建设的市政府派出机构。杭州博物馆前身为杭州历史博物馆,占地24000平方米,属国家二级博物馆,分南馆与北馆。英国博物馆长协会(National Museum Director Council,2004)认为21世纪后博物馆应扮演多元角色与功能,是一个学习的中心、民众与社区活动的空间、文化理解与研究的机

123

构、创造力的触媒、旅游观光的伙伴,以及创新的事业。杭州博物馆除基础展示杭州建城史和文明史外,目前最主要功能之一为第二课堂①的宣传教育功能及由此产生的社区共建教育功能。

> "杭州博物馆作为全市第二课堂先进基地,每年接待青少年观众10万人次以上。宣教部积极完善馆校联动共建关系,已经连续5年走访杭州8大城区60余所中小学校。在杭州博物馆升级后,开辟了专门的青少年互动展厅。制作'杭州历史文化陈列青少年导览手册''欢乐二课堂——杭州博物馆第二课堂活动手册';升级青少年夏令营,深化'暑期欢乐颂'第二季系列活动。以'讲文物故事,传优秀家风'活动为契机,组织'寻访我们身边的历史文化街区与建筑'亲子游。精心策划的'探寻古钱塘文明——青少年模拟考古'活动项目,获得杭州市第二课堂创新创优奖。"②

杭州博物馆截止到2017年11月30日共接待观众122.4万人次,其中青少年观众33万人次,这与第二课堂的教育功能密不可分,也进一步强化了其服务群体的主题意识。博物馆的主要活动类型倾向于青少年群体的科技普及,如与江干区青少年悦读城合作排演《苏堤春晓》科普剧。参与科协组织的"共筑科技梦,科普快乐行"活动,作"神奇的倒装壶与公道杯"展示;与江干区青少年活动中心,举办"诗意杭州 镜中古今"悦读城走读杭州摄影大赛等。对于基础的展览功能,杭州博物馆则尝试采取众包、众筹、众创的创新策展模式,如与浙江自然博物馆、湖州市博物馆联

---

① 杭州市从2008年开始,探索由政府主导、学校动员引导,以场馆资源整合的方式,推出"第二课堂"行动计划。第二课堂采取财政补助发放免费券的方式鼓励中小学生参加校外活动。全市所有城区共计54万名中小学生凭券每年可免费参加五次及以上第二课堂活动。全市各中小学校把学生参加"第二课堂"活动纳入全市中小学教育计划,纳入学生综合素质评价体系,通过《成长记录手册》(小学和初中)、《综合实践活动评价手册》(普通高中)等记载学生参与活动的内容、过程和成果,积极引导中小学生参加社会实践活动。目前已形成门票电子刷卡系统,记录第二课堂的参与情况。

② 资料来源:田野调查内部资料整理。

合承办"金鸡报晓——鸡年生肖特展"等活动。可以看到，因"第二课堂"基地的政策赋予和财政支配，杭州博物馆的功能发生微妙转变，由传统博物馆转变教育基地和青少年文化活动场所，基础的展览功能被削弱。

同时，博物馆涵盖文化资源，且具有娱乐与教育功能。在此场域提供一种从休闲中得到知识再生的学习方式，同时以时间为尺度的浓缩，将其共同记忆呈现在特定空间，作为历史的空间展现。"第二课堂"计划的初衷是通过合理布局整合杭州的博物馆、纪念馆和科技馆等公益性场馆的教育资源，保证青少年公平接受校外教育的权利，深层次的文化作用是在青少年教育中塑造在地历史文化认同，如同访谈中的博物馆工作人员所言，"如果生活在杭州的学生，连杭州基本情况和自然风貌及人文历史都不清楚，怎么能称得上'爱家乡、爱杭州'？"各种制度措施保障"第二课堂"自上而下的顺利执行。通过专项经费投入的形式予以激励，向全市中小学生发放免费参观券，而免费参观券本身作为一种不熟悉某种参与活动的样品（sample）提升受众的亲近度（Kotler & Scheff，1997）。并将"第二课堂"的德育阵地建设作为全市文明程度指数测评的重要内容，纳入对市直单位、区（县）市的综合考核，纳入区、县（市）党政领导班子考核评价体系，纳入市直单位党委（党组）及其主要领导落实党建工作责任制考核。市教育局也将"第二课堂"工作纳入美丽学校创建和德育教育考核。制度上出台了《第二课堂行动计划》及《活动场馆考核奖励办法》等配套文件，每年对"第二课堂"场馆、基地进行绩效考评。若考评不合格，学生参观数量未能达到1000人次的场馆将退出"第二课堂"场馆名录。因青少年"第二课堂"在杭州的实行，要求中小学将其纳入教育计划和学生综合素质评价体系。其具有一定的强制性色彩，既保证了第二课堂场馆的参观人次，"第二课堂"场馆及活动的年度综合考评约束了杭州博物馆的资源配置方式，也在一定程度上稀释了文化场馆作为文化载体自身价值对其他受众的吸引程度。布莱克（2012）认为博物馆的转变，是将观众转变成使用者，这一转变意味着了解观众的动机期待与需求，并建立良好关系，获得喜爱和关注。第二课堂的免费券参观形式和打卡参观的要求，有助于杭州博物馆挖掘潜在的受众群体（Silber & Triplett，2015），从而稳定了艺术出席率这一目前非常难以保证的资源。因此，主题活动随着受众主体发生倾斜，观众决定了博物馆的活动内容与主题。参与结果的数据在很大程度上受到家庭因素和教育因素的影响。这也提示我们在接下来分析大众作为行动者的文化参与时需将家庭因素，尤其是子女教育因素纳入考察范围。

（二）杭州图书馆生活主题分馆：区域文化服务机构功能完整性与参与自我表达

"图书馆主题分馆作为综合图书馆的一种补充，更加专业、灵活，能够凸显服务的个性化和多元化。"杭州图书馆生活主题分馆的相关负责人L这样谈及主题分馆的建设初衷。事实上，杭州图书馆主题分馆的建设已非常多元，包括电影分馆、佛学分馆、生活主题分馆、科技分馆、环保分馆、运动分馆。从统筹设计思路上观察，既体现出对各城区图书馆资源分布的权衡，也体现出对区域特色文化（如佛学分馆）、多元文化群体公共利益的保护（如运动分馆）等。其中，生活主题分馆是响应杭州市打造"东方休闲之都，生活品质之城"的城市品牌发展战略，在杭州图书馆老馆整修翻新的契机下，提出"建设一座以生活服务为主题的分馆，向市民提供生活信息和城市休闲活动"。2012年7月，生活分馆面向公众开放，依据生活中的各类领域重新建立馆藏体系。从2016年杭州图书馆的统计数据来看，生活主题分馆的借阅量、活动场次和参与人数都是各主题分馆最多的。在深度访谈中，湖滨街道文化站的负责人谈到，"之前的杭州市图书馆搬到市民中心那边之后，上城区就缺少一个图书馆，这个生活主题分馆的建立弥补了这类文化设施的空白。"在文化多样性需求的情境下，多元类型化文化服务机构的存在是保证区域文化服务质量的重要基础，生活主题分馆作为区域内唯一的图书馆，其所承担的区域文化功能被放大。同时，这种高参与度也与主题分馆的活动设计与区域定位有关。除了基本借阅服务外，生活主题分馆根据主题定位推出了以"生活的艺术，艺术的生活"为口号的各类活动，如红酒品鉴系列，园艺手工系列，职场修炼系列，健康生活医生系列，旅行系列，摄影系列等。这些活动涵盖了日常生活的各个方面，并努力塑造一种城市生活方式，这类活动满足一种文化的想象，能够激发受众的参与热情。在活动策划和组织宣传过程中，生活主题分馆鼓励市民的加入，通过招募和培养生活达人，形成经验分享的循环，以生活主题分馆为平台，向居民传送美好生活理想的价值理念。但对比2018年1月的活动信息列表与2017年的活动，主题系列依旧是上述内容，经过两到三年的活动之后，重复的主题让受众参与兴趣降低，使参与度降低，尤其是反复参与的可能性大大降低。从图5.5的统计数据来看，2016年1-12月生活主题分馆共举办活动276场，参与人次24100；2015年同期举办活动302场，参与人次29373；2014年同期举办活动321场，参与人次42540。同比2015年活动场次下降8.61%，活动人次下降17.95%；同比2014年活动场次下降14.02%，活动人次下降49.69%。从这一层面迫使后续的分析进一步关注受众个体的文化体验在文化参与中所扮演的角色，在文化活动中所感受到的文化价值交换如何影响受众的文化参与决定及反复参与的可能。

表5.8 2016年杭州图书馆主题分馆各项数据统计表

部门	外借人次	外借册次	活动场次	活动人次
文献借阅中心	353390	3089764	186	59327
生活主题分馆	148274	577093	552	48200
科技分馆	137416	415081	238	13481
运动分馆	614	9328	70	34366
佛学分馆	471	1764	104	5197
环保分馆	591	1464	20	3088
电影分馆	0	0	177	11258

资料来源：本研究依据《杭州市图书馆统计年鉴》整理

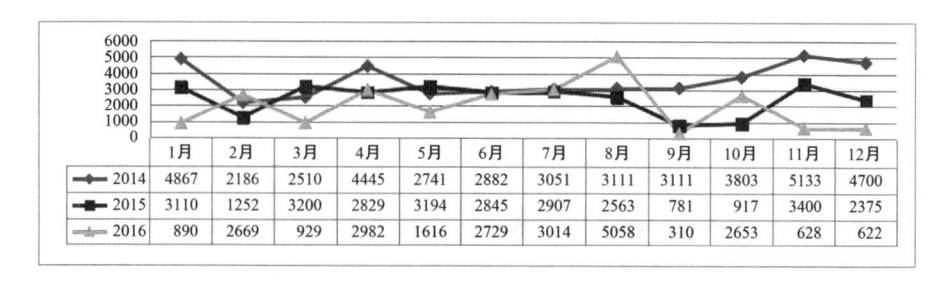

	1月	2月	3月	4月	5月	6月	7月	8月	9月	10月	11月	12月
2014	4867	2186	2510	4445	2741	2882	3051	3111	3111	3803	5133	4700
2015	3110	1252	3200	2829	3194	2845	2907	2563	781	917	3400	2375
2016	890	2669	929	2982	1616	2729	3014	5058	310	2653	628	622

图 5.5　杭州图书馆生活主题分馆读者活动参与情况同比曲线图

资料来源：本研究依据《杭州市图书馆统计年鉴》整理

（三）吴山文化公园：历史记忆与开放空间的文化参与

吴山文化公园位于吴山广场西南侧的文化广场区块，背靠城隍阁，东临吴山，西邻清波门社区，南临中国财税博物馆，北接吴山广场主广场，占地总面积1.5万平方米。所在位置前身是吴山广场的文化区块。所处位置为上城区的生活重心，与过去的历史记忆联结，有非常清晰的可供诉说的空间脉络。

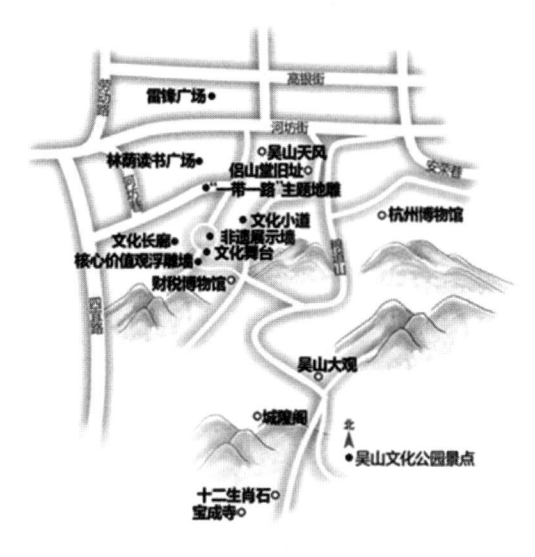

图 5.6　吴山文化公园区位及结构图

<<< 第五章 上城区公共文化服务的机构行动者：资源张力与空间网络

整体文化公园的设计初衷，围绕上城区的文化特色和历史元素展开，如在沿山文化小道增设了以苏轼、白居易等与杭州有关的文化名人的诗词碑刻，在文化长廊内布置了反映杭州民俗的铜版画和楹联，修复"九眼井"古井文化旱喷景观，邀请朱炳仁雕塑中国古琴（浙派）代表人物徐元白铜像，集中展示杭州市悠久的历史文化底蕴。但在具体的呈现功能上，更多地结合了宏观政策背景与宣传动员，如设置"一带一路"主题地雕，通过丝绸之路路线图、指南针、瓷器等雕塑，描述"一带一路"历史，树立核心价值观浮雕墙，运用活字印刷术石雕艺术形式展示社会主义核心价值观24字。除此以外，文化公园主要是作为免费文化活动空间服务群众。如文艺广场的全天候文化舞台，加盖风雨顶棚并同步提升音响灯光配置，定期开展"百团百场"公益文艺演出，邀请基层文艺团队演出等。

三、上城区公共文化服务机构资源宽裕社会网络分析

在前述文献梳理中已回顾了资源宽裕的主要概念和类型及其在组织创新发展中的相关探讨。宽裕资源指现存资源与总需求资源间的差额，是组织对抗内外部环境压力的缓冲（Cyert & March，1963），也是组织创新的重要影响因素（Bourgeois，1981；Nohria &Gulati，1996；Singh，1986），且不同的宽裕资源类型对于组织风险的承担意愿和创新动力也有着不同的影响。本研究结合上述章节对上城区公共文化服务机构的个案分析，考虑到资料可得性和适用性，将参考辛格的宽裕资源分类，将上城区公共文化服务机构的宽裕资源分为已吸附宽裕资源和未吸附宽裕资源，分类的标准即是否已被定点指派用于达成某项公共文化服务目标或主题文化宣传任务。在此语境下，强调的是上城区公共文化服务机构对公共资源的依赖性，即对组织机构资源的可移动性（mobility）和再配置能力（redeployment）（Gremm & Smith，1991；Singh，1986；Voss et al.，2008）。已被吸附的宽裕资源相对于未被吸附的宽裕资源而言，属于既定任务的专属资源（Tan & Peng，2003），被转换为其他用途的弹性较低，较难在组织的转型中提供即时的效果，但在长期的竞争中具有稳定绩效表现的作用。未吸附宽裕资源作为即刻宽裕资源，则具备良好的动态调试能力（Peng，2003；Zajac et al.，2000）。根据个案深度访谈内容和上节对机构变迁的历史梳理，将已被吸附的宽裕资源和未被吸附的宽裕资源做以下归纳分类（表5.9），依据个案分析和访谈的结果，参照分类标准，以相应公共文化服务机构是否存在各类资源宽裕形式分别记为"1"和"0"，形成上城区公共文化机构的资源宽裕结构矩阵（表5.10）。

表5.9 上城区公共文化服务机构宽裕资源类型与编码

衡量分类	衡量子项
已被吸附宽裕资源（Absorbed Slack）	A1.1 运营政府资金支持
	A1.2 政府硬件设施支持
	A1.3 政策支持保证固定客源
	A1.4 组织事业编制人员
	A1.5 配合行政命令的主题活动及支出
	A1.6 自由访问（free access）的财政补贴
未被吸附宽裕资源（Unabsorbed Slack）	A2.1 创收盈余
	A2.2 产业链拓展硬件设施
	A2.3 自主声誉吸引稳定参与群体
	A2.4 非编制专业技术人员与志愿者
	A2.5 机构自主策划活动支出备用金
	A2.6 组织声望吸引业界文化资源

资料来源：本研究整理

表5.10 上城区公共文化服务机构—资源宽裕单模结构矩阵

公共文化服务机构 \ 宽裕资源类型	1.1	1.2	1.3	1.4	1.5	1.6	2.1	2.2	2.3	2.4	2.5	2.6
S1：杭州博物馆	1	1	1	1	1	1	1	0	1	1	1	1
S2：中国财税博物馆	1	1	1	1	1	1	1	0	1	0	1	1
S3：南宋官窑博物馆	1	1	1	1	1	1	1	0	1	0	1	1
S4：胡庆余堂中药博物馆	1	0	1	0	0	1	1	1	1	1	1	1

续表

宽裕资源类型 公共文化服务机构	1.1	1.2	1.3	1.4	1.5	1.6	2.1	2.2	2.3	2.4	2.5	2.6
S5：杭州西湖博物馆	1	1	1	1	1	1	1	0	1	0	1	1
S6：杭州近代教育史陈列馆	1	0	1	0	1	0	0	0	1	1	1	1
S7：杭州市非物质文化遗产展示厅	1	1	0	1	1	0	1	0	1	0	1	1
S8：上城区"匠·无界"非物质文化遗产展示厅	1	1	0	0	1	0	1	1	1	1	1	1
S9：杭州图书馆生活主题分馆	1	1	1	1	1	1	0	1	0	1	1	1
S10：杭州市老年活动中心	1	1	0	0	0	1	1	1	0	1	1	0
S11：杭州市工人文化宫	1	1	1	1	1	1	0	0	1	1	1	1
S12：上城区文化馆	1	1	1	1	1	1	1	0	1	0	1	1
S13：吴山文化公园	1	1	1	0	1	1	1	0	1	1	0	1
S14：东坡大剧院	0	1	0	0	1	0	1	1	1	1	1	1
S15：红星剧院	0	1	0	0	1	0	1	1	1	1	1	1
S16：浙江胜利剧院	0	0	0	0	1	0	1	1	1	1	1	1
S17：杭州市上城区葛德瑞书画艺术馆	0	1	1	0	1	0	1	0	1	1	1	1
S18：唐云艺术馆	1	1	0	1	1	1	1	0	1	0	1	1
S19：浙江美术馆	1	1	0	1	1	1	1	0	1	1	1	1
S20：浙江赛丽美术馆	0	0	0	1	1	1	1	0	1	1	1	1
S21：社区文化活动中心	1	1	1	1	1	1	0	0	1	1	1	1
S22：街道文化活动中心	1	1	1	1	1	1	0	0	1	1	1	1

上述列表中的宽裕资源类型，参照资源宽裕的具体类型可进一步归纳为四类：

（1）财务资源宽裕：可以透过多种方式在组织内部产生（"A1.1 运营政府资金支持""A1.5 配合行政命令的主题活动及支出""A1.6 自由访问（free access）的财政补贴"），或是从外部各种市场机制取得（"A2.1 创收盈余""A2.5 机构自主策划活动支出备用金"），故财务宽裕资源是宽裕资源中最容易调整的。例如，创收盈余等流动资金可供组织回应市场导向、改变发展策略等；

（2）营运宽裕资源：属于资源稀少性的宽裕资源，可从组织中尚未使用或正在使用而未充分利用（"A1.2 政府硬件设施支持""A2.2 产业链拓展硬件设施""A2.6 组织声望吸引业界文化资源"）的资源中取得，营运宽裕资源相较于财务资源宽裕，其在短时间较难重新分配与调整至其他用途；

（3）顾客相关宽裕资源：属于资源稀缺性高的宽裕资源，此类资源较无法快速取得，无法从市场竞争的运营和财务资源宽裕中获得（Barney，1989；Dierick & Cool，1989），必须透过政策稳定支持（"A1.3 政策支持保证固定客源"）、长期经营积累的声誉和信任感的建立（"A2.3 自主声誉吸引稳定参与群体"）而获得（Adler & Kwon，2002；Barney & Hansen，1994）。因此，顾客相关宽裕资源强调顾客间关系在组织中转化而成的资本（Adler & Kwon，2002）；

（4）人力资源宽裕（Human Resource Slack）：属于资源稀少性高的宽裕资源，指的是专门（"A1.4 组织事业编制人员"）和熟练的（"A2.4 非编制专业技术人员与志愿者"）人力资源，并拥有核心创造长期竞争优势的专业化人力（Barney，1991）。短期内在组织中的人力资源宽裕也较难进行重新配置。

（一）上城区公共文化服务机构资源宽裕网络整体分析

利用 Pajek 实现网络可视化图 5.7 如下。

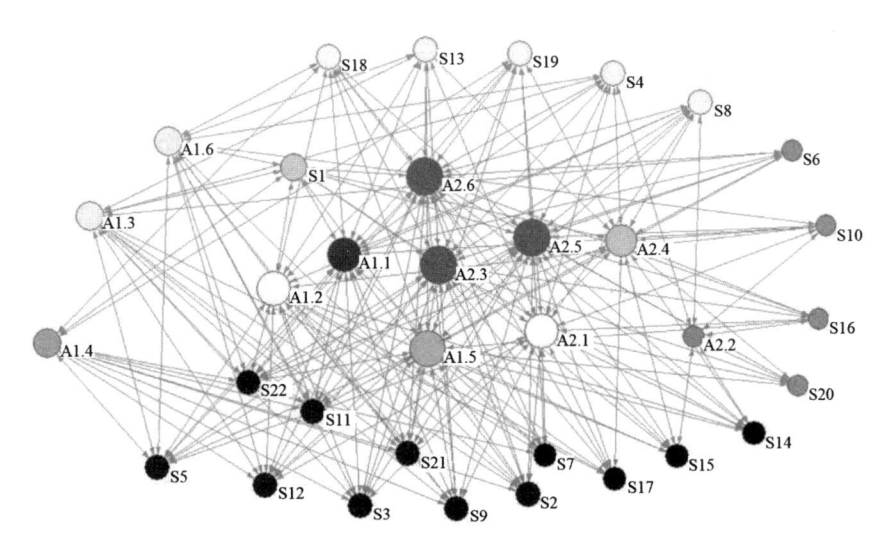

第五章 上城区公共文化服务的机构行动者：资源张力与空间网络

图 5.7　上城区公共文化服务机构宽裕资源社会网络图

本研究主要探讨宽裕资源属性分配对上城区公共文化服务机构的影响，因此后续主要以出度（Outdegree）为主要分析依据。

表 5.11　上城区公共文化服务机构资源宽裕网络—度中心性分布（Degree Centrality）

	出度（Outdegree）	入度（Indegree）
Mean	5.7647	5.7647
Sum	196.000000	196.000000
Minimum	0.000000	0.000000
Maximum	11.000000	21.000000
Network Centralization	16.345271%	47.566575%

表 5.12　上城区公共文化服务机构资源宽裕网络—出度中心性

S1：杭州博物馆	11.000000
S11：杭州市工人文化宫	10.000000
S12：上城区文化馆	10.000000
S2：中国财税博物馆	10.000000

133

续表

S21：社区文化活动中心	10.000000
S22：街道文化活动中心	10.000000
S3：南宋官窑博物馆	10.000000
S5：杭州西湖博物馆	10.000000
S9：杭州图书馆生活主题分馆	10.000000
S13：吴山文化公园	9.000000
S18：唐云艺术馆	9.000000
S19：浙江美术馆	9.000000
S4：胡庆余堂中药博物馆	9.000000
S8：上城区"匠·无界"非物质文化遗产展示厅	9.000000
S14：东坡大剧院	8.000000
S15：红星剧院	8.000000
S17：杭州市上城区葛德瑞书画艺术馆	8.000000
S7：杭州市非物质文化遗产展示厅	8.000000
S10：杭州市老年活动中心	7.000000
S16：浙江胜利剧院	7.000000
S20：浙江赛丽美术馆	7.000000
S6：杭州近代教育史陈列馆	7.000000

资源宽裕网络的度中心性中（表5.12），S1（杭州博物馆）处于资源宽裕的核心位置，S11（杭州市工人文化宫）、S12（上城区文化馆）、S2（中国财税博物馆）、S21（社区文化活动中心）、S22（街道文化活动中心）、S3（南宋官窑博物馆）、S5（杭州西湖博物馆）、S9（杭州图书馆生活主题分馆）居于网络第二梯队位置，S13（吴山文化公园）、S18（唐云艺术馆）、S19（浙江美术馆）、S4（胡庆余堂中药博物馆）、S8（上城区"匠·无界"非物质文化遗产展示厅）居于网络第三梯队位置，S14（东坡大剧院）、S15（红星剧院）、S17（杭州市上城区葛德瑞书画艺术馆）和

<<< 第五章 上城区公共文化服务的机构行动者：资源张力与空间网络

S7（杭州市非物质文化遗产展示厅）居于网络第四梯队位置，S10（杭州市老年活动中心）、S16（浙江胜利剧院）、S20（浙江赛丽美术馆）、S6（杭州近代教育史陈列馆）处于网络最后的位置。由此得知，依据资源宽裕程度在网络中的位置分类，第一、二类机构多为文化事业单位直属或主管文化机构，已被吸附宽裕资源占据机构的宽裕资源主体，这类机构目前在网络中最有资源影响力，与网络中的其他机构联系最多也最紧密，拥有的非正式权力较多。第三类机构多为主题博物馆或艺术馆，因在网络中掌握的已被吸附的宽裕资源与第一、二类主体相比受到限制，第四、五类公共文化服务机构多为民办非企业和企业性质的机构。如"南宋官窑博物馆2017年全年新开发、引进陶瓷类文创产品、衍生产品30多款，积极参加各类展示展销会。其中，仿南宋官窑莲花洗在第12届中国（义乌）文化产品交易会荣获工艺美术银奖。南宋官窑博物馆尝试线上销售模式，通过馆内微信平台和与西湖晓蛮腰合作策划了两场线上营销活动。同时，南宋官窑博物馆也与社会知名文创公司合作，利用品牌优势，推出系列衍生产品。其全年文创经济收入同比翻倍增长"[①]。值得探讨的是，与上一章节的财政支出层级与公共文化服务事项的网络关系类似，在正式组织中层级较高的文化机构反而相较于社区、街道的文化机构所及的宽裕资源权力更低，如浙江美术馆相较于如社区、街道文化活动中心反而度中心性更低，杭州市非物质文化遗产展示厅相较于上城区"匠．无界"非物质文化遗产展示厅的度中心性也更低，在网络中对其他在地文化机构的影响力反而较弱于基层公共文化服务机构。一方面是由于在地文化资源对在地层级的公共文化服务机构的倾斜，另一方面也是在地文化服务机构与地方长期镶嵌的社会资本与文化近用在资源宽裕网络中发挥作用。表5.13反映出的网络接近中心性与度中心性的情形一致，在网络中对资源和其他机构影响最大的公共文化服务机构同样拥有着与其他机构更易接近的途径，对网络资源和资讯的获取能力都更高，这与机构的所属性质有直接的关联，具备文化事业单位性质的机构更易与其他文化机构发生联系，且具有层级影响力，

---

① 资料来源：田野调查内部资料整理。

在文化政策支持和政策信息传达过程中都具有优先获取权。例如，杭州市老年活动中心，其隶属机构为民政局，其他文化类民办非企业也在审批和监管程度上更多与民政局发生关联，其对公共文化服务机构的共同体认知在最初的机构序列分类时就被割裂，在与其他文化服务机构进行沟通和交流时已被隐形屏障所区隔，无论是在资源共享还是信息获取方面，都与其他文化机构产生距离，这也是这类机构组织在资源宽裕网络中所属位置较低的重要原因。

表5.13 上城区公共文化服务机构资源宽裕网络—出度接近中心性

S1：杭州博物馆	0.352941
S11：杭州市工人文化宫	0.323529
S12：上城区文化馆	0.323529
S2：中国财税博物馆	0.323529
S21：社区文化活动中心	0.323529
S22：街道文化活动中心	0.323529
S3：南宋官窑博物馆	0.323529
S5：杭州西湖博物馆	0.323529
S9：杭州图书馆生活主题分馆	0.323529
S13：吴山文化公园	0.294118
S18：唐云艺术馆	0.294118
S19：浙江美术馆	0.294118
S4：胡庆余堂中药博物馆	0.294118
S8：上城区"匠·无界"非物质文化遗产展示厅	0.294118
S14：东坡大剧院	0.264706
S15：红星剧院	0.264706
S17：杭州市上城区葛德瑞书画艺术馆	0.264706
S7：杭州市非物质文化遗产展示厅	0.264706
S10：杭州市老年活动中心	0.235294
S16：浙江胜利剧院	0.235294

第五章 上城区公共文化服务的机构行动者：资源张力与空间网络

续表

| S20：浙江赛丽美术馆 | 0.235294 |
| S6：杭州近代教育史陈列馆 | 0.235294 |

为进一步分析两类不同的宽裕资源在网络中的不同作用，整理入度中心性表格如5.14。

表5.14 上城区公共文化服务机构资源宽裕网络—入度中心性

未被吸附宽裕资源	A2.3 自主声誉吸引稳定参与群体	21.000000
	A2.5 机构自主策划活动支出备用金	21.000000
	A2.6 组织声望吸引业界文化资源	21.000000
已被吸附宽裕资源	A1.5 配合行政命令的主题活动及支出	20.000000
	A1.2 政府硬件设施支持	18.000000
未被吸附宽裕资源	A2.1 创收盈余	18.000000
已被吸附宽裕资源	A1.1 运营政府资金支持	17.000000
未被吸附宽裕资源	A2.4 非编制专业技术人员与志愿者	15.000000
已被吸附宽裕资源	A1.3 政策支持保证固定客源	13.000000
	A1.6 自由访问（free access）的财政补贴	13.000000
	A1.4 组织事业编制人员	12.000000
未被吸附宽裕资源	A2.2 产业链拓展硬件设施	7.000000

上表中，未被吸附宽裕资源相较于已被吸附资源在网络格局形成中占据更核心的地位，即对文化服务机构的权力位置形成更为显著。已被吸附的宽裕资源中，"A1.5 配合行政命令的主题活动及支出"具有最高的度中心性。在整体网络的已被吸附宽裕资源中，行政命令形成的自上而下的活动组织形式依然是型构组织已被吸附宽裕资源最重要的组成部分，可以认为是组织形成公共资源依附最重要的纽带或表现形式，即使是文化类民办非企业，如赛丽美术馆，也在活动层面大量响应主题式动员号召以确保自

137

身的合法性地位。而文化事业单位由于占有大量已被吸附的宽裕资源，在组织活动层面受到资源压力和层级压力，响应自上而下的主题式动员活动更是其确保获得更多已被吸附的宽裕资源的重要途径。另外，"A2.2产业链拓展硬件设施"作为未被吸附宽裕资源，在网络中的影响力最小，这与公共文化机构性质相关，其公共性性质是合法性来源，也是形成宽裕资源最重要的基础。近年来，公共文化机构虽不断拓展文创产业周边产品积累收入盈余，但在硬件设施上，尤其是空间资源本身仍保证其公共性功能，暂未实现产业化。

（二）上城区公共文化服务机构资源宽裕网络与访问情形网络的对比分析

资源宽裕网络是上城区公共文化服务机构内在资源配置及权力格局的重要体现，对机构自身的发展和上城区公共文化服务机构集群的发展都起到重要作用，是资源权力结构的在地化体现。但同时，这一资源理性或经济理性并不形同市场经济企业等表现为完全的因素关系，公共文化服务机构更多的是镶嵌在地方文化互动与文化参与的延续关系中，而文化参与情形本身也是公共文化服务机构在地影响力的重要构成部分。因此，有必要将上节公共文化机构的访问情形网络与资源宽裕网络进行对比分析（表5.15），通过个案上的差异来分析机构的资源宽裕与其被访问量之间的互动影响。

表5.15 上城区公共文化服务机构宽裕资源与访问情形网络中心性对比

机构设施	资源宽裕网络度中心性	访问情形网络度中心性
S1：杭州博物馆	11.000000	301.000000
S11：杭州市工人文化宫	10.000000	178.000000
S12：上城区文化馆	10.000000	174.000000
S2：中国财税博物馆	10.000000	88.000000
S21：社区文化活动中心	10.000000	114.000000
S22：街道文化活动中心	10.000000	116.000000
S3：南宋官窑博物馆	10.000000	165.000000
S5：杭州西湖博物馆	10.000000	114.000000

<<< 第五章 上城区公共文化服务的机构行动者：资源张力与空间网络

续表

机构设施	资源宽裕网络度中心性	访问情形网络度中心性
S9：杭州图书馆生活主题分馆	10.000000	267.000000
S13：吴山文化公园	9.000000	244.000000
S18：唐云艺术馆	9.000000	125.000000
S19：浙江美术馆	9.000000	109.000000
S4：胡庆余堂中药博物馆	9.000000	160.000000
S8：上城区"匠·无界"非物质文化遗产展示厅	9.000000	195.000000
S14：东坡大剧院	8.000000	112.000000
S15：红星剧院	8.000000	87.000000
S17：杭州市上城区葛德瑞书画艺术馆	8.000000	59.000000
S7：杭州市非物质文化遗产展示厅	8.000000	177.000000
S10：杭州市老年活动中心	7.000000	180.000000
S16：浙江胜利剧院	7.000000	107.000000
S20：浙江赛丽美术馆	7.000000	118.000000
S6：杭州近代教育史陈列馆	7.000000	110.000000

从上表的网络度中心性的对比可以看到，在资源宽裕网络中与访问情形网络中：(1) 权力位置比较一致的机构（5个，22.73%）主要为：S1（杭州博物馆）、S9（杭州图书馆生活主题分馆）、S4（胡庆余堂中药博物馆）、S8（上城区"匠·无界"非物质文化遗产展示厅）、S14（东坡大剧院）。其中，S1（杭州博物馆）的资源宽裕程度和访问情形都处于网络最核心位置，资源宽裕与固定访问量形成良性互动关系，相互促进。S9（杭州图书馆生活主题分馆）因其在区域文化机构中的特质性和功能不可替代性，利用广泛开展宽裕资源能够吸引当地居民参与的文化主题活动，从而

也保证了在网络中相对核心的位置。S4（胡庆余堂中药博物馆）、S8（上城区"匠·无界"非物质文化遗产展示厅）和S14（东坡大剧院）则在更大程度上通过未吸附性宽裕资源，尤其是自身主题独特性所吸引的其他文化资源的应援，保证了与资源结构位置相匹配的机构访问量；（2）资源宽裕网络权力位置低于访问情形网络位置的机构（6个，27.27%）主要为：S13（吴山文化公园）、S7（杭州市非物质文化遗产展示厅）、S10（杭州市老年活动中心）、S16（浙江胜利剧院）、S20（浙江赛丽美术馆）、S6（杭州近代教育史陈列馆）。其中，权力结构位置差距最大的为S10（杭州市老年活动中心），在资源宽裕网络中居于最末等级，但在访问情形中居于第三等级，主要的原因是机构所属的行政主管部门所形成的与其他文化机构共同体之间的信息与资源屏障，影响未吸附性资源的积累。但同时，因其硬件设施规模和空间功能的完善，以及针对老龄群体的高公共文化活动需求和参与意愿，在资源宽裕与访问量之间形成较大反差。S13（吴山文化公园）相较于同资源宽裕位置的其他文化服务机构，访问量较多的主要原因在于其空间开放性设计对参与意愿的影响及已被吸附宽裕资源（尤其是作为"文化大舞台"的固定场所提供免费文艺演出）的促进；（3）资源宽裕网络权力位置高于访问情形网络位置的机构（9个，40.91%）主要为：S2（中国财税博物馆）、S21（社区文化活动中心）、S22（街道文化活动中心）、S3（南宋官窑博物馆）、S5（杭州西湖博物馆）、S18（唐云艺术馆）、S19（浙江美术馆）、S15（红星剧院）、S17（杭州市上城区葛德瑞书画艺术馆）。其中，权力位置差距最大的为S2（中国财税博物馆）和S22（街道文化活动中心），两者都处在资源宽裕网络较高的权力位置，但访问量的权力结构却较居于最末等级。在对比图5.8中，能够更进一步清晰看到，与宽裕资源网络结构的权力位置和趋势完全背离的是S2（中国财税博物馆）、S21（社区文化活动中心）、S22（街道文化活动中心），三者宽裕资源网络位置越核心，访问情形网络的位置越边缘。由于三者作为文化事业单位的直属机构，主要的宽裕资源构成已被吸附宽裕资源，其对公共资源的依赖丧失其作为服务机构的创新性可能，并在回应性方面表现出较大的延迟。而已被吸附宽裕资源中最为核心的主题式活动，可能降低了受众的参与意愿,这种对文化参与的影响机制还需要通过后续章节的文化参与讨论进一步深化。

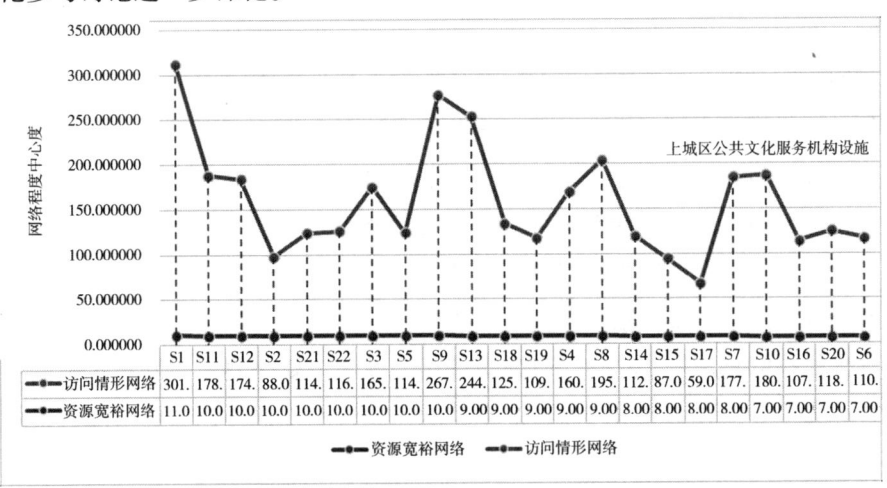

图 5.8 上城区公共文化服务机构宽裕资源与访问情形网络中心性对比图

四、小结与讨论

"空间"是被社会过程所结构的产物,空间是"社会运作的所在与反映"。空间的社会过程,表现了社会组织的每种类型和时期的决定因素(Castells,1977)。地理与规划文献中关于地方的意义以及对地方可持续性的管理形式有着非常多的探讨(Gillen,2004;Healey,2004),地方的意涵也存在不同的面向(Dreier, Mollenkopf, & Swanstrom, 2004;Florida, 2002b;Graham & Healey, 1999;Madanipour, Healey, & Hull, 2001)。在公共文化服务语境下,地方对应区域文化规划和发展,是对所包含的可追寻的多重文化品质的区域空间认同。"地方具体建设环境的发展,往往被国际资本流动的抽象市场所决定,如何重塑空间的社会价值则成为各国城市发展的重要课题。"(Zukin,1996)特定的文化空间,会因特定的时空、社会情境因素,由特殊的地景、事物的自主性运作,成为公共论述生产或建构社会关系的重要场所,并主导地方一部分地域文化内容与历史。由上城区公共文化服务机构的地理、访问与宽裕资源分析得出结论:

（1）既有大量文献已支持认为公共文化服务机构的市场导向与社会绩效表现之间存在显著的正相关（Carmen & María José，2008），但在两者之间存在模糊的中间阶段。上城区公共文化服务机构的时空分析和网络呈现表明，为了强化机构组织存在的有效性和合法性，在组织战略和行动上必须对市场导向有所回应和着力。这种市场导向包含参观者导向、资金赞助导向和竞争导向。其中，参观者导向是指机构在运营时希望能为访问者创造价值、服务能让访问者满意、满足访问者的需求并以访问者需求为资源进行挖掘，如杭州博物馆因"第二课堂"的受众主体变化而转变自身功能和活动主题。资金赞助导向包含希望为财政支出机构提供价值、满足财政支出机构的预期等，这种财政激励贯穿上城区主要公共文化服务机构的变迁。竞争导向强调通过合作保证服务的完整性和多样性，如杭州图书馆在上城区的生活主题分馆，其存在的意义即实现区域文化机构的完整性，也因此获得了竞争优势。市场导向是创新的逻辑起点，而不断地创新或变迁是驱动文化机构从市场导向到社会价值目标达成的必要路径，技术和组织管理的创新成为提升公共文化机构影响的最重要方式。

（2）公共文化机构的资源宽裕对公共资源依赖，应当在组织网络和文化服务提供中被重视。这种公共资源的依赖在资源宽裕中表现为已被吸附资源和未被吸附资源两类不同性质资源对机构提供公共文化服务的不同影响。在表现形式上，已被吸附资源是对公共资源依赖的具体化，按照对整体网络资源权力的影响大小，分别为配合行政命令的主题活动及支出、政府硬件设施支持、运营政府资金支持、政策支持保证固定客源、自由访问（free access）的财政补贴和组织事业编制人员。其中，配合行政命令的主题活动及支出作为已吸附宽裕资源重要来源，在保障机构合法性和自上而下政策动员重要的政策工具层面已从公共文化服务包括到政策系统之中，成为公共文化机构与行政主管部门最强有力的纽带形式。既有研究关于机构的公共资源依赖，主要对政府与非营利机构的合作建立了多样的分析框架，包括工具途径（Salamon & Lester，1995），治理途径（Frederickson & Smith，2003；Kettl，2002）和合作途径（Brinkerhoff & Jennifer，2002），从而分析两者之间的行政与财政纽带。对于公共文化机构与政府的合作，目前仍存在两大争议：一种观点认为这种合作有利于创造更多的文化发展机会；另一种观点认为这会致使政府对文化活动的控制和艺术自由事实上的妥协（Moon，2001）。因此，政府介入文化机构的边界和程度尚存争议（Zimmer, Annette & Toepler, 1999）。Jung（2007）从自主性与合法性两方面实证认为，公共文化机构对公共资源的依赖一方面会削弱其自主性，另一方面会增强合法性，两者的矛盾和张力构成了组织机构的转型和创新。对上城区公共文化服务机构而言，其与政府的合作更多的是对已被吸附宽裕资源的稳定供给依赖以及合法性的诉求，这种合法性包含构成的合法性和社会政治的合法性，构成的合法性强调其密度依赖可能，即同类型的机构之前存在的合法性竞争，这一点在文广新局的文化类民办非企业和社会团体登记的受理条件中也有所表现，"在同一行政区域内没有业务范围相同或者相似的社会团体和组织"。社会政治合法性则通过公共文化机构的组织表现与政府期待之间的吻合情形来建立。上城区公共文化机构的同质性主要存在于各类型的主题博物馆和艺术美术馆之中，在资源宽裕网络中处于较为薄弱的权力位置，争取与政府部门的合作提升其合法性的工具，也是重要竞争手段，如各美术馆展览馆都将政策宣传的主题展览作为重要的活动内容，与政府实现合作。"赛丽美术馆近几年举办了建党九十五周年美术展、五水共治美术作品展等弘扬社会主义核心价值观的各类展览。"[①] 公共文化机构过度依赖私人资源或公共资源都将在转型与变革中相较于将两者结合的组织面临更大的困难（Camarero, Garrido, & Vicente, 2011）。而在公共资源领域与政府的合作，一方面增强了组织的资源宽裕的稳定性和持续性，另一方面则会在后续阶段降低组织自身运营能力和创新动力，导致资源及资源聚集能力降低。而当资源水平降低与合法性程度升高到交叉位置时，公共文化组织便会寻求改革突破，上节梳理的公共文化服务机构的变迁历史过程和推动力清晰地展现了这一点。

（3）公共文化服务机构并不完全遵照经济理性逻辑在资源宽裕与访问量之间形成映射一致的关系，因其所具有的在地社会资本、空间竞争的不

---

① 资料来源：田野调查内部资料整理。

同及文化参与本身不同于其他消费行为的重要认知，使公共文化服务机构的资源宽裕与访问情形并不完全一致。局限在地理空间意象并与行政单位重叠，一定程度上阻碍共同体意识的形成。中央与地方的框架性区域发展规划在不断强化的市场化回应的发展逻辑，使基层社区空间的在地能动性难以开展，以公共文化服务导向教育推广形式为主，与公众访问公共文化服务机构的文化寄托及自我满足有一定落差，影响公众反复文化参与意愿。而既有公共文化服务的资源配置和机构宽裕资源与正式组织各异的镶嵌关系，使得地方公共文化服务机构难以走向在地文化共识和真正意义上的资源共享，在产业行为以外深耕文化内涵。在高资源宽裕与低访问量的机构中，普遍存在对已被依附宽裕资源的过度依赖，致使公共文化活动的自主性和创新性降低，难以对文化参与行为和文化环境变化做出快速回应，往往活动主办动机为执行上级主管部门提供的预算，资源宽裕的网络权力中心也是资讯的统筹协调中心；在低资源宽裕与高访问量的机构中，主管部门的差异造成其与在地文化服务机构共同体之间的信息与资源屏障，难以形成有效的未被依附宽裕资源的形成路径；同时，在硬件设施和空间设计上形成独特的已被吸附宽裕资源优势，增强了吸引文化参与的可能。但资源宽裕与访问情形之间的不一致，也是在后续章节进一步从文化参与视角分析参与行为形成的可能因素，弥合两者之间的距离。

第六章

上城区公共文化服务的公众行动者：行动机制与参与网络

"原型的不存在，创造出了没有原型的复制品。"

——士郎正宗《攻壳机动队》

此章节的重点将放置在网络分析的另一个焦点，即公众参与的网络结构分析上。具体而言，本章将使用文化参与的焦点小组和调查问卷的形式对上城区居民的文化参与现状进行全面的调查，内容涉及文化参与行动的机制、具体情形与影响因素，试图打破文化参与与公共文化服务的研究割裂，将两者进行联结。

公共文化所蕴含的流动、杂糅、越界等特质（Storey, 2006）。在市场经济背景下，文化资源作为公共文化服务的重要组成部分，必然同时为大众文化所阐释、折射与消费。大众文化并不是一套固定的、具有历时性的"大众文本与实践"，它会随时空的转变、理论的介入而被构建出来，这不仅反映了文化的现象，还成为社会与时代的文化权力诉求等。有学者因此认为，就作为公共文化服务和大众文化所共有的文化资源而言，政府的职责不在于生产什么文化，而在于有能力引导文化参与方式的趋势（孔进，2010）。

因此，大众文化的大规模参与特征需要纳入政府公共文化服务的决策过程，并应当成为决策的重要依据。本研究将公共文化服务的文化参与者作为网络结构中的一类行动者，动用长期以来在学科语境下所忽视的文化参与视角，将公共文化服务的文化参与纳入文化参与的范畴中进行思考，从定量测量走向经验叙述，重点分析上城区的公众文化参与现状，并从中提取与文化参与的关联信息，结合焦点小组做进一步的公共文化服务的文化参与机制归纳。

一、上城区公众文化参与调查问卷讨论分析

文化活动随社会变迁，其活动范围涉及许多层次，确实难以形成一致性的界定。问卷设计重点参考美国历年 SPPA 的核心问题，并结合文化活动的在地化，以及调查结果的可比较性、与公共文化服务网络的结构关联性，在题目设计上兼取几项调查的共同性题目，以文化参与直接相关的活动为主，以文化参与学习活动为辅，调查的重点聚焦于对文化参与的了解，包括参与经验与影响参与机会的因素。由于缺乏一致认可的变量与模型，为了设计这一问卷，本研究除了参考 SPPA、UNESCO 的文化与社会发展关系调查以及国内外其他研究的相关文献外，前述章节的深度访谈结果也将作为本问卷设计的参考基础，经分析预测题目相关性评估，并考虑调查问卷长度限制，保留 32 题问卷内容，共涵盖基本人口与家庭特征、文化参与情形、偏好与障碍、文化参与知识四类研究主题。题目除描述的上城区主要的文化活动类型，并进一步具体化地讨论除文化机构之外，囊括其他可能影响文化参与的障碍，包括价格、时间和物理距离，其中物理距离可以视为文化空间竞争的具体表现。

（一）调查样本特征分布表

由表 6.1 可知，在回收样本中，在年龄分布方面，大多集中在 20~29 岁（占 26.9%）和 30~39 岁（占 27.7%）两个年龄段，其次为 60 岁以上（占 18.6%）。性别分布比较均衡，男性占 47.3%，女性占 52.7%。在职业分布方面，企业人员最多，占 23.5%，其次为离退休人员（22.5%）和社区工作人员（占 16.3%），个人年收入集中在 10 万元以下（含 10 万元），占 72.1%。受教育程度以大学本科学历为主（占 33.9%），父母受教育程度以高中、高职以下为主，父亲受教育程度为高中、高职以下的占 77.8%，目前受教育程度为高中高职以下的为 82.7%。在居住时长方面，上城区居住时长 8 年以上占到 56.3%，常住上城区居民为主要调查对象。

第六章 上城区公共文化服务的公众行动者：行动机制与参与网络

表 6.1 调查样本结构特征分布表

特征变量	特征说明	样本数（$N=671$）	有效百分比（%）
年龄	20~29 岁	165	26.9
	30~39 岁	170	27.7
	40~49 岁	82	13.4
	50~59 岁	82	13.4
	60 岁以上	114	18.6
性别	男	298	47.3
	女	332	52.7
职业	机关事业单位人员	65	11.2
	社区工作人员	95	16.3
	企业人员	137	23.5
	个体工商业者	57	9.8
	自由职业者	54	9.3
	在校学生	30	5.2
	离退休人员	131	22.5
	无业人员	8	1.4
	其他职业	5	0.9
个人年收入	5 万元及以下	190	35.3
	5~10 万元（含 10 万元）	198	36.8
	10~15 万元（含 15 万元）	91	16.9
	15~30 万元（含 30 万元）	26	4.8
	30~50 万元（含 50 万元）	8	1.5
	50 万元以上	4	0.7
	无收入	21	3.9

续表

特征变量	特征说明	样本数（$N=671$）	有效百分比（%）
受教育程度	初中或以下	98	16.4
	高中、高职	167	27.9
	大专	105	17.5
	大学本科	203	33.9
	研究生及以上	26	4.3
父亲受教育程度	初中或以下	243	44.5
	高中、高职	182	33.3
	大专	61	11.2
	大学本科	51	9.3
	研究生及以上	9	1.6
母亲受教育程度	初中或以下	276	50.7
	高中、高职	174	32.0
	大专	48	7.2
	大学本科	36	5.4
	研究生及以上	10	1.5
上城区居住时长	1年及以下	76	12.2
	1-3年（含3年）	112	18.0
	3-8年（含8年）	84	13.5
	8年以上	351	56.3

（二）上城区公众文化参与情况描述

表6.2中，上城区公众的文化活动参与类型主要为主题讲座（42.9%）和艺术文化展览等节庆活动（28.2%），其次为流行音乐演唱会（25.1%）和越剧、昆曲、京剧（17.3%）。而参与偏好中，个人兴趣最想参加的文化活动分别为：流行音乐演唱会（38.9%）、主题讲座（29.4%）和艺术文化展览会、节庆活动或手工艺展览会（26.2%）。在参与偏好与

参与现状的对比中，主题讲座和艺术文化展览或节庆活动的实际参与状况要优于参与意愿，其他文化活动类型的参与现状都略低于参与偏好，其中流行音乐演唱会的参与偏好远高于参与现状。整体而言，参与门槛较低、较接近日常生活、较实用的文化活动的实际参与比例要高于其他活动，在参与偏好上，大众流行文化活动类的偏好比例最高，其次依然为较接近日常生活较实用的文化活动比较接近上城区公众的参与意愿。

表6.2 上城区公众文化参与情况（过去一年）与文化参与偏好

文化活动类型	参与情形 样本数（N=671）	参与情形 有效百分比（%）	参与偏好 样本数（N=671）	参与偏好 有效百分比（%）
主题讲座	288	42.9	197	29.4
艺术文化展览会、节庆或手工艺展览会	189	28.2	176	26.2
流行音乐演唱会	168	25.1	261	38.9
越剧、昆曲、京剧	127	18.9	145	21.6
音乐舞台剧或歌剧	116	17.3	158	23.5
话剧、哑剧、儿童剧	104	15.5	121	18.0
木偶戏	71	10.6	115	17.1
交响乐	71	10.6	92	13.7
舞蹈表演（如芭蕾舞、现代舞、中国传统民俗舞）	71	10.6	112	16.7
其他文化活动	40	6.0	14	2.1

1. 年龄与文化参与类型分布

根据年龄与文化参与类型的交叉分析频率（图6.1）显示，各年龄段有着明显各异的文化参与类型。其中，20~29岁群体主要参与主题讲座（12.60%）、流行音乐演唱会（12.20%）和音乐舞台剧（9%），30~39

149

岁群体主要参与主题讲座（13.7%）、流行音乐演唱会（7.5%）和话剧、哑剧、儿童剧（4.9%），40~49岁群体主要参与主题讲座（5.4%），50~59岁群体主要参与主题讲座（5.7%）、艺术文化展览和节庆活动（5.4%）和越剧、昆曲、京剧（4.6.%），60岁以上群体主要参与越剧、昆曲、京剧（7.5%）、主题讲座（7.3%）和艺术文化展览节庆活动（5.4%）。

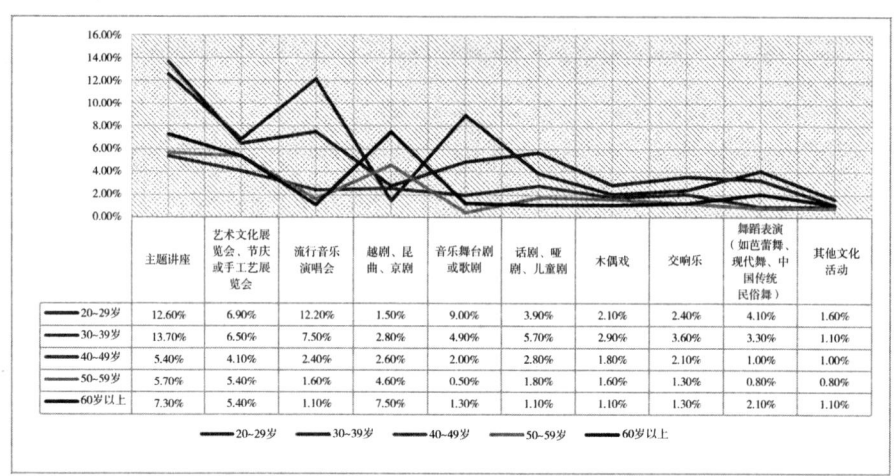

	主题讲座	艺术文化展览会、节庆或手工艺展览会	流行音乐演唱会	越剧、昆曲、京剧	音乐舞台剧或歌剧	话剧、哑剧、儿童剧	木偶戏	交响乐	舞蹈表演（如芭蕾舞、现代舞、中国传统民俗舞）	其他文化活动
20~29岁	12.60%	6.90%	12.20%	1.50%	9.00%	3.90%	2.10%	2.40%	4.10%	1.60%
30~39岁	13.70%	6.50%	7.50%	2.80%	4.90%	5.70%	2.90%	3.60%	3.30%	1.10%
40~49岁	5.40%	4.10%	2.40%	2.60%	2.00%	2.80%	1.80%	2.10%	1.00%	1.00%
50~59岁	5.70%	5.40%	1.60%	4.60%	0.50%	1.80%	1.60%	1.30%	0.80%	0.80%
60岁以上	7.30%	5.40%	1.10%	7.50%	1.30%	1.10%	1.10%	1.30%	2.10%	1.10%

图6.1 上城区不同年龄公众文化参与类型分布图

2. 年龄与文化参与偏好分布

根据年龄与文化参与偏好的交叉分析频率（表6.3，图6.2）显示，20~29岁文化参与偏好主要集中于流行音乐演唱会（17.80%）、音乐舞台剧或歌剧（10.10%）和主题讲座（7.50%），30~39岁文化参与偏好主要为流行音乐演唱会（13.4%）、主题讲座（7.7%）和艺术文化展或节庆（7.3%），40~49岁文化参与偏好主要为艺术文化展或节庆（4.6%）、主题讲座（4.1%）和木偶戏（3.6%），50~59岁文化参与偏好主要为主题讲座（5.7%）、越剧昆曲或京剧（5.4%）和艺术文化展或节庆（4.7%），60岁以上文化参与偏好为越剧昆曲或京剧（9.6%）、主题讲座（5.5%）和艺术文化展或节庆（5.1%）。除20~29岁、30~39岁群体的文化参与偏好相对集中外，其余年龄段的文化参与类型和文化偏好类型都

第六章 上城区公共文化服务的公众行动者：行动机制与参与网络

比较分散。除主题讲座外，其他类型的文化参与活动的参与情形频率皆低于文化偏好频率。

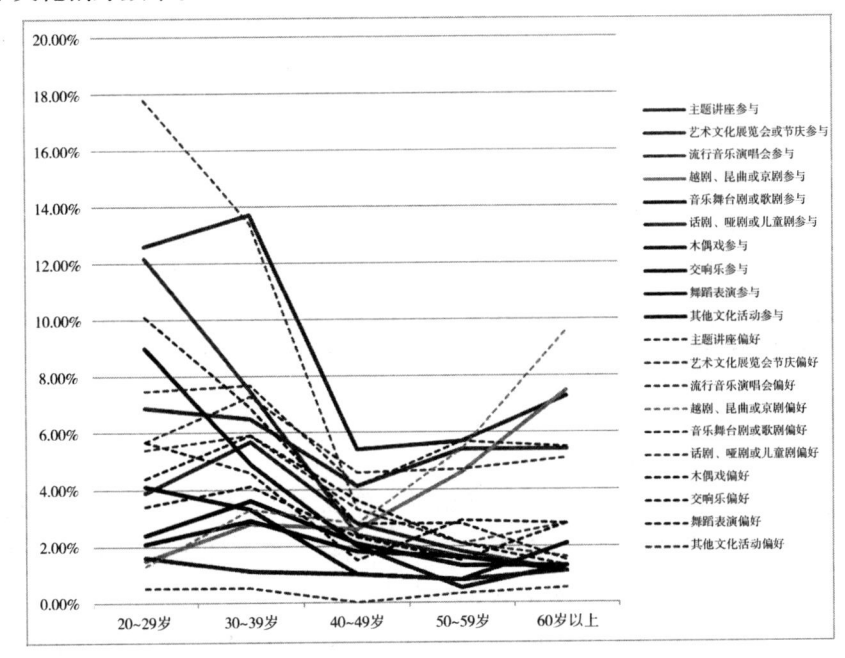

图 6.2 上城区不同年龄公众文化参与偏好与文化参与类型对比

表 6.3 上城区不同年龄公众文化参与偏好与文化参与类型对比

	20~29 岁		30~39 岁		40~49 岁		50~59 岁		60 岁以上	
	参与	偏好	参与	偏好	参与	偏好	参与	偏好	参与	偏好
主题讲座	12.60%	7.50%	13.70%	7.70%	5.40%	4.10%	5.70%	5.70%	7.30%	5.50%
艺术文化展或节庆	6.90%	5.70%	6.50%	7.30%	4.10%	4.60%	5.40%	4.70%	5.40%	5.10%
流行音乐演唱会	12.20%	17.80%	7.50%	13.40%	2.40%	3.30%	1.60%	2.10%	1.10%	2.80%
越剧、昆曲或京剧	1.50%	1.30%	2.80%	3.30%	2.60%	2.80%	4.60%	5.40%	7.50%	9.60%
音乐舞台剧或歌剧	9.00%	10.10%	4.90%	6.90%	2.00%	2.80%	0.50%	2.80%	1.30%	1.50%

151

续表

	20~29岁		30~39岁		40~49岁		50~59岁		60岁以上	
	参与	偏好	参与	偏好	参与	偏好	参与	偏好	参与	偏好
话剧、哑剧或儿童剧	3.90%	5.40%	5.70%	5.90%	2.80%	3.30%	1.80%	2.10%	1.10%	1.60%
木偶戏	2.10%	4.40%	2.90%	5.90%	1.80%	3.60%	1.60%	2.10%	1.10%	1.30%
交响乐	2.40%	3.40%	3.60%	4.10%	2.10%	2.30%	1.30%	1.50%	1.30%	2.80%
舞蹈表演	4.10%	5.70%	3.30%	4.60%	1.00%	1.50%	0.80%	2.90%	2.10%	2.80%
其他文化活动	1.60%	0.50%	1.10%	0.50%	1.00%	0.00%	0.80%	0.30%	1.10%	0.50%

3. 教育程度与文化参与类型分布

根据教育程度的文化参与交叉结果（图6.3）显示，大学本科学历公众是主要的文化参与群体，教育程度在文化参与类型的选择上仍有差异。研究生以上学历公众参与文化类型主要是主题讲座（2.3%）、音乐舞台剧或歌剧（1.5）和流行音乐演唱会（1.5%），大学本科学历公众文化参与主要类型是主题讲座（16.5%）、流行音乐演唱会（11.9）和艺术文化展览会或节庆（10.4），大专学历公众文化参与主要类型为主题讲座（8.2%）、艺术文化展览会或节庆（4.8%）和木偶戏（3.7%），高中高职学历公众文化参与主要类型为主题讲座（11.4%）、艺术文化展览会或节庆（8.5%）和越剧、昆曲或京剧（6.0%），初中或以下学历公众文化参与主要类型为越剧、昆曲或京剧（6.8%）、主题讲座（5.8%）和艺术文化展览或节庆活动（4.5%）。

<<< 第六章 上城区公共文化服务的公众行动者：行动机制与参与网络

	研究生以上	大学本科	大专	高中、高职	初中或以下
■主题讲座	2.30%	16.50%	8.20%	11.40%	5.80%
■艺术文化展览会、节庆或手工艺展览会	0.70%	10.40%	4.80%	8.50%	4.50%
■流行音乐演唱会	1.50%	11.90%	3.30%	5.70%	2.00%
■越剧、昆曲、京剧	0.20%	2.80%	2.80%	6.00%	6.80%
■音乐舞台剧或歌剧	1.50%	9.50%	2.20%	1.30%	1.50%
■话剧、哑剧、儿童剧	0.50%	6.80%	3.00%	3.00%	2.50%
■木偶戏	0.20%	2.00%	3.70%	3.30%	0.80%
■交响乐	1.20%	4.00%	1.80%	2.00%	1.70%
■舞蹈表演（如芭蕾舞、现代舞、中国传统民俗舞）	0.50%	4.50%	2.20%	3.00%	1.00%
■其他文化活动	0.30%	1.80%	0.70%	1.00%	1.50%

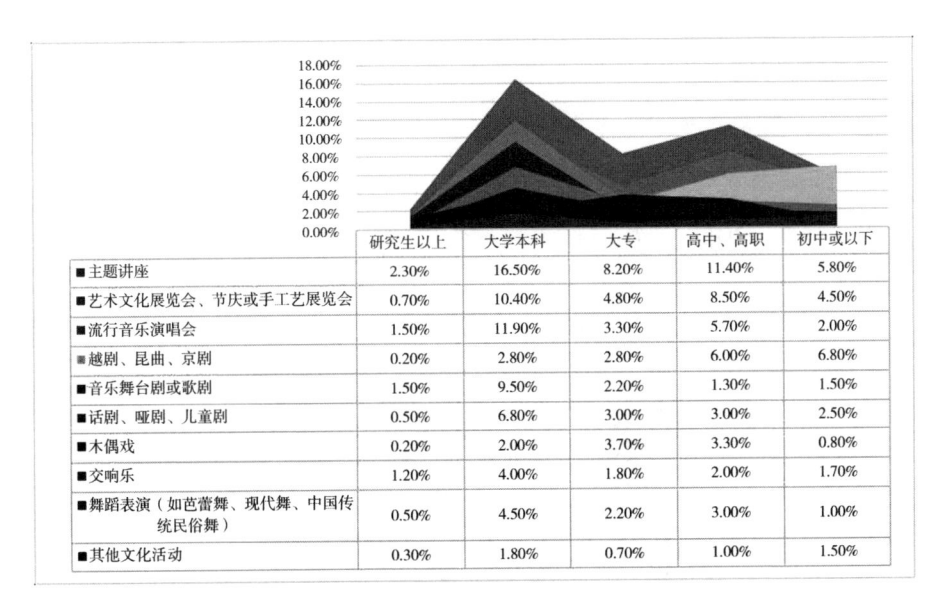

图 6.3 上城区不同教育程度公众文化参与类型分布图

4. 教育程度与文化参与偏好分布

根据教育程度的文化参与偏好交叉结果（表6.4，图6.4）显示，研究生以上学历公众参与文化类型主要是主题讲座（2.5%）、音乐舞台剧或歌剧（2.2%）和流行音乐演唱会（2.3%），大学本科学历公众文化参与主要类型是流行音乐演唱会（20.2%）、音乐舞台剧或歌剧（10.9%）和主题讲座（9.7%），大专学历公众文化参与主要类型为主题讲座（6.5%）、艺术文化展览会或节庆（6.2%）和流行音乐演唱会（5.8%），高中高职学历公众文化参与主要类型为越剧、昆曲或京剧（8.2%）、主题讲座（7.8%）和艺术文化展览会或节庆（7.5%），初中或以下学历公众文化参与主要类型为越剧、昆曲或京剧（7.7%）、流行音乐演唱会（4.3%）主题讲座（4.0%）和艺术文化展览或节庆活动（4.0%）。

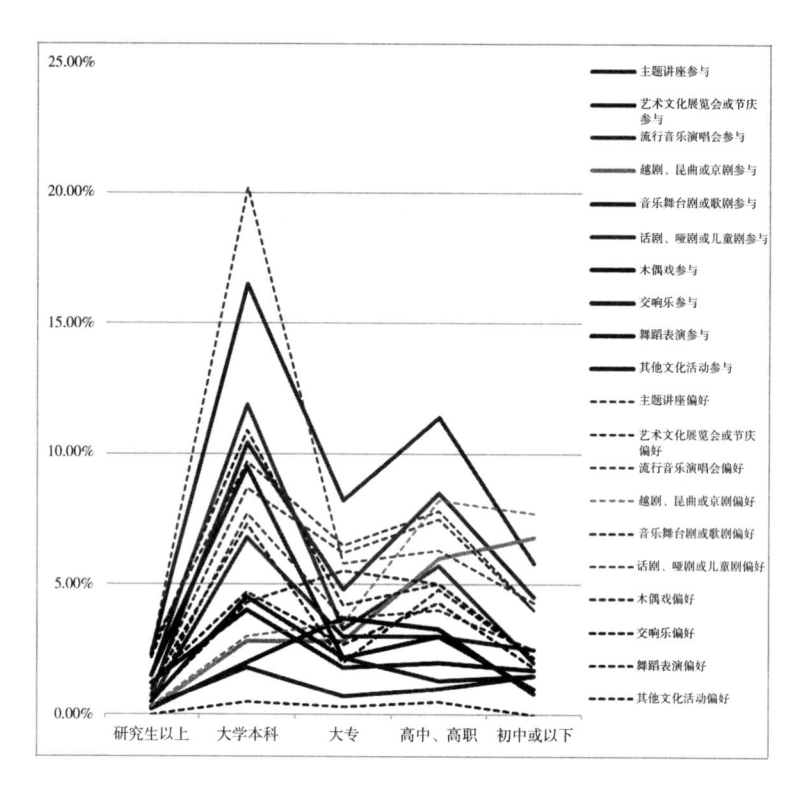

图 6.4 上城区不同教育程度公众文化参与偏好与文化参与类型对比

表 6.4 上城区不同教育程度公众文化参与偏好与文化参与类型对比

	研究生以上		大学本科		大专		高中、高职		初中或以下	
	参与	偏好	参与	偏好	参与	偏好	参与	偏好	参与	偏好
主题讲座	2.30%	2.50%	16.50%	9.70%	8.20%	6.50%	11.40%	7.80%	5.80%	4.00%
艺术文化展或节庆	0.70%	1.00%	10.40%	8.70%	4.80%	6.20%	8.50%	7.50%	4.50%	4.00%
流行音乐演唱会	1.50%	2.30%	11.90%	20.20%	3.30%	5.80%	5.70%	6.30%	2.00%	4.30%
越剧、昆曲或京剧	0.20%	0.30%	2.80%	3.00%	2.80%	3.50%	6.00%	8.20%	6.80%	7.70%
音乐舞台剧或歌剧	1.50%	2.20%	9.50%	10.90%	2.20%	4.20%	1.30%	5.00%	1.50%	2.20%
话剧、哑剧或儿童剧	0.50%	0.50%	6.80%	7.70%	3.00%	3.70%	3.00%	4.00%	2.50%	2.50%

续表

	研究生以上		大学本科		大专		高中、高职		初中或以下	
	参与	偏好	参与	偏好	参与	偏好	参与	偏好	参与	偏好
木偶戏	0.20%	0.50%	2.00%	4.30%	3.70%	5.50%	3.30%	5.00%	0.80%	2.20%
交响乐	1.20%	1.20%	4.00%	4.70%	1.80%	2.70%	2.00%	4.30%	1.70%	1.80%
舞蹈表演	0.50%	1.00%	4.50%	7.30%	2.20%	2.00%	3.00%	4.80%	1.00%	2.20%
其他文化活动	0.30%	0.00%	1.80%	0.50%	0.70%	0.30%	1.00%	0.50%	1.50%	0.00%

5. 上城区居住时长与文化参与类型分布

根据上城区不同居住时长公众的文化参与交叉分析结果（图6.5）显示，居住8年及以上的公众是主要的参与群体。居住时长1年及以下的公众参与文化类型主要是主题讲座（7.4%）、流行音乐演唱会（2.9%）和艺术文化展览会或节庆（2.2%），居住时长1年至3年公众文化参与主要类型是主题讲座（6.7%）、流行音乐演唱会（6.8%）、艺术文化展览会或节庆（4.7%）

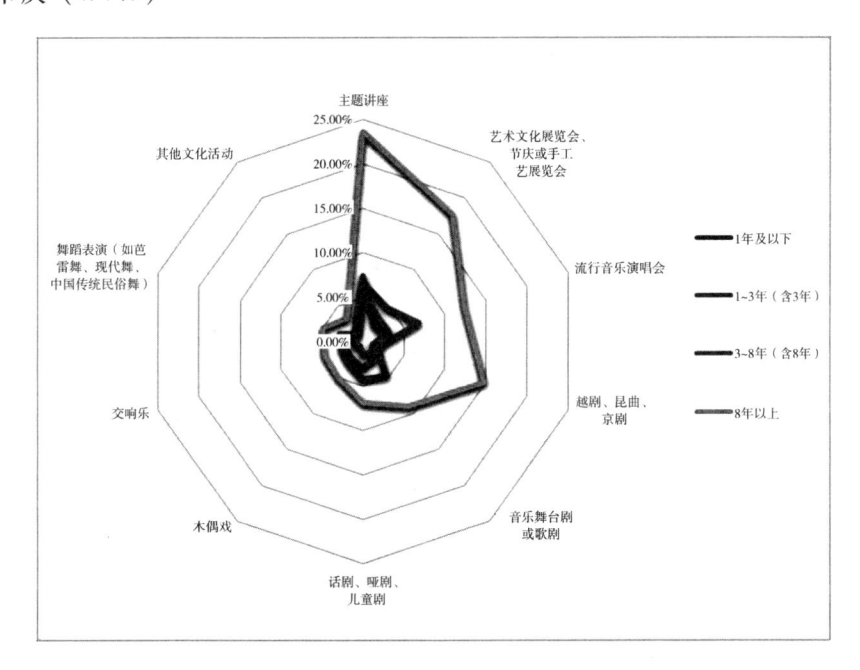

图6.5 上城区不同居住时长公众文化参与类型分布图

和音乐舞台剧或歌剧（4.7%），居住时长3年—8年公众文化参与主要类型为主题讲座（5.6%）、艺术文化展览会或节庆（3.2%）和流行音乐演唱会（3.2%），居住时长8年以上公众文化参与主要类型为主题讲座（23.6%）、艺术文化展览会或节庆（17.7%）和越剧、昆曲或京剧（14.8%）。

6. 上城区居住时长与文化参与偏好分布

根据上城区不同居住时长公众的文化参与偏好交叉分析结果（表6.5，图6.6）显示，居住时长1年及以下的公众参与文化类型主要是主题讲座（7.4%）、流行音乐演唱会（2.9%）和木偶戏（2.2%），居住时长1年至3年公众文化参与主要类型是流行音乐演唱会（6.8%）、话剧哑剧或儿童剧（4.7%）和音乐舞台剧或歌剧（4.7%），居住时长3年－8年公众文化参与主要类型为流行音乐演唱会（5.0%）、艺术文化展览会或节庆（3.7%）、音乐舞台剧或歌剧（3.7%）和木偶戏（3.7%），居住时长8年以上公众文化参与主要类型为流行音乐演唱会（22.2%），主题讲座（17.2%），越剧、昆曲或京剧（17.2%）和艺术文化展览会或节庆（15.9%）。

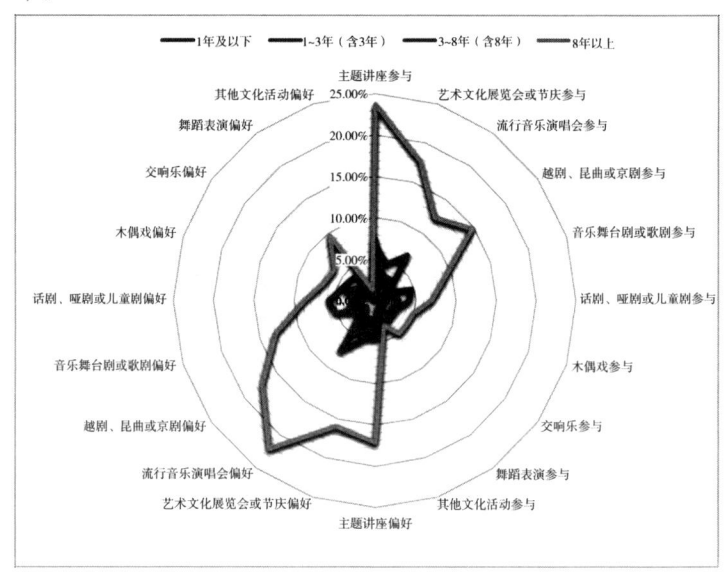

图6.6 上城区不同居住时长公众文化参与偏好与文化参与类型对比

第六章 上城区公共文化服务的公众行动者：行动机制与参与网络

表6.5 上城区不同居住时长公众文化参与偏好与文化参与类型对比

	1年及以下		1-3年 （含3年）		3-8年 （含8年）		8年以上	
	参与	偏好	参与	偏好	参与	偏好	参与	偏好
主题讲座	7.40%	4.50%	6.70%	4.50%	5.60%	3.50%	23.60%	17.20%
艺术文化展或节庆	2.20%	2.20%	4.70%	4.80%	3.20%	3.70%	17.70%	15.90%
流行音乐演唱会	2.90%	4.20%	6.80%	7.50%	3.20%	5.00%	12.40%	22.20%
越剧、昆曲或京剧	1.10%	1.30%	1.80%	1.60%	1.80%	2.40%	14.80%	17.20%
音乐舞台剧或歌剧	1.60%	2.90%	5.10%	5.10%	2.40%	3.70%	9.00%	13.00%
话剧、哑剧或儿童剧	1.40%	1.60%	4.20%	5.80%	2.90%	2.60%	6.90%	8.80%
木偶戏	0.60%	3.20%	2.90%	4.50%	2.20%	3.70%	5.00%	6.70%
交响乐	1.10%	1.10%	2.70%	4.00%	2.10%	2.70%	4.80%	6.30%
舞蹈表演	1.00%	1.40%	2.20%	3.90%	2.90%	2.10%	5.00%	9.60%
其他文化活动	1.50%	0.20%	1.00%	0.30%	1.00%	0.30%	3.20%	1.40%

7. 上城区公众文化参与信息获取途径描述

上城区公众文化参与信息获取途径主要为网络新媒体渠道（包括微信、微博和网页）。其中，微信微博等新媒体渠道占消息获取的51.4%，网页浏览占41.3%，另外广播电视渠道占30.6%，旅游观光渠道占29.1%（表6.6）。

表6.6 上城区公众文化参与信息获取途径

文化参与信息获取途径	样本数（$N=671$）	有效百分比（%）
新媒体（如微博、微信）	345	51.4
网页浏览	277	41.3
广播电视	205	30.6
旅游观光	96	29.1
书报杂志	167	24.9
文化活动场所通知	132	19.7

续表

文化参与信息获取途径	样本数（$N=671$）	有效百分比（%）
文化展示场所	112	16.7
亲友介绍	195	14.0
其他途径	18	2.7

（三）上城区公众文化参与障碍描述

在上城区公众统计障碍的因素中（表6.7），门票太贵（52.9%）是阻碍文化参与的最主要因素，其次为空余时间缺乏（36.5%）和活动地点位置不便（26.1%）。

表6.7 上城区公众文化参与障碍

文化参与障碍类型	样本数（$N=671$）	有效百分比（%）
门票太贵	355	52.9
没有空余时间	245	36.5
位置不便	175	26.1
门票销售一空	140	20.9
无人陪同一起	104	15.5
照顾家人	94	14.0
活动太少	71	10.6
健康原因	42	6.3
质量不佳	21	3.1
其他原因	19	2.8

（四）上城区公众文化参与知识情形

根据上城区居民文化参与课程类型分析（表6.8）显示，没接受过任何文化参与课程的公众占主体（37.5%），参与过的课程中，排名较靠前的课程包括音乐培训课程（28.0%）、地方文化课程（14.2%）和视觉艺术课程（13.7%）。

表6.8 上城区公众文化参与课程类型

文化参与课程类型	样本数（$N=671$）	有效百分比（%）
没上过任何	251	37.5
音乐培训课程	188	28.0
地方文化课程	95	14.2
视觉艺术课程	92	13.7
音乐欣赏课程	88	13.1
艺术欣赏课程	77	11.5
舞蹈课程	74	11.0
创意写作课程	62	9.2
表演或戏剧课程	55	8.2
其他课程	11	1.6

从上城区公众文化参与的现状和偏好情形的统计描述可以看到，上城区公众文化参与的活跃度整体偏低，这不仅是指公共文化服务的文化参与情形，也指个体日常生活和空闲时间的文化参与活动，包括付费和免费的活动。整体参与偏好意愿较低，影响参与的因素从表面分析，与门票和地理距离有关，即可得性的经济门槛和空间位置有关，但更多的则是与整体公众真正的文化需求和自我表达需求相关，在文化参与方面缺乏相应的知识积累和素养。文化参与并不作为日常空余行为的重要方式存在，文化需求在一定程度上有所增长，但文化需求所依赖的其他因素都未能真正实现突破，致使文化参与情形并未实现真正的转变。而主题讲座在文化参与活动中占据最重要的位置，这是社区和街道公共文化服务功能开展的重要体现。对于现阶段而言，知识型的文化参与仍为大部分公众最为偏好的文化活动。

二、上城区公众访问公共文化机构的小世界网络与文化参与的相关分析

根据第五章中公众对公共文化服务场所的访问情形分析，在文化参与问卷中，也将上城区公共文化服务场所的访问情形作为公共文化服务参与的内容进行调查，以便结合文化参与情形关联思考。

（一）上城区公众访问公共文化机构的小世界网络

小世界网络相较于同等节点规模的随机网络，具有较短的特征路径长度和较大的群聚系数。在公众访问公共文化服务机构的网络中，表现为较短的物理距离和社会距离更利于实现访问经验的传递和交流，以及具有较频繁的访问经验交流和传递将形成更为紧密的、群聚系数更大的网络联结；而较高的群聚系数则会要求成员对在地文化持更为认同的态度，并对网络资源更为依赖。

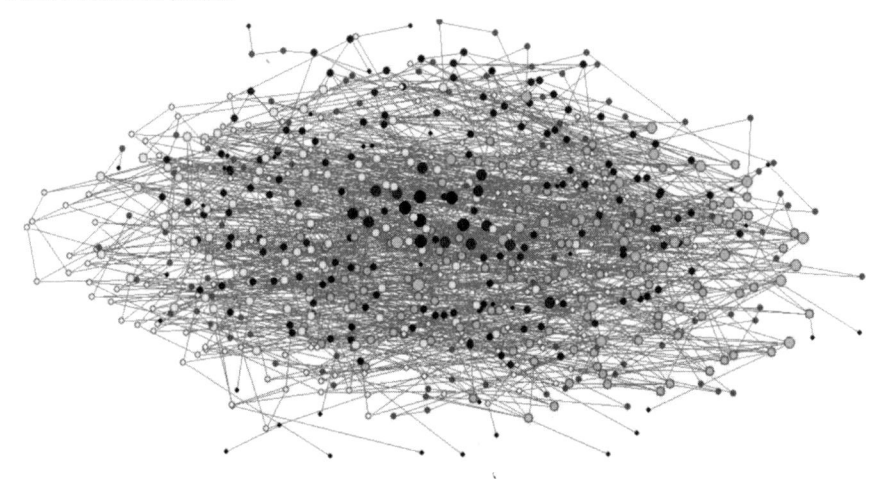

图6.7 上城区公众访问公共文化服务机构的小世界网络图

利用Pajek将605位公众访问公共文化服务机构的情形制作成小世界网络图（图6.7）。其中，处于最高度中心性的节点（网络图中核心圈）分别为：V439、V294、V285、V103、V83、V82、V78、V68、V455、V484、V497、V558、V588、V589、V608、V621、V656、V420、V435、V390、V389、V377、V348、V344、V343、V342、V321、V316、V307、

V297、V291、V283、V262、V260、V259、V247、V223、V193、V128、V107、V105、V101、V90、V21、V19、V4。这46个节点所代表的问卷样本在网络中处于较为核心的位置,将这些样本数据单独做出分析能够更进一步了解上城区公共文化服务参与较高的公众对应公共文化的参与情形。

表6.9 小世界网络核心节点样本数据特征分布表

特征变量	特征说明	样本数（N=46）	有效百分比（%）
年龄	20~29岁	12	28.6
	30~39岁	16	38.1
	40~49岁	3	7.1
	50~59岁	4	9.5
	60岁以上	7	16.7
性别	男	17	40.5
	女	25	59.5
职业	机关事业单位人员	4	10.3
	社区工作人员	8	20.5
	企业人员	9	23.1
	个体工商业者	4	10.3
	自由职业者	4	10.3
	在校学生	3	7.7
	离退休人员	6	15.4
	其他职业	1	2.6
个人年收入	5万元及以下	14	37.8
	5~10万元（含10万元）	13	35.1
	10~15万元（含15万元）	6	16.2
	15~30万元（含30万元）	2	5.4
	30~50万元（含50万元）	0	0
	50万元以上	1	2.7
	无收入	1	2.7

续表

特征变量	特征说明	样本数（$N=46$）	有效百分比（%）
受教育程度	初中或以下	3	7.3
	高中、高职	9	22.0
	大专	7	17.1
	大学本科	17	41.5
	研究生及以上	5	12.2
父亲受教育程度	初中或以下	12	30.8
	高中、高职	18	46.2
	大专	2	5.1
	大学本科	6	15.4
	研究生及以上	1	2.6
母亲受教育程度	初中或以下	17	43.6
	高中、高职	15	38.5
	大专	2	5.1
	大学本科	4	10.3
	研究生及以上	1	2.6
上城区居住时长	1年及以下	7	15.2
	1-3年（含3年）	9	19.6
	3-8年（含8年）	3	6.5
	8年以上	27	58.7

在样本特征上（表6.9），46名核心成员的分布结构与整体样本基本一致。但在年龄分布上，39岁以下的群体更多，离退休人员和60岁以上群体更少。在文化参与情形和参与偏好方面（表6.10），整体的参与活跃度和参与意愿都比总体样本要更为集中，主要集中于主题讲座（54.3%参与，39.1%偏好）、艺术文化展览或节庆（28.3%参与，19.6%偏好）和流行音乐演唱会（26.1%参与，41.3%偏好）三类，而其余文化活动类型

都低于整体样本的参与度和偏好。这在一定程度上反映，参与公共文化服务活动较核心的群体在文化参与的普遍类型上更多倾向于参与人数更多的活动，尤其是更为大众和主流的文化活动。大部分主题讲座和节庆活动都是由公共文化服务职能机构组织开展的，活动场所也多为公共文化服务机构列表上的场所。在一定程度上表明，上城区公共文化服务参与的群体较为固定，文化参与的偏好也较为一致。

表6.10 核心节点文化活动参与情形与偏好分布

文化活动类型	参与情形 样本数（$N=671$）	参与情形 有效百分比（%）	参与偏好 样本数（$N=671$）	参与偏好 有效百分比（%）
主题讲座	25	54.3	18	39.1
艺术文化展览会、节庆或手工艺展览会	13	28.3	9	19.6
流行音乐演唱会	12	26.1	19	41.3
越剧、昆曲、京剧	4	8.7	5	10.9
音乐舞台剧或歌剧	12	26.1	8	17.4
话剧、哑剧、儿童剧	8	17.4	8	17.4
木偶戏	2	4.3	6	13
交响乐	3	6.5	5	10.9
舞蹈表演（如芭蕾舞、现代舞、中国传统民俗舞）	4	8.7	6	13.0
其他文化活动	4	8.7	4	8.7

（二）上城区公众文化参与的相关分析

将调查问卷结果进行探索性因子分析，考察原有题项是否适合进行主成分分析（巴特利球度检验和KMO检验），在KMO值为0.805且Bartlett's球形检验结果均符合标准的基础上对文化参与的相关指标进行了主成分分析，保留因素载荷大于0.5的题项，得到下表（表6.11）。

表6.11 题项主成分分析的相关因子提取

变量		题项	因素载荷	克朗巴哈系数
公众文化参与度	演艺类文化活动	过去1年曾欣赏过木偶戏	0.756	0.748
		过去1年曾欣赏过话剧、儿童剧等	0.766	
		过去1年曾参加过节庆或手工艺展览	0.714	
公众公共文化服务机构访问度	基层街道社区公共文化活动中心	社区文化活动中心	0.745	0.738
		小营街道文化活动中心	0.733	
		南星街道文化活动中心	0.721	
		紫阳街道文化活动中心	0.761	
		湖滨街道文化活动中心	0.745	
		望江街道文化活动中心	0.723	
		清波街道文化活动中心	0.734	
	博物馆或展览馆	杭州博物馆	0.711	0.738
		杭州胡庆余堂中药博物馆	0.754	
		杭州南宋官窑博物馆	0.721	
		中国财税博物馆	0.756	
		杭州西湖博物馆	0.766	
		杭州近代教育史陈列馆	0.714	
		杭州市非物质文化遗产展示厅	0.723	
		上城区"匠·无界"非物质文化遗产展示厅	0.645	
	主题公共文化服务场所	杭州市上城区文化馆	0.567	0.603
		杭州市工人文化宫	0.612	
		杭州市老年活动中心	0.605	

续表

变量	题项		因素载荷	克朗巴哈系数
公众公共文化服务机构访问度	其他文化休闲场所	东坡大剧院	0.712	0.750
		红星剧院	0.658	
		浙江胜利剧院	0.677	
		上城区葛德瑞书画艺术馆	0.721	
		唐云艺术馆	0.681	
		浙江美术馆	0.732	
		浙江赛丽美术馆	0.743	
		杭州图书馆生活主题分馆	0.761	
	开放式文化活动空间	吴山文化广场	0.687	
文化参与偏好	演艺类文化活动偏好	依据个人兴趣，更愿意欣赏过木偶戏	0.635	0.650
		依据个人兴趣，更愿意欣赏过话剧、儿童剧等	0.671	
		依据个人兴趣，更愿意参加过节庆或手工艺展览	0.655	
	知识类文化参与偏好	依据个人兴趣，更愿意参加过主题讲座	0.821	0.804
	流行文化参与偏好	依据个人兴趣，更愿意参加过流行音乐演唱会	0.721	0.770
	古典文化参与偏好	依据个人兴趣，更愿意欣赏过交响乐	0.673	0.654
		依据个人兴趣，更愿意欣赏过戏曲表演	0.677	

续表

变量	题项		因素载荷	克朗巴哈系数
文化参与障碍	价格因素	是否同意文化活动的票价会影响出席（欣赏）的意愿	0.756	0.746
	交通因素	是否同意文化活动的举办地点的方便性会影响出席（欣赏）的意愿	0.726	
	区位周边因素	是否同意文化活动大多集中在交通便利或区域中心地区举办	0.735	
文化活动信息获取渠道	空间渠道	通过文化展示场所获取文化活动信息	0.603	0.605
		通过文化活动场所获取文化活动信息	0.623	
	传统媒体渠道	通过广播电视获取文化活动信息	0.602	0.612
		通过书报杂志获取文化活动信息	0.616	
	互联网渠道	通过网页浏览获取文化活动信息	0.624	0.620
		通过新媒体（如微博、微信）获取文化活动信息	0.615	
	其他渠道	通过其他渠道获取文化活动信息	0.612	
带孩子参与文化活动情形	参观博物馆或展览馆	过去1年内曾带小孩去参观博物馆或展览馆	0.764	0.759
	艺术文化展览会/节庆活动	过去1年内曾带小孩出席（欣赏）任何艺术文化展览会/节庆活动	0.756	
	舞台剧、音乐剧、歌剧	过去1年内曾带小孩出席（欣赏）任何舞台剧、音乐剧、歌剧、舞蹈或古典音乐表演	0.766	

续表

变量	题项		因素载荷	克朗巴哈系数
家庭其他成员文化参与度	传统戏曲	父母或家中其他成人过去一年出席（欣赏）传统戏曲（如越剧、昆曲或京剧）情形	0.874	0.894
	博物馆或展览馆	父母或家中其他成人过去一年出席（欣赏）博物馆或展览馆情形	0.901	
	音乐舞台剧或歌剧	父母或家中其他成人，过去一年出席（欣赏）音乐舞台剧或歌剧或其他戏剧活动情形	0.879	
	主题讲座	父母或家中其他成人过去一年参加主题讲座的情形	0.756	
家庭受教育环境	父亲受教育程度	父亲受教育程度	0.897	0.878
	母亲受教育程度	母亲受教育程度	0.864	

3. 上城区公众文化参与度的列联表分析

根据列联表分析结果（表 6.12）显示，不同类型的文化参与活动受人口特征、家庭特征、文化参与知识、参与障碍、信息渠道等因素的影响不同，演艺类文化活动主要与文化参与偏好和文化参与知识显著相关，知识类文化参与活动主要与家庭受教育程度、文化参与知识和文化信息获取渠道显著相关，流行文化参与活动主要与年龄、教育程度、家庭受教育程度、流行文化偏好和互联网信息获取渠道显著相关，古典文化参与则与年龄、教育程度、职业、上城区居住时长、文化参与偏好和互联网信息获取渠道显著相关。人口特征中的年龄、教育因素与各文化参与类型的相关度最高，其次为文化参与偏好和文化参与知识，获取文化参与信息的互联网渠道成为文化活动信息获取渠道中与文化参与行为相关度最高的信息渠

167

道。而文化参与障碍在整体上并不与文化参与情形显著相关,是否带孩子参与文化活动也并不与个人的文化参与行为显著相关。这一列联表分析,在一定程度上表现出目前上城区居民的文化参与状态依然是动机和偏好驱动型的个体文化表达行为,文化参与的障碍(空间地理因素、价格因素)还未能对文化参与行为直接关联。

表6.12 文化参与相关因素分析表

	演艺类文化活动	知识类文化参与活动	流行文化参与活动	古典文化参与
人口特征				
年龄			-0.321**	0.251**
教育程度		0.104*	0.188**	-0.172**
职业		-0.149*	-0.086*	0.130**
个人年收入			0.092*	
上城区居住时长				0.113**
家庭特征				
家庭受教育程度		0.118**	0.168**	
带孩子参与文化活动				
家庭成员参与文化活动				-0.94*
文化参与偏好				
演艺类文化活动偏好	0.344**			
知识类文化参与偏好		0.393**		-0.123**
流行文化参与偏好	-0.097*		0.338**	-0.126**
古典文化参与偏好	0.082*	-0.150**		0.543**
文化参与知识				
地方文化课程	0.195**			
音乐类文化课程		0.116*		0.085*
艺术欣赏类课程	0.245**	0.081*	0.082*	
其他文化课程				

续表

	演艺类文化活动	知识类文化参与	流行文化参与	古典文化参与
文化参与障碍				
文化活动信息获取渠道				
空间渠道	0.293*	0.087*		
传统媒体渠道		0.104**		
互联网渠道		0.146**	0.205**	-0.155**
其他渠道				

注：**. 在 0.01 级别（双尾），相关性显著； *. 在 0.05 级别（双尾），相关性显著。

  同样的因素，在公共文化服务机构的访问中，却有着不同的相关性（表6.13）。整体的因素显著相关度高于文化参与。街道及社区文化活动中心的访问与家庭其他成人的文化参与情况、个人文化参与偏好、文化参与知识和教育程度最为显著相关。博物馆或展览馆的访问与年龄、家庭其他成人的文化参与情况、文化参与偏好、文化参与知识最为显著相关。主题公共文化场所的访问与年龄、受教育程度、个人收入、家庭其他成人参与文化活动、文化参与偏好、文化参与知识、文化信息获取的空间渠道和传统媒体渠道最为显著相关。其他公共文化休闲场所的访问与家庭其他成人参与文化活动、文化参与偏好、文化参与知识、文化活动信息传递的空间渠道最为显著相关。开放式文化活动空间与家庭其他成人的文化参与情况、艺术欣赏类课程和文化活动信息获取的空间渠道最为显著相关。整体而言，与文化参与的相关因素对比，与公共文化服务机构访问情形最为显著相关的因素是家庭其他成人的文化参与情况、文化偏好与文化知识，人口特征并不是整体上与之最为显著相关的因素。在信息获取渠道上，互联网信息获取渠道与文化参与最显著相关，而传统媒体和空间渠道却是与公共文化服务机构访问最显著相关的因素。公共文化服务机构的访问更多是受家庭和群体因素的影响，而参与者也更乐于接受传统信息方式。另外，四类公共文化服务机构的访问情形之间也呈现出显著相关性,在一定程度上表明,公共文化服务机构的访问者和活动参与者的群体相对较为固定、活动的相关性较高,也从另一个面向强调了公共文化服务机构访问对群体或家庭的某种依存。

表6.13 公共文化服务机构访问的列联表分析

	街道及社区文化活动中心	博物馆或展览馆	主题公共文化场所	其他文化休闲场所	开放式文化活动空间
人口特征					
年龄		0.115**	0.187**		
教育程度	-0.092*		-0.185**		
职业					0.088*
个人年收入			-0.150**		
在上城区居住时长					
家庭因素					
家庭受教育环境		0.099*			
带孩子参与文化活动	0.109*				
家庭其他成人参与文化活动	-0.217**	-0.268**	-0.349**	-0.231**	-0.165**
文化参与偏好					
演艺类文化活动偏好	0.228**	0.134**	0.185**	0.125**	0.143*
知识类文化参与偏好	0.091*	0.210**	0.142**	0.123**	0.152*
流行文化参与偏好	-0.123**	-0.108**	-0.158**		
古典文化参与偏好	0.100**	0.103**		0.157**	
文化参与知识					
地方文化课程	0.096*	0.134**	0.111**	0.101**	
音乐类文化课程	0.146**	0.161**		0.186**	
艺术欣赏类课程	0.124**		0.158**	0.104**	0.103**

续表

	街道及社区文化活动中心	博物馆或展览馆	主题公共文化场所	其他文化休闲场所	开放式文化活动空间
其他文化课程					
文化参与障碍	0.125**			0.080*	
文化活动信息渠道					
空间渠道		0.099*	0.226**	0.107**	0.162**
传统媒体渠道		0.096*	0.152**	0.092*	
互联网渠道					
其他渠道					
公共文化服务机构					
街道及社区文化活动中心		0.518**	0.509**	0.577**	0.293**
博物馆或展览馆	0.518**		0.494**	0.585**	0.339**
主题公共文化场所	0.509**	0.494**		0.477**	0.221**
其他文化休闲场所	0.577**	0.585**	0.477**		0.330**
开放式文化活动空间	0.293**	0.339	0.221**	0.330**	

**. 在0.01级别（双尾），相关性显著；*. 在0.05级别（双尾），相关性显著。

在公共文化服务机构访问情形与文化参与情形的列联表（表6.14）分析中，博物馆或展览馆的访问情形与知识类文化参与、古典文化参与及演艺类文化参与显著相关，主题公共文化场所与演艺类文化参与和流行音乐类文化参与显著相关，开放式文化活动空间与演艺类文化参与、知识类文化参与显著相关，街道及社区文化活动中心与演艺类文化参与显著相关。整体程度上，公众访问公共文化服务机构情形与文化参与情形呈现出高度相关性。这种高度相关性将研究逻辑进一步推进：公共文化服务的公众参与，作为文化参与行为的一部分，如何形成参与机制。在随后的焦点小组讨论分析中将进一步深入展开。

表6.14　公众访问公共文化服务机构与文化参与的列联表分析

	演艺类文化参与	知识类文化参与	流行音乐类文化参与	古典文化参与
街道及社区文化活动中心	.087*			
博物馆或展览馆	.085*	.139**		.135**
主题公共文化场所	.103**		-.109**	
其他文化休闲场所				.120**
开放式文化活动空间	.106**	.152**		

**. 在0.01级别（双尾），相关性显著；*. 在0.05级别（双尾），相关性显著。

三、上城区公众文化参与的焦点小组讨论分析

焦点小组的讨论希望对上城区居民的实际文化参与情形有较为准确的把握，尤其是从公众体验的角度，自下而上地观察公共文化服务的提供意义和价值，同时也希望了解公共文化服务在基层的具体工作和其所了解的居民文化参与情况，与上节文化参与调查问卷相互补充印证，深化上城区公众文化参与机制的形成过程。

（一）访谈问卷的拟定

根据焦点小组的访谈录音，及焦点小组之后的有目标的一对一深度访谈补充，整理后得到6万余字的访谈记录。随机选取其中2/3的访谈记录（4份焦点小组访谈）进行编码分析和模型建构，另外1/3的访谈记录（2份焦点小组访谈）作为后续理论饱和度检验。

第六章 上城区公共文化服务的公众行动者：行动机制与参与网络

表 6.15 访谈题目表

访谈问题	研究者制定问题意图了解的主题
居民焦点小组（A1、A2、A3）：	
1. 日常最喜欢的文化活动是什么？最近三个月以来印象深刻的文化活动是什么？	居民文化参与偏好与动机
2. 常去的公共文化场所有哪些？	文化服务场所对居民日常生活的镶嵌程度和被接纳的因素
3. 您认为公共文化服务是什么？政府应该做什么？	居民对公共文化服务的感性认知，对政府行为的评价
4. 您所在街道或社区有哪些文化资源？	居民对在地文化的认识与认同程度
5. 您认为这些文化资源是否得到了充分的挖掘？如果没有，原因是什么？	居民对目前政府围绕在地文化的相关行为的评价以及自身观点
社区/街道公共文化服务负责人或工作人员焦点小组（B1、B2、B3）：	
1. 您最近三个月以来组织或参与组织过的印象最深刻的公共文化服务活动是什么？	公共文化服务基层执行的具体情形
2. 您所在的公共文化服务机构目前的运转情况如何？	公共文化服务相关资源在基层的分配评价
3. 您认为所在社区居民最常去的公共文化服务场所是？为什么？	公共文化服务工作者对公共文化服务机构场所的利用程度和受欢迎程度的自评价
4. 您所了解到的社区居民的文化需求有哪些？	公共文化服务工作者对居民文化参与偏好的理解和知晓情况
5. 您认为社区公共文化服务如果出现供需不匹配的现象，原因是什么？困难有哪些？	公共文化服务工作者对公共文化服务内容现状的自评价

资料来源：本研究整理

(二) 焦点访谈内容初步分析

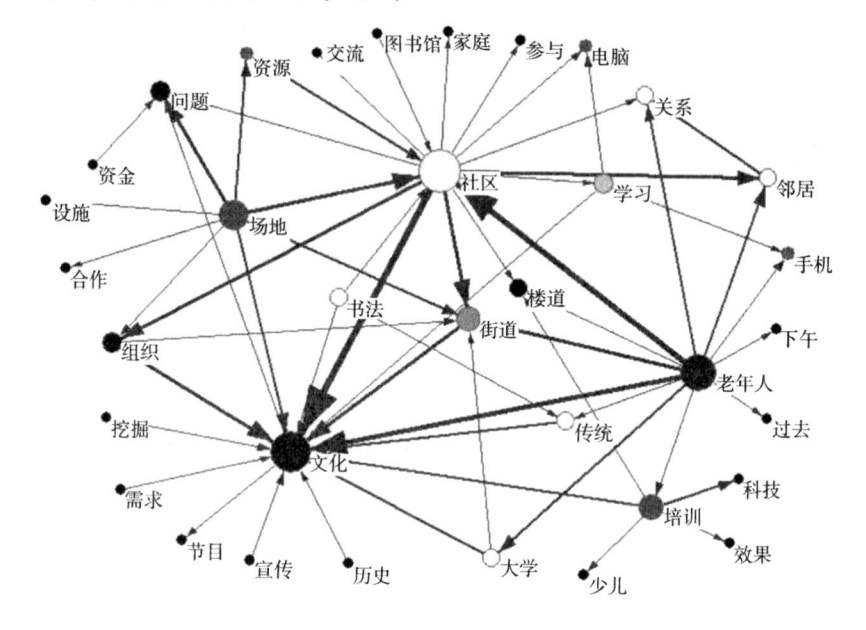

图6.8 焦点小组内容分析图

根据焦点小组内容文本的内容分析图（图6.8），能够初步展现上城区居民文化参与机制的具体情形：

（1）"社区"一词的度中心性最高，居于网络核心。对于文化参与的公众而言，社区处于最为近用的位置，联结社区和居民之间的其他纽带是街道和楼道，上节问卷调查中的"其他信息获取渠道"包含楼道与楼道长的文化参与信息扩散。在焦点小组中，这一渠道被认为是"最有效、最快速的方式"。人际传播在社区文化参与中仍处于最为重要的信息扩散与动员的位置；

（2）"老年人"在上城区公共文化参与中是处于相对核心地位的群体，公共文化服务和文化参与都将老年人的文化需求放在重要位置。同时，老年人也是文化参与的主体，尤其是社区文化参与中相对具有稳定性的主体，这与前节的问卷调查中获知的基本情形一致。对老年群体而言，主要的文化活动参与时段是下午，主要的参与群体以"邻居"为中介组建，强调在文化参与过程中对孤独感的消除,以及所获得的群体感。上节文化参与中,家庭因素和家庭成员的文化参与行为影响着个体自身的公共文化服务活动的参与,这与老年人群体的家庭纽带有关。文化参与行为的意义对老年群体而言与历史记忆和文化传统相连,是自身曾经存在价值的体现。但同时因知识技术门槛导致相当多的文化活动无法使他们参与,他们又有对新技术新知识工具有着强烈诉求;

(3)"场地"是联结社区和文化参与之间非常重要的中介,其重要性连同其他资源配置影响不同的行为选择。同时,场地问题也是上城区公共文化参与较为集中的一类问题,成为公众文化参与活动开展的障碍,即空间构成了关于文化参与想象的核心组成因素;

(4)上城区公众对文化活动的认知中,文化活动的主要载体是相关的文化节目,主要形式为前节文化参与类型中归纳的"演艺类文化参与活动",包括节庆、展览、晚会等活动。文化活动的目的是满足自身文化需求,同时挖掘区域文化资源,发扬或展现区域历史,进一步对政策或所要强调的政策主题起到宣传作用。由此得知,这种认知还是偏向于文化参与自上而下的政策安排视角,即公众自身将公共文化服务的这种视角内化为认知,并已让渡了其他形式公共文化参与的赋权,缺乏自主选择其他的文化参与形式作为日常生活剩余休闲形式的动能。这也解释了(1)中社区处于最核心位置的原因,这种近用建立在文化活动自上而下结构化的依赖基础上,即如同访谈中一名社区文化工作者所言:"有事最先想到的是社区。"

(三)开放式编码

开放式编码是第一次对搜集的资料所执行的工作,根据主题确定最初的符号或标签,将资料转换成范畴、事件或理念(Neuman,2013)。将同一现象的概念聚集为同类,将其范畴化。范畴即概念,选取资料中的话语即现象,现象代表资料的重要分析意涵(Strauss & Corbin,1997)。开放式编码将广泛杂乱的资料以初级层次的主题形式凸显。上述开放题目的焦点小组讨论结果显示,由于语句之间的含义存在一定程度的交叉,需要将其进行范畴化,将相似、存在包含关系、因果关系等类型的概念合并为一个范畴。同时，在合并时将前后矛盾及频数较少的概念进行剔除，将原始的初始概念转变为较少的范畴（表6.16）。

表6.16 文化参与焦点小组开放式编码范畴化

范畴	原始话语（初始概念）
文化参与偏好	A1-1：重阳节等节日活动特别好，传统节日传统活动，希望一直能这样（参与类型） A1-3：我们老年人需要学习新东西，尤其是高科技的东西（参与知识） A1-4：前段时间参加完腰鼓表演，非常棒（集体行动） A1-5：现在什么都要电子版，能不能教我们使用电子设备（参与知识） B1-3：居民喜欢的活动一定要贴近生活，内容活泼丰富（真实度） B1-2：活动门槛不能太高，要简单好操作（可参与度） A2-1：接受不了现在的电影，没主题没情节，审美不来（文化品位） B2-1：更多的老年人不愿意唱歌跳舞，喜欢书画类活动，如"阳光书法"（参与类型） A1-6：喜欢去图书馆看看书（参与类型） A2-3：目前的培训课程都不实用，希望更接地气（价值预期）
文化参与动机	B2-1：不同年龄有不同需求，40~65岁要考虑家庭因素，65岁以上考虑传统文化（年龄） B2-2：更多人一起参与（群体） A2-3：最深刻的文化活动是成果展示，让我们非常有成就感（自我表达）

续表

范畴	原始话语（初始概念）
文化机构场所	A1-4：腰鼓表演目前没有封闭训练场地，因为训练声音很大，居民要反映（居住地环境） A1-6：这边都是老小区，很多活动场地没电梯，老年人不方便 A1-3：供年轻人和儿童活动的场地和空间太少 A2-1：老社区跟新社区没法比，最大的问题就是场地问题 A2-2：湖滨家园搞得不错（设施等级） A2-3：我经常要去浙江博物馆、浙江美术馆和图书馆生活主题馆（文化生活圈） A2-7：学校与一些单位的资源在周末能否共享一下（空间利用率） A2-1：不一定要投资，但是可以把资源整合，场地是问题，如何分配（空间功能） B1-1：小营红巷太红了，场地排不过来，团队排练都要提前预约（空间竞争） B1-3：最受欢迎的活动场地是开放式的，场地空间比较大，这样参与性才强，比如趣味运动会（空间设计） B1-2：老城区能有这样的活动场地已经很不错了（设施基础） B2-2：希望社区和街道提供新场地和设备，一场多用，有图书角、多媒体等。现在的场地没有这么多功用（空间配置） B2-3：居民更喜欢街道的场地，因为活动多、团队多，可以交流，实现资源整合

续表

范畴	原始话语（初始概念）
公共文化服务认知	A1-6：社区有很多活动都让报名参加，活动很丰富（能动性） A2-1：政府文化服务是要多层次多元化的，素质的提高是全民的，需要政府进行思考（多样性） A2-3：领导重视文化建设（重要性） A2-2：街道花钱为居民提供的节目演出更新颖一些，不要每次都是同一批人、同一个节目，建议送文化下乡种类更多一些（可持续性） A2-4：建议对基层开展一些专业的文化培训指导，辅助居民文化活动上一个档次（专业性） A1-2：一定要提高吸引性，才能有积极性（吸引性） A1-1：要根据群众意见组织文化活动（回应性）
政府行为评价	A2-1：街道和社区对我们居民生活很关注（主体性） B1-1：我们与居民之间有一个磨合期，了解需求后再衔接（可调试性）
在地文化认同	A1-2：看了一下《三字经》，青年人不再用心宣传这种传统文化（代际差异） A1-5：民族的就是国际的，优秀的民族文化要向外宣传，不能忘记自己的东西（民族性） A1-6：小营的文化资源非常丰富（文化资源）
在地文化行动	A1-6：革命传统的电影要放出来，年轻人、老年人都应该看（文化传承） B1-2：活动要与街道和社区文化相结合（主题宣传） B1-3："最美小营人"评选和表彰，"浙江好人"等向上向善风尚的传播（社区德育） B2-3：历史文化建筑，拍成视频（新媒体应用） B2-4：青年路社区是邻居节的发源地，很多东西可以传承，邮票、挂历、吉祥物（社区凝聚）

续表

范畴	原始话语（初始概念）
公共文化服务基层活动	A2-4：社区项目可以进行相互交流，提高积极性（组织沟通） B1-1：上城区活动很多，放映过电影，集中一个场地的电影季，有主题，人很多 B1-2：我们想让老年人有一些先进理念（服务理念） B1-3：让他们去吉利公司看新能源汽车 B2-4：之前我们了解到，以后给他们安排手机、电脑等智能设备培训 B2-3：街道联合辖区单位、社会组织一起组织活动（组织协作） B1-6：社区邻里楼道长动员活动的能力最强，沟通速度最快，最接受人与人传播的土办法（人际传播） B2-2：传播平台的话，短信的效果最好，因为老人手机没微信 B2-3：活动是通过每年年初向每个社区了解文化需求汇总后按需安排的（服务内容） B2-5：希望以图文并茂的形式发布各类信息（服务形式）
公共文化服务基层资源配置	A2-4：资金很重要，但要精准利用，不要浪费（资金利用） B2-3：申请"公益类创投"的项目并不多，上级政府对文化类社会组织的扶持力度不够（政策扶持） B2-4：社会组织的经费以自筹为主（政策重点） B2-5：尝试过以政府购买的形式由第三方组织举办活动，但居民的参与度并不高，原因在于第三方组织的工作人员与社区居民、街道社区工作人员的沟通不够，执行力也不够（第三方合作） A2-4：之前是和图书馆生活主题分馆、同仁堂联合举办活动，借助其他机构组织的场地举办活动，就能很好地利用场地资源（资源共享） B2-7：湖滨地区文化企业、培训机构可以挖掘与可以合作，我们提供场地，他们提供活动

资料来源：本研究整理

（四）主轴编码

主轴编码的目的是为了将开放编码中被分割的材料，再进一步找到各个范畴之间的关系,深化主范畴并进一步找到各范畴之间的关系。在这一阶段中,当某些概念或概念组合和某个主范畴相关,就可将其视为主范畴的对应范畴。在密集发展的主范畴后,可能会有一两个核心范畴浮现(Strauss & Corbin,1997),并帮助识别现象类别之间的关系脉络,根据主轴编码所形成的主范畴(表6.17)。

表6.17 主轴编码形成的主范畴

主范畴	对应范畴	范畴要旨
文化参与偏好	参与类型	文化参与的主要内容
	参与知识	文化参与的相关素养和知识基础
	参与价值	对文化参与价值的自我认知
	可参与度	文化参与的门槛
	文化口味	文化鉴赏与审美趣味
	真实性	在文化参与过程中获得的真实感
文化参与动机	年龄	人口特征
	群体	文化参与过程中所获得的群体归属感与连接感
	自我表达	文化参与过程中的自我彰显和满足
文化机构场所	文化生活圈	居住地周边的文化空间布局与氛围
	空间利用率	文化机构场所的空间资源利用
	空间竞争	文化机构场所的同质性与差异性竞争
	空间功能配置	文化机构场所的空间设计和功能的综合性
公共文化服务基层活动	服务内容	提供的公共文化服务类型
	服务形式	公共文化服务形式
	服务理念	公共文化服务提供者想要形塑的价值或达成的目标
	组织沟通	公共文化服务机构之间或与其他机构的沟通与信息共享
	组织协作	公共文化服务机构之间或与其他机构之间的合作
	人际传播	公共文化服务活动信息的获取和传递过程

续表

主范畴	对应范畴	范畴要旨
公共文化服务基层资源配置	资金利用	基层公共文化服务机构的资金使用效率
	资源共享	基层公共文化服务机构的资源共享程度
	第三方合作	公共文化服务提供方式的多样化选择，尤其是与民间机构的多渠道合作形式
	政策扶持	公共文化服务自上而下的政策支持，包括议程、财政、编制等
公共文化服务认知	重要性	所能感受到的公共文化服务是否处于政府工作和服务中比较重要的位置
	能动性	所能感受到的公共文化服务提供主体的积极性
	回应性	所能感受到的公共文化服务依照自身文化需求的匹配程度
	专业性	所能感受到的公共文化服务提供内容是否具有专业性
	吸引性	是否会被公共文化服务提供内容所吸引
	多样性	所能感受到的公共文化服务内容和可选择面是否丰富
	可持续性	是否有意愿反复参与公共文化服务活动
政府行为评价	主体性	是否能通过公共文化服务感受到政府对人民群众的关切
	可调试性	是否能通过公共文化服务感受到政府工作的不断改革创新
在地文化认同	民族认同	在文化活动参与中感受到国家和民族共同体
	代际认同	在文化活动参与中感受到自身年龄群体及与其他年龄群体的差别
	文化资源认同	在文化活动参与中感受到本地文化资源的丰富性

续表

主范畴	对应范畴	范畴要旨
在地文化行动	文化传承	传承本地文化资源的相关活动
	社区德育	以本地优秀个人和事迹发扬文化参与的良善教育功能
	主题宣传	以政策主题开展文化活动
	社区凝聚	以社区文化活动参与增进邻里和社区关系联结
	新媒体应用	以新媒体手段推广文化活动信息，增强参与意愿

资料来源：本研究整理

（五）选择性编码

选择性编码是统合和精炼理论的历程。首先要确定核心范畴（central category），系统与其他主范畴做连结，验证其间的关系，在已经确定的若干主范畴中，可借由撰写故事线、运用图表等快速找到核心范畴，并回归原始资料验证范畴间关系，继续发现新范畴，保证建立的理论更加细致完整（Strauss & Corbin, 1997）。最终得出的选择性编码如表 6.18 所示，主范畴的典型关系结构如表 6.19 所示。

表 6.18 选择性编码

主范畴	对应范畴	范畴要旨
文化参与动机	年龄	年龄影响文化参与动机
	群体	能否产生群体感或族群感会影响文化参与动机
	自我表达	是否实现自我表达构成文化参与动机
文化参与认知	在地文化认同	代际认同、文化资源认同和民族认同会影响文化参与认知
	公共文化服务认知	对公共文化服务的主体性、回应性、专业性、多样性和可持续性的认知会影响文化参与认知

续表

主范畴	对应范畴	范畴要旨
文化参与偏好	参与知识	能否增进知识，是否具有知识门槛会影响文化偏好的形成
	价值评估	对文化参与的价值评估会影响文化参与偏好的形成
	文化口味	文化口味会影响文化参与偏好
	真实性	文化活动体验的真实性会影响文化参与偏好
文化参与行为	参与内容	文化活动类型、提供内容影响文化参与行为
	参与形式	文化活动参与方式、参与途径影响文化参与行为
	沟通协作	文化活动的组织沟通、协作程度影响文化参与行为
	人际传播	文化活动中的人际传播影响文化参与行为
文化参与空间	文化生活圈	文化生活圈影响文化参与空间
	空间竞争	空间竞争影响文化参与空间
	空间功能	空间功能完备程度影响文化参与空间
	空间利用率	空间利用率影响文化参与空间
文化参与资源配置	资金支持	资金支持与资金利用效率
	政策支持	政策重点与政策议程
	资源整合度	优势资源互补与整合
	第三方合作	政府、民办非企业与企业的合作

资料来源：本研究整理

经过脉络条件描绘，确定"文化参与行动机制"这一核心范畴，围绕核心范畴的"故事线"可以概括为：文化参与动机、文化参与认知、文化参与偏好、文化参与行为、文化参与空间和文化参与资源配置6个主范畴，对文化参与行动存在显著影响；文化参与动机直接决定文化参与认知；文化参与动机、文化参与认知是内驱因素，直接决定公众的文化参与行动；文化参与空间调节文化参与认知—文化参与偏好之间的关联，文化参与资源配置调节着文化参与偏好—文化参与行为之间的关联，文化参与的"动机—认知—偏好—行动"模型，如图6.9所示。

表6.19 主范畴的典型关系结构

关系结构	关系结构内涵
文化参与动机—文化参与认知	年龄、群体和自我表达是形成在地文化认同和公共文化服务认知的内在驱动因素
文化参与动机—文化参与行为	年龄、群体和自我表达是在地文化行动和公共文化服务参与的内在驱动因素，它直接决定着公众是否参与文化活动以及参与的情形
文化参与认知—文化参与行为	在地文化认同决定了在地文化行动，公共文化服务认知决定了公共文化服务的参与内容、形式
文化参与空间 ↓ 文化参与认知—文化参与偏好	文化参与空间是文化参与偏好形成的外部情境条件，它影响参与认知和参与偏好之间的关系强度和关系方向
文化参与资源配置 ↓ 文化参与偏好—文化参与行为	文化参与资源配置是文化参与行为的外部情境条件，它影响参与偏好和参与行为之间的关系强度和关系方向

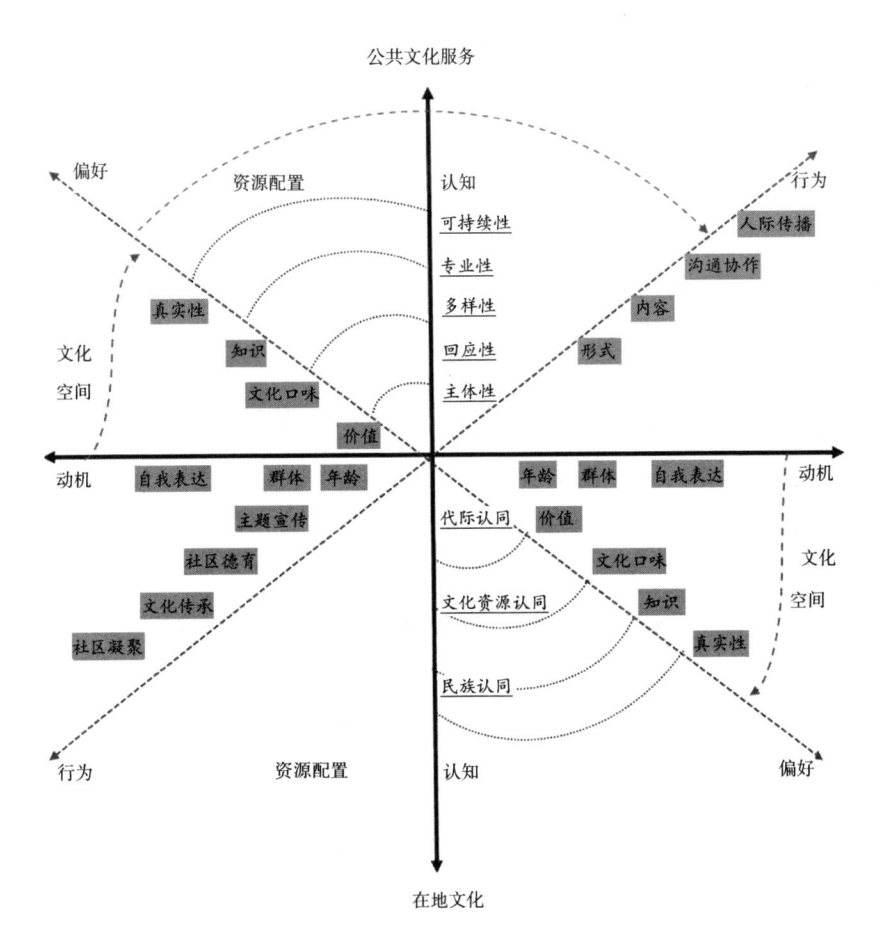

<<< 第六章 上城区公共文化服务的公众行动者：行动机制与参与网络

图6.9 文化参与的"动机—认知—偏好—行动"模型

（六）理论饱和度检验与理论阐释

本研究用另外1/3的焦点小组访谈记录进行理论饱和度检验。结果显示，模型中的范畴已相对完备，未发现新的重要范畴及关系，主范畴内部也没有发现新的对应范畴。由此可以认为，上述"动机—认知—偏好—行动"模型在理论上是饱和的。

此模型的核心理念是将公共文化服务参与和在地文化行为都从本质上归纳为文化参与行为，都由"参与动机—参与认知—参与偏好"共同导向行为选择。但是，由于文化活动空间和资源配置主体的差异而划归不同概念，这种差异在参与偏好和行为选择上有所区别。

既往研究中，受众的满意度、参与度、活动数量、活动创新及盈利等作为文化参与的主要测量指标而逐渐成为学界量化评价的主流（Boerner & Renz, 2008）。另外，同行评论（Tobias, 2004; Voss & Voss, 2000）、组织或组织者声誉名望、获奖情况、节庆参与、资金赞助也逐渐被量化研究。但是，这些测量过程却很难回应受众个体真正地参与体验和参与质量，更难以测量这些受众是否会再次参与，即重复性参与的机理。同时，公共文化服务的参与体验与参与情形则更少被真正正视并提及，本研究的模型试图弥补这两方面的缺陷：一是从受众个体经验出发，将公共文化服务、在地文化行动都作为文化参与的子范畴，突破公共文化服务研究自上而下的视角局限，自下而上地予以注视；二是从动机、认知、偏好和行动归纳出与文化参与体验相近的公共文化服务与在地文化行动参与机理，试图解释**影响个体重复参与或不参与某项文化活动的机制**。下面具体阐释这一内涵。

文化参与动机（包括年龄、群体和自我表达）决定了文化参与的认知，并通过文化参与偏好影响文化参与行为的发生，是文化参与行动机制的前置因素或诱致因素（Predisposing factor）。年龄作为形成文化参与相对重要的因素，其直接引发不同的文化参与行为，如"B2-1：不同年龄有不同需求，40~65 岁要考虑家庭因素，65 岁以上考虑传统文化"。同时，年龄因素还经由参与动机，影响文化参与认知，选择不同的文化参与行为。如在地文化认同中的代际认同差异"A1-2：看了一下《三字经》，青年人不再用心宣传这种传统文化"，进而同一年龄群体认为，"A1-6：革命传统的电影要放出来，年轻人老年人都应该看"，年龄因素贯穿"动机—认知—偏好—行动"的全过程；群体因素强调在文化参与中预期获得的群体感，这种群体未必有固定的标准，但能够通过其受众个体自身的参与过程形成一种价值或观念的一致性和在场感，是受众与其他受众之间在文化经验过程中或之后所形成的关于共同意义的纽带或表达（Boorsma, 2006; Jacobs, 2000; McCarthy et al., 2004; Brown & Novak, 2007），包括受众之间的喜悦分享、对文化活动的探讨等，这种群体因素会增强社会融入度，改变文化参与的认知，如"B2—2：希望更多人一起参与"；自我表达因素强调文化产品或服务能否满足受众的自我想象以及希望被其他个体所认知的形象（Colbert, Nantel, Bilodeau, & Rich, 2001），如"A2—3：最深刻的文化活动是成果展示，让我们非常有成就感"等。

　　文化参与认知通过塑造文化参与偏好而形成文化参与需求和行动。文化产品和服务的价值源于公众的习得、观念、偏好和评价（Tzokas & Saren, 1999：55），这种价值的认知会不断改变，这种价值认知塑造了公众的文化需求。在选择一种文化产品和服务之前，公众必先映射一些价值于其上，这种价值的本质可以是内在的，也可以是外在的。外在价值直接与公众个人的自我表达及服务质量相关，如对公共文化服务的主体性、回应性、专业性、多样性和可持续性的认知；而内在价值与公众身处的外部环境感受相关，如在地认同中对文化资源的认同和身处社会的民族认同等。

　　文化参与动机影响文化参与行为，但是文化参与动机与最终行为是否一致，多数文献并未对其进行进一步的深入分析。通过焦点小组的访谈资料和之前的模型分析得出结论，文化参与动机和文化参与行为的一致性取决于文化参与空间和文化参与资源配置：第一，文化参与空间将调节文化参与认知形成文化参与偏好的过程，如"A1-6：社区有很多活动都让报名参加，活动很丰富"，即在文化参与认知上对文化参与活动的多样性价值予以肯定；但因为文化空间的因素，"A1-6：这边都是老小区，很多活动场地没电梯，老年人不方便"，最终在文化偏好上更倾向于去图书馆看书。文化空间在这里强调受众个体的环境感知，尤其是所处环境的文化空间竞争性、同质性和共享性，这决定了受众从价值认知到参与偏好的筛选形成过程。第二，文化参与资源配置则调节文化参与偏好转化成文化参与行为的过程，资源配置即包括配置主体、配置资源和配置方式的差异，资金、政策、资源整合和第三方合作。"B2-5 尝试过以政府购买的形式由第三方组织举办活动，但居民的参与度并不高，原因在于第三方组织的工作人员与社区居民、街道社区工作人员的沟通不够，执行力也不够"，文化参与偏好因配置主体的不同致使其未能转化成参与行为，这主要由于配置

187

主体对资源调配的能动性以及对在地居民文化参与偏好的了解程度的差异。另外，在地居民的文化参与偏好因对不同配置主体的价值认知和信任程度的不同而产生不同的参与情形。

四、小结与讨论

主流业界、官方和学界鼓励文化参与多半建立在布尔迪厄所批判的艺术文化超越性与良善性假设上，认为不管任何阶层身份的民众都能够、也愿意品味欣赏一致公认的美。这种参与经验不仅有助于个人心灵成长与阶层流动，还有利于城市发展与产业升级，这种观念趋向越来越多资源预算用于社区艺术文化活动，尤其是动员公共文化服务的活动参与。而将公共文化服务纳入文化参与范畴所面对的张力主要包括：其一，应当支持精英文化和高雅艺术形式，还是扩大文化参与的受众，纳入被排除和边缘化群体，提升文化的公平性和参与度？例如，政府是应当提升传统的国粹戏曲和传统高雅艺术来展现国际舞台上的国家形象，还是更多地组织大众喜闻乐见的文化活动？其二，政府应当遵从民众意愿满足民众文化偏好还是致力于形塑大众文化口味，是否应得前者作为服务者，后者作为建筑师或精英培育师（Craik，2005）？这两种张力的情势推动着政府的公共文化服务变革，决定着公共文化服务的政策内容。

2017年，上城区提出"以人为本，惠及全民"的公共文化服务原则，在街道、社区内特别推出"点餐"预约工作，希望能够将社区群众最需要的文化产品送到群众身边，最大程度地满足群众最关心、最直接、最现实的文化需求[1]。但实际的文化参与情形如何，为何有些人从不接触某些公共文化服务活动，又有一些人稳定参与社区公共文化服务活动，这类不参与或反复参与的经验所对应的是什么，各自从事不同的文化活动是文化多元的表征抑或其社会纽带的关联结果，这种点餐式的文化活动在多大程度上能够保证公众参与的持续性？本研究以上城区的公众文化参与作为分析对象，比较不同人口和家庭特征的个体文化参与的不同，探索既有的经济

---

[1] 上城区文化馆. 主题报道［EB/OL］. 上城区人民政府网，2017-02-12.

与文化优势如何透过文化偏好与文化参与认知而得以展现、累积、转换，尝试将潜藏于看似自由的、非理性的文化偏好认知与参与之下复杂的结构关系展现，希望凸显公共文化服务与文化参与之间的关联，部分结论如下：

（1）上城区的文化参与尚未实现显著的提升，即整体文化参与度普遍不高。这种参与度不仅表现为参与的文化活动总量和频率，也表现为对文化活动的敏感度和参与意愿，即参与偏好，尤其是主动选择文化活动的意识。这与上城区的人口结构和公众所处的文化参与阶段相关，尤其是人口年龄结构和文化参与工具的掌握，致使对文化参与的认知门槛偏高，表现为可选择的文化活动相对较少或文化活动与自己的生活相去甚远。但对流行文化却呈现出实际参与情形和参与偏好都有增长趋势，参与情形依然无法满足参与偏好的趋势；

（2）文化参与的普遍障碍，即空间位置与价格在目前的文化参与阶段并不构成公众文化参与的直接相关因素。这种参与障碍往往是在公众具备文化参与动机和文化参与偏好认知的基础上，再进一步影响文化参与行为。换言之，文化参与的普遍障碍往往会构成不参与某类文化活动的因素，却无法构成参与某类文化活动的因素。（1）中对流行文化的参与偏好和行为即是例证，调查中的公众对流行音乐演唱会具有较高的文化参与意愿和参与度，但这一文化活动是付费形式，表演地点一般固定为黄龙体育馆等固定场所。无论是空间距离或参与价格，与普通免费文化活动相比，都具有较高的行动成本。因此，目前公共文化服务的免费提供在此阶段很大程度上不能构成吸引上城区公众参与的因素，在免费提供途径之外，应更多地将政策设计重点转向活动内容的专业性；

（3）上城区公共文化服务的公众参与群体相对较为稳定，年龄以39岁以下、有社区服务或志愿经历的群体为主，表现为对社区的公共文化服务活动的响应度较高，反复参与的意愿和行为较强。这也与上城区公共文化服务活动信息的获取渠道有关，参与年龄结构的原因，致使社区信息的发布和接收仍以人际传播形式为主，以楼道和楼道长作为中介纽带，这种信息获取形式强调人际纽带，在参与结构中处于核心的个体较为容易成为固定的信息中心。同时，这种反复参与的意愿与对公共文化服务的认知相关，将其自上而下的组织提供过程内化为自身的赋权让渡。某种程度上将公共文化服务活动等同于社区活动，而并非文化活动的意涵，行为选择中对公共文化服务的主体认知要高于意义认知，表现为对参与经验获得的自我满足感不高。因此，上城区社区公共文化服务的公众参与是依靠人际传播和结构动员的响应过程；

（4）公共文化服务活动参与作为文化参与的一种形式，遵循从文化参与"动机—认知—偏好—行为"的机制，空间和资源配置在一定程度上影响最终的偏好和行为的发生。上城区目前的公共文化服务所组织的活动除标准化建设所规定的培训课程外，多数仍是基于社区教育功能的主题导向活动（issue - oriented community - based art education）。既有研究认为，相比传统的文化活动，这类活动对在地的学生和青年更具实际意义，因其提供了将青年人与自己身处的周遭世界联系的机会（Krensky，2001）。但上城区的实际情形是这类活动的反复参与群体较为固定，青年群体的参与度和参与偏好并不高。这与所总结的文化参与行为的形成机制有关。在文化参与动机上，由于活动具有的自上而下的性质，青年群体将其认知为政府标准化行为，无法从此类活动中获得群体感和自我表达的需求，从而在认知层面无法实现对活动和自我的联结认同，难以进一步转化成参与行为。

"公众依据自身的愿望投射并建立文化产品和服务的轮廓。"（Tzokas & Saren，1999）打破群体参与相对固化的现状，吸纳更多群体的参与过程，政府应当在公众参与公共文化服务之前介入文化参与动机和偏好的形成机制和这种关系的提升过程中。而文化活动的独特性、个体性（Scott，2008；Camarero, Garrido - Samaniego, & Vicente，2012）是影响公众参与行为最核心的特质，它通过内在价值、情感关联和美誉度增强公众的参与及反复参与意愿，并对相关文化机构的市场化表现起到正向反馈作用（Baumgarth，2009；Napoli，2006）。另外，自上而下的结构化活动组织行为，一定程度上能够强化一部分群体的政府认知和公共文化服务的认知，并提升参与忠实度，"社区每次文化活动有固定的几个居民一定会来"，但从长久的参与行为观察，忠实度并不在其中作为核心要素影响反复行为意愿，随着创新力度的减弱和活动的同质化程度提升，忠实度的效果将消失，这是由受众的文化参与动机及文化参与认知过程决定的，文化参与行为本身的自我表达和超我期待使得受众在文化体验中成为"专家"和"评论家"，反复无法满足期待的文化体验，最终将不再作为文化活动被大众所认知，沦为一项集体活动，丧失文化活动的初衷或本质。

第七章

公共文化服务的整体网络：地方实践的结构特点与经验讨论

本研究将根据上述章节整理出的地方公共文化服务机构与文化参与的网络图景，再依据机构的网络位置与其所依赖的政府资源供给程度与供给方式，分析三者之间的具体关联，并试图运用这一关联进一步解释其对文化参与偏好与障碍所造成的影响。结论部分主要针对各章节的研究发现和相关的理论对话，回答本研究的主要研究问题，并最大限度发现本研究的未尽之处和可待进一步探索的问题，进而讨论与提出在实务上可能的政策建议与未来研究。

一、整体结论与讨论

20世纪90年代，"文化政策时刻"（Stevenson，2000）到来。过去三十年间，世界范围内的地方政府，在公共文化服务（文化政策支持）中的角色都呈现强化态势，如加拿大的地方政府举办越来越密集的市民文化活动和创意活动，无论是家庭文化支出、文化产业、文化类机构组织数量还是与文化相关职业的吸纳就业率都有所体现（Silver & Clark，2013：6）；澳大利亚政府在很大程度上将公共文化发展职能下放至州政府和地方政府，在地方层面上加强了对艺术的财政责任和政策的干预（Craik 2003，2005，2007）；美国地方政府也致力于城市文化发展规划和基于地方的文化发展（Gibson & Stevenson，2004；Grodach & Loukaitou-Sideris，2007）。公共行政学者将这种类似的政府行为归纳为"新问题的政治与政策工具"，例如对公共基础设施建设的驱动、市民生活质量需求的支持、经济增长、社区发展、社会保障等其他政策目标（Silver & Clark，2013：9；Curson, Evans, Foord, & Shaw，2007）。但早在1989年，亨利提出地方政府提供

<<< 第七章　公共文化服务的整体网络：地方实践的结构特点与经验讨论

公共文化服务可能面临的困境——现有地方资源的再分配（Henry, 1989）。

本研究即是在这样的背景下展开，通过系统的文献综述（第二章），对公共文化服务公共性与文化性相关文献进行述评，并将文化参与的概念引入公共文化服务的研究，将资源宽裕的概念引入公共文化服务机构的研究，进而回顾公共行政研究的社会网络方法的应用可能，建立了以社会网络分析方法为主的公共文化服务地方实践研究框架思路（第三章），并以此为基础，通过描绘上城区公共文化服务的历时性政策变迁和政策主体的网络结构（第四章），上城区公共文化服务机构的网络结构（第五章）和上城区公众文化参与的网络结构（第六章），将三类网络中的行动者进行进一步的归纳，关注这一地方资源再分配的过程及所型构的结构特征：本研究将公共文化服务中的政府机构、公共文化服务机构与公众视为网络行动者，将公共文化服务视为一种网络行为，其中的组织宽裕资源是网络节点产生网络行为以及构成权力结构的重要变量，行动者的理性与策略，必然反映网络结构中的权力与资源流动，而这一权力与资源格局正是公共文化服务的公共性样貌的全景展现。同时，这一网络图景也是进一步探讨公共文化服务能力与参与的结构制约因素。

结论一：公共文化服务的地方实践是一个形成"层级内卷[①]—网络"并由此结构所驱动的过程。

公共文化服务的地方实践是"政府—公共文化服务机构—公众"的多元行动者的结构网络（图7.1），进一步描述这个结构形成过程及其作用，可以发现，国家机器的意识形态并不以单独的形式存在，政府也不是整个

[①] 关于内卷及内卷化的概念，这里所参考借鉴的是人类学家戈登韦瑟（1936）关于一类文化模式的描述定义，即内卷化概括一种文化模式达到某种最终形态之后既没有办法停滞又没有办法使其转变成新的形态，取而代之的是内部渐进的复杂化并因此在形态自身获得刚性，参见 Goldenweiser, A (1936). Loose ends of theory on the individual, pattern, and involution in primitive society. Essays in anthropology, 99 – 104. 后续学者进一步将这一概念广泛应用于农业（黄宗智, 2002）、工业（李伯重, 2000）等产业发展，城市更新与组织结构变迁（王国斌, 2008）之中，并在此基础上对概念进行扩充，如 Geertz (1966) 在研究农业的内卷化时强调，内卷化是一个系统在外部扩张受到约束的条件下内部的精细化发展过程。

结构的完全主导者，而是一种由层级权力所形成的资源权力结构。它并非一个恒定的、经常性的主体结构，而是一种不断流动的结构（flow-formation），这种流动结构镶嵌于地方政府公共文化服务与文化产业的政策重点与其边界、层级权限、专项资金财政激励和政策主题动员之中。所呈现于网络中的，是强调在地文化特色的"重大节庆及指令性群众文化活动"，在公共文化服务各类服务事项中的网络核心位置以及区级以下基层的公共文化服务对层级结构的依赖、相对凝聚和联结的结构特征。

公共文化服务机构则在公共文化服务过程中逐渐显露出越来越关键的意义，公共文化服务的地方实践权力逐步通过公共资源的方式转移到了公共文化服务机构的位置，不仅是政府规划的执行载体，更是地方公共文化的知识传递者与行动启动者，透过公共文化服务机构，相关的政策规划被诠释和推动。对基层政府而言，也有了公共文化服务相关议程的协助和着力对象；对公众而言，公共文化服务机构则是政府认知和公共文化服务认知的重要来源。它在结构中的影响力镶嵌于在地社群，并受到自身机构性质、市场导向回应、政府规划及资源宽裕程度的影响，加之公共文化服务机构主体的公共文化服务想象与服务实践的视野因素，使得公共文化服务机构是由实践主体认知、政府规划执行和在地文化关系的多重影响下，依据宽裕资源的吸附性质所决定的行动者。

居民的行动者位置则由日常生活和文化参与机制塑造，并以此作为公共文化服务的回应，自下而上地传递扩散，这种文化参与机制的形成是自上而下公共文化服务重要的积累因素，通过公众的公共文化服务认知和政府认知以及自我动机产生作用，并不是简单的文化需求是否得到满足和个性化服务的市场机制逻辑。但也由于这种无所不在的隐蔽性力量和个体综合因素的牵制，以致很难独立承载公共文化服务所期待的政策初衷，带来相应的局限性，包括个体的年龄因素、群体特征、家庭教育特征、文化参与知识等，都与公共文化服务的参与显著相关，这些因素中有一些能够通过公共文化服务更加合理的内容供给得以匹配，另一些则需要将公共文化服务纳入文化参与的复杂机制中进行统筹。但作为公共文化服务行动结构的驱动力来源，其赋予了此结构的行动正当性，并以此决定了其意义。

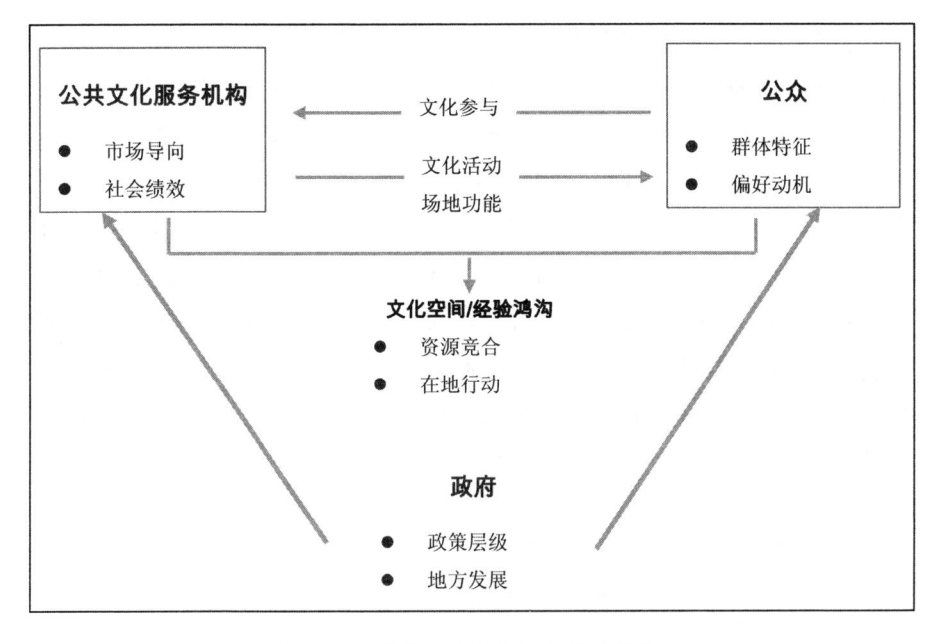

<<< 第七章 公共文化服务的整体网络：地方实践的结构特点与经验讨论

```
┌─────────────────────────────────────────────────────────────┐
│  ┌──────────────┐       文化参与       ┌──────────────┐      │
│  │公共文化服务机构│ ←─────────────────  │    公众      │      │
│  │ ● 市场导向   │       文化活动       │ ● 群体特征   │      │
│  │ ● 社会绩效   │ ───────────────────→ │ ● 偏好动机   │      │
│  └──────────────┘       场地功能       └──────────────┘      │
│          ↑                   │                               │
│          │                   ↓                               │
│          │          文化空间/经验鸿沟                         │
│          │           ● 资源竞合                              │
│          │           ● 在地行动                              │
│          │                                                   │
│          │                政府                                │
│          └─────────   ● 政策层级                             │
│                         ● 地方发展                            │
└─────────────────────────────────────────────────────────────┘
```

图 7.1　公共文化服务地方行动结构

结论二：政府公共文化服务依靠层级结构的流动性成为整体网络的权力核心。

艺术文化在政府的政策支持中处于较高的优先级源自其可能实现的功能：充当市场失灵矫正工具的公共物品、国家和民族认同、卓越的艺术作品、改善地方的文化环境、回应民众的文化需求、提升生活品质、对文化资源的充分挖掘和公平分配、反映政府的偏好等（O'Faircheallaigh，1999）。而上城区政府对公共文化服务的政策支持重点也形成了较为明显的轨迹：供给支持—在地文化特色发展支持—个性需求支持。在公共文化服务的政策执行堕距中，硬件基础设施的相关事项依然是整体结构中执行度最高，也最便于响应自上而下的政策执行模式，并通过基本公共文化服务专项资金拨款的财政激励形成循环。但公共文化服务标准化作为战略步骤，当其相对在硬件设施方面得以完善，标准化的工具性得以完成后，公共文化服务的地方实践也将面临空间转换的新选择。这一选择过程因赋予地方财政一定的公共文化服务职能事务的灵活性而出现多重价值，在城市

195

更新、产业发展、区域竞争和区域在地化特色彰显等张力。上城区公共文化服务中的政府作为行动者,在标准化建设之外,以重大节庆及指令性群众文化活动的层级开展作为重要的服务内容强化在地特色和社群凝聚,并将传统文化元素融入其中,将上城区自中华人民共和国成立以来不间断的、完善的以区、街道、社区为层级划分的清晰明确的三级文化网络和文化参与传统续写和强化,并从历时性上强化了区级层面对整体网络越来越强的联结作用,同时区级层面的资源和权力流动对整体网络的影响越来越明显。这种层级结构内嵌至公共文化服务机构的行动者结构中,通过标准化建设、主题活动、在地化文化彰显、资源整合、产业支持等层级化的实施过程,塑造公共文化服务机构的主要职能范围和服务内容,并进一步与公众产生关联。

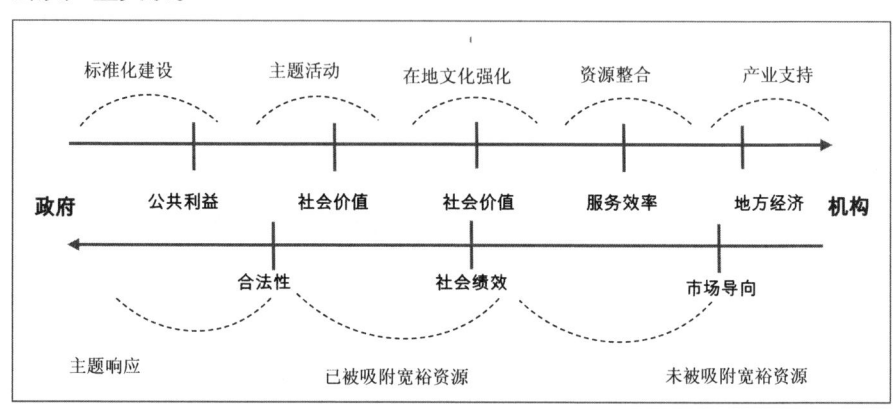

图7.2 政府与公共文化服务机构的行动结构

结论三:公共文化服务机构在合法性、社会绩效和市场导向驱动下的资源宽裕结构是整体网络的资源流动核心。

合法性、社会绩效及市场导向构成了上城区公共文化服务机构的主要变革动力(图7.2)。上城区公共文化服务机构在区域公共文化服务政策的历时性趋势之下呈现出对层级结构和公共资源的依赖,表现在网络特征上为已吸附性宽裕资源占主体的公共文化服务事业单位在网络中占据最为核心的位置,网络资源和资讯的获取能力都更高,并对上城区其他公共文化服务机构的影响力更大,其中配合行政命令的主题活动及支出作为已吸附宽裕资源的重要来源，在保障机构合法性和自上而下政策动员重要的政策工具层面已从公共文化服务内卷到政策系统之中，成为公共文化机构与行政主管部门最强有力的纽带形式。公共文化服务机构通过主题活动的层级响应提升政治社会合法性，并不断积累已吸附性宽裕资源，已吸附性宽裕资源又不断强化主题活动响应动机，两者构成结构循环；而公共文化服务机构的社会绩效则通过活动内容和教育功能的稳定访问群体导向来维持，市场导向则主要依靠未吸附性宽裕资源的积累和扩散来实现创新和产业布局，但市场导向与合法性之间的微妙平衡掌握于已吸附性宽裕资源和未吸附性宽裕资源两者的构成要素和比例，当两者出现无法平衡的张力时，公共文化服务机构的组织创新便会产生。作为变迁动力的宽裕资源类型，是由上城区公共文化服务机构的受众访问网络对机构本身产生的影响。

结论四：公众公共文化服务参与的内卷化行动机制是整体网络的互动反馈核心。

上城区公众的公共文化服务参与作为文化参与的一部分，本质是由"动机—认知—偏好—行为"的持续性行动机制（图7.3）。在这一机制中，人口特征与群体诉求决定其参与动机，对政府公共文化服务的认知通过公共文化服务机构形成参与偏好，而公共文化服务的资源配置则构成最终的行为，公众能否产生持续不断的公共文化服务参与行为，需要在群体诉求和公共文化服务认知中获取；而公共文化服务机构能否与周边文化生活圈共同构成个体的文化空间，对公众是否不参加某类活动构成障碍因素。上城区公众的文化参与群体诉求目前集中于由年龄和在地文化资源两类纽带联结而成的认同，而对公共文化服务的认知已内卷化为自上而下的层级供给结构并将其本质视为社区活动，而非文化活动。这类认知与上述政府行动者所构成的流动层级的公共文化服务内容安排以及机构行动者所构成的已吸附性资源积累与合法性维护密切相关，共同催生出公共文化服务的公众体验与文化参与本质渐行渐远的问题，"服务工具与服务对象之间的关系疏离使我们不得不重新审视'工具激活'这一命题的理论指涉与实践张力"（王列生，2004）。上城区的公众文化参与度和偏好热情普遍较低，与其透过公共文化服务对文化参与的上述认知应和，无法在文化参与动机和认知偏好环节提供持续不断的参与意愿,最终得到了如焦点小组成员所言,"之前政府提供的公共文化服务活动质量不太高,才有了现在社区公共文化服务普遍参与热情不高的问题,是前期认知的积累"。

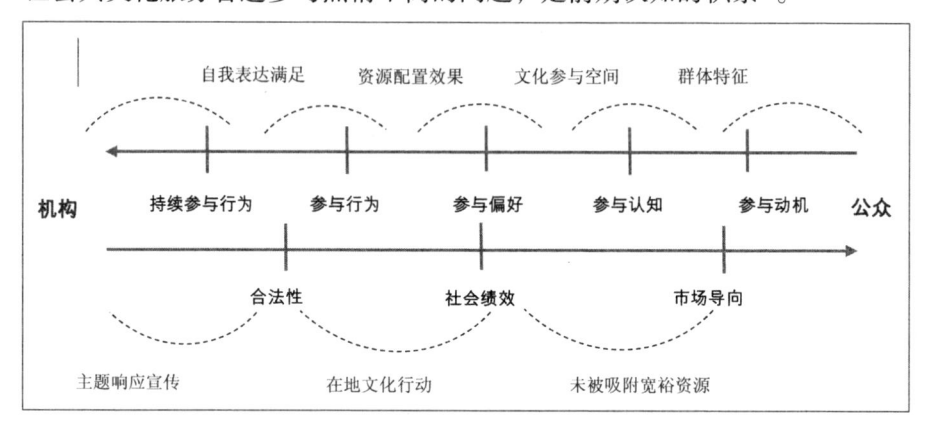

图 7.3 公共文化服务机构与民众文化参与的行动结构

二、理论对话与贡献

(一) 公共文化服务社会网络研究视角

公共文化服务作为中国特色的政策过程,在西方研究中没有直接相对应的理论主题,但在西方关于文化和文化政策的研究中,形成"自上而下"和"自下而上"两类政府与文化实践研究视角。"自下而上"(García, Eizaguirre, & Pradel, 2015; Kagan & Hahn, 2011; Novy & Colomb, 2013; Tremblay & Pilati, 2013; Moulaert, 2010) 的研究视角强调文化在城市发展中的作用,已形成详尽的批判性讨论 (Florida, 2002a, 2002b, 2005, 2006),尤其是关于其对经济增长、城市品牌战略 (Scott, 2010, 2014; Vicari Haddock, 2010)、城市改造和社会空间重塑 (Bianchini, 1993; Evans & Shaw, 2004; Harvey, 2001; Pratt, 2010; Zukin, 1989; 1996; Peck, 2005; Zukin & Braslow, 2011) 中的作用,其批判点主要集中于:文化解决社会问题的有效性 (Belfiore, 2002; Connolly, 2013; Pratt, 2010)、创意城市的力量对艺术实践的干预 (Mclean, 2014)、城市文化发展中的在地社区与艺术家的融入矛盾 (Comunian, 2011; Duxbury & Jeannotte, 2011; Kagan

& Hahn, 2011; Majoor, 2011; Novy & Colomb, 2013)等,其批判所着眼的依据主要包含研究语境的脱节及对文化概念的模糊性表述(Kirchberg & Kagan, 2013; Markusen, 2006; Pratt, 2010, 2011)。"自上而下"的分析视角强调文化规划在地区发展中的角色及政府的政策过程(Dreeszen, 1997; Kovacs, 2010, 2011; Markusen & Gadwa, 2010; Rivkin - Fish, 2004; Sirayi, 2008; Stevenson, 2004),重要的研究主题是关于文化规划过程对"地方营造"的作用,大量的文化规划手册在英国、美国、加拿大、澳大利亚等国出版以辅助政府的文化规划过程(AuthentiCity, 2008; Baeker, 2010; Borrup, 2004; Dreeszen, 1997; Grogan & Mercer, 1995; Guppy, 1997)。在区域差异之外,共性特征皆强调社区参与、文化资源开发与社会议题的解决。国内也逐渐经历了"自上而下—自下而上—两者结合"的分析视角,"自上而下"的分析视角主要强调公共文化服务在政策制定过程、政策地方执行、均等化的资源分配程度以及在计划体制下确立的"供给主导模式",随着对公共文化服务政策效果的关注及其深入,"自下而上"的分析视角近年来随着网络社会的形成与新的文化消费模式转变也逐步发声,包括对群众的文化生活方式转变特征的观察描述(方坤,2015)和文化需求的测量,群众文化团体的行动方式(陈波,2010)与地方互动(颜玉凡 & 叶南客,2016)等,两者的结合研究则强调计划体制模式与市场经济条件下的"需求导向—分散决策"模式之间的结构性错位或脱节(傅才武 & 许启彤,2017)。这些混合研究视角最终呈现的是不同时空的两极,"自上而下"强调国家政策宏观领域的转变,"自下而上"强调人民群众个体文化需求,两者始终未能放置在同一空间场域进行角力观察,因此即使得出结构性错位或脱节的结论,也很难具体描述这一结构过程或错位的具体情形,何况其间还有不同层级的政策执行及权力机构。诚如公共文化服务的理论发展非但有理论的目的,也面临了现实的需求,但相关的分析技术发展却相对贫乏,若无法结合系统化的分析工具,扎根于经验研究,归纳个案研究所积累的测量经验并持续修正,将容易使这一理论的发展流于描述性的喻象(Dowding, 1995),而无任何解释行政产出与变迁的理论能力。本研究是实现公共文化服务的社会网络分析范式的首次尝试,首要视角是将地方各级人民政府、公共文化服务机构以及公众放置在同一时空中,视为不同行动者因资源、信息和权力而构成的网络进行研究,在地方公共文化服务实践领域进行深描。

(二)公共文化服务参与在中国语境下的多元行动者的行动策略观察

对公共文化服务在中国当前语境下出现的供给与需求不匹配往往归结于结构性错位,并形成普遍共识(傅才武、许启彤,2017;颜玉凡、叶南客,2016;李少惠、曹爱军、王峥嵘,2007;张敏敏、黄晓丽,2016;王列生,2014)。通过前述行动者网络的研究发现,这种错位结构所指之结构并非因供给与需求的落差这一现象本身所致,而是公共文化服务的政策宣传主题功能的层级结构内卷,这一内卷由公共文化服务活动和服务机构的核心驱动,以重大节庆及指令性群众文化活动、主题展览、主题讲座等形式流动于基层公共文化服务的内容之中,以财政激励镶嵌并内化成公共文化服务机构的可吸附性资源宽裕,并致使其对公共资源的依赖,也进一步形成了公众对公共文化服务的行政化社区动员认知,所寄托的公共文化服务活动参与往往与支持社区工作紧密相连,形成政策主体超越政策内容之上的参与动因。不同于传统政策网络理论(Klijn,1997),假定政策社群基于价值规范和沟通系统形成行动者间的稳定化关系,也不同于罗德(1997)的"权力依赖理论",强调结构由资源依赖和资源动员驱动,无须层级节制权威调节。本质上,公共文化服务地方实践的整体网络将层级结构内卷于网络结构之中,制度性的位置规定在研究中充当了行动者的网络节点关系尺度的重要依据,但制度所赋予的强制性权力不是必然影响公共文化服务的效果产出的,资源相互依赖与行动反馈过程中展现的动态权力关系成为影响公共文化服务效果的决定因素。从网络结构而言,脱节或错位的是由公共资源依赖形成的主题和内容依赖,使公众对公共文化服务提供结构层级化更为明确而敏感的认知;这一认知超越了文化活动本身的自我呈现与表达满足的意涵期待,杂糅的过程恰恰是公众放弃自身文化体验并让渡自身文化参与权的过程;这一过程的形成既是供给与需求脱节的过程,也是公共文化服务地方结构行动导致反复参与主体较为稳定却难以扩大的症结。

（三）公共文化服务参与作为文化参与的本质

对公众文化参与的分析大致围绕知识、风险、真实性与集体参与四个维度展开（Brown & Novak, 2007; McCarthy et al, 2004）。知识包含向受众提供与之相关的讯息，使受众更好地理解所提供的文化产品和服务并能丰富受众体验，吸引再次参与（Kawashima, 2000; 2006）。当受众将注意力放置在某件艺术作品并希望从感官上升到意义时，知识就包含在提供文化产品和服务的过程中的智识激励和认知引导（Brown & Novak, 2007）。风险主要与受众是否再次参与文化活动的四种影响途径相关：功能风险（所提供的文化服务或产品不能满足其期待的可能性）、经济风险（活动支出影响是否参与的决策过程）、心理风险（文化产品或服务对受众的自我想象构成威胁）、社会风险（受众希望被其他个体所认知的形象；Colbert et al, 2001）。风险管理能够强化受众个体对积极风险的感知和预判。真实性指的是可信度，受众从文化产品和活动中获取的真实感越强，受众经验越感到满足（Grayson & Martinec, 2004, Leigh et al, 2006）。这种真实感一方面是指提供的文化产品和服务的真实性，另一方面是指受众个体情绪知觉的真实感受。将四方面维度与国内公共文化服务相对照勾连的研究情形还未形成。通过公众访问公共文化服务机构的具体情形社会网络，将公众的公共文化服务参与纳入文化参与范畴，而进一步的相关分析也证实了这一点，公众对各类型文化参与活动的偏好度和参与度都与公共文化服务参与显著相关，公共文化服务参与度较高的群体，显然比一般群体具有更高的文化参与度。这一研究视角为公共文化服务的研究提供了新的思路。同时，通过焦点小组的编码叙事梳理，进一步将各类影响文化参与的维度逻辑化，形成文化参与的行动机制，即以上四类分析维度在具体语境中具有先后机制顺序，集体参与构成参与动机，风险形成参与认知，知识和真实性形成偏好。与此同时，根据焦点小组访谈，进一步将其他因素纳入其中，包括对政府公共文化服务的认识、文化空间与资源配置等，都在更广泛的意义上影响着个体的文化参与选择与公共文化服务参与行为。这一研究视角突破了既往公共文化服务研究中对公共服务理论的依赖，将公共文化服务与一般公共物品区分开来，突出了公共文化服务的文化性主体价值。

(四) 社会网络分析技术在公共行政领域的尝试

公共行政作为一门具有自觉意识的学科领域，呈现出理论与实务互动的微妙关系，也正因为公共行政有着必须持续不断回应实务的本质，不可只在行政学论及行政，而必须论及相关领域的学科知识，所以公共行政具有跨学科的特质。中国公共文化服务面临环境的复杂性，如现代性与后现代性的混沌交织，在地化与全球化的竞合张力，都要求必须超越过去其内在逻辑法规僵化的线性观，以非线性的思维不断寻找公共文化服务的内在传导机制。因此，在公共文化服务的研究中应更多地从实际议题出发，将相关领域知识更多地进行整合。如在分析公共文化机构布局的合理性过程中，有学者通过地理学视角，利用ArcGIS分析工具，在人口密度等级区划的基础上对研究区进行网格划分，运用搜狗地图API计算出区域内任一社区距离任一公共文化服务设施间的最短公共交通出行时间（朱媛媛、杨毅、李俊杰、涂振发，2017）。在公共文化服务均等化及服务效率的测量过程中，需更多地运用财政学及经济学理论模型，探讨财政效率。但这些研究并不意味着对学科主体性的放弃，通过对财政效率影响因素的分析，可进一步结合政策分析相关知识，讨论政策过程是如何导向财政效率的，却也是目前从学科既有知识无法完成的步骤。而在学科知识版图内部，则更应关照对公共文化服务所产生的大量实务过程，与理论化的距离和可能增进的知识。如在去中心化的主体观视角下，对社会异质性的关注如何影响公共文化服务的政策制定过程。运用范米特和范霍恩的政策执行过程模型，从政策标准与政策目标、多重资源与政绩激励、中央主导与上下协同、宏观战略与微观需求、执行处置与执行细化五个维度考察文化惠民工程中的乡镇综合文化站的政策执行过程（陈水生，2014）。本研究是在学科主体性前提下，试图使用社会网络分析方法来拓展公共行政研究，并结合文化地理学、文化参与等多领域共同分析公共文化服务这一地方性实践命题。虽然无论是政策网络的赞成者还是批评者，都不满意社会网络的分析技术所能带来的解释效益，但无可否认的是，社会网络的分析方法，在解释公共文化服务地方实践的行动结构中，提供了理解网络关系形式与内涵更具科学化与系统化的测量指标,包括地方财政分类分级投入、公共文化服务机构设施的访问量、焦点小组的访谈内容等,同时将不同的时间点纳入其中,观察网络结构的动态变化过程。

三、管理意义

生态环境、文化资源、土地资源、在地特色、地方经济、公共利益等许多日常生活的议题在社会重构的过程中一一浮现,挑战了原有政府职能的设定与科层制组织架构的分工。同时,日益增多的议题不论专业性或执行力,都远非政府组织所能完全胜任,而这些日常议题所具有的"地方特色",也并非政府机构的角色和位置所能全然代表,即许多在日常生活里层出不穷的不同领域议题,尤其是文化领域这一跨度较大的工作,没有一个政府组织能够精细分工到能够充分应对其各种各样的专业问题。透过公共文化服务地方实践的行动者网络分析结论,地方政府在实践中也应当更加重视网络化的视角,将区域作为一个由多样化资源和在地社群构成的生活生态系统,将区域公共文化服务视为由政府部门、服务机构和公众共同构成的资源流动网络,是地方政府公共文化服务实践的核心视角。

(一)公共文化服务的文化治理转向

21世纪的治理概念让公共部门意识到,政府并非单一行动体,而是许多不同层级部门合作协调的综合体。公共管理往往发生在参与者的网络中,而不是仅仅局限于一个单一的官僚制范围内(Bogason & Toonen, 1998; Bressers, O'Toole & Richardson, 1995; Klijn, 1996; Milward & Provan, 2000; O'Toole, 1998; Peterson & O'Toole, 2001; Scharpf, 1993)。对外而言,政府并非公共权威与社会控制唯一的权力中心,权力的去中心化也是许多行动者互动的过程(Kooiman, 1993, 2003),治理可被视为一种方法性的意识形态选择,以将特定议题去政治化弱化国家的作用,树立一种新的领导权形式,这种新形式隐藏了模糊"网络"背后的真正权力来源(Davies, 2011)。

文化治理是对地方文化资源的广泛应用的一种策略性回应,作为一种创造地方社会整体发展机遇的工具,从单一部门的政策关注转移至区域发展。文化治理强调文化成为国际和国家文化政策的中心任务，不是对于文化的治理，而是区域治理和政策规划的文化途径。文化被话语性地变成一个包含生活方式、观点、活动、商品和服务的客体，文化行动者成为这一过程的多元主体。文化治理的价值包含政治化、商品化、多元化和民主化四方面的诉求，政治化倾向于将文化建设为需要行为实体以及影响文化表现形式产生的国家治理机构；商品化直接涉及文化表现形式，并与全球文化贸易网络相连；文化多元化被视为一种资产，附加值在越来越多的地方发展和经济实践中得到认可；民主化则强调文化的赋权和平等参与。这四方面的价值在公共文化服务的地方实践中都有所体现。其中，政治化、多元化和民主化直接与公众产生关联，而商品化则通过公共文化服务机构的未被吸附性资源积累过程得以实现。

文化治理作为现代国家治理的重要组成部分，开始全面嵌入并引领当代中国社会主义现代化建设的历史进程（唐亚林，2017）。公共文化服务的文化治理转向是从标准化建设到多元价值追求的过程，这一过程要求地方政府能够统筹文化事业与文化产业的关系，在城市更新与在地文化资源利用中，更重视文化资源所形成的文化参与认同的凝聚，并将层级结构所镶嵌的公共资源与公共文化服务机构的文化活动和服务内容适度分离，在治理主体上真正将三类行动者纳入同一网络，将公共文化服务作为空间文化构建的其中环节，致力于培育文化土壤，提升文化自觉和文化参与。

（二）公共文化服务机构与公众连接关系的建立

政府通过直接补贴和文化产业扶持与文化服务机构建立持续性关系，并通过这一行为价值导向在深层次上影响大众的文化参与过程，但财政行为在这一过程中无法在最深层次上实现持续性的价值交换，而公共文化服务机构与大众之间强连接关系的建立才是实现这种价值存续的唯一路径，这种相互依赖关系的建立基础是相互信任情境的培植，即公共文化服务机构通过自身文化活动的专业化开展提升公众对机构的文化认知和专业信任。公共文化服务机构的文化活动专业化开展需要自身将未被吸附性宽裕资源和已被吸附宽裕资源有效整合，对公共资源依赖保持一定限度。

（三）公共文化服务参与的体验价值提升

公共文化服务的公众参与，受到改革开放多年来居民文化消费模式转型升级的深刻影响，文化参与不再是集体动员的结果，而是自我表达和满足的需要。文化产品和服务的价值源于公众的习得、观念、偏好和评价（Tzokas & Saren，1999），这种价值的认知会不断改变，这种价值认知塑造了公众的文化需求。在选择一种文化产品和服务之前，公众必先映射一些价值于其上，这种价值的本质可以是内在的，也可以是外在的。外在价值直接与公众个人的自我表达与服务质量相关，外在价值与公众身处的外部环境感受相关，如有效性、优异性、信誉和服务。

文化参与的动机决定了参与行为，政府应当在公众消费文化产品和服务之前介入文化参与动机、认知和偏好的提升过程中。前文研究所能发现的是，为提升文化的价值，政府在公共文化服务中的作用已不再局限于为公众提供文化产品和服务，而是系统地统筹设计文化活动让民众在其中获取或创造属于自己的价值，个体的文化价值根植于其所在的家庭与社会，形塑着所有的文化行为和决定，包括其是否参与某项活动。新的文化活动的沉浸式模式逐渐在这一点上实现突破，能够吸引并留住受众。受众越来越寻求在文化参与过程中自我经验的塑造，因此应当将重点聚焦与对受众的赋权，而不是将其作为目标（Bernstein，2007），受众一度被作为被动的客体，现在应当作为文化活动中价值创造的一部分（Vargo & Lusch，2008）。这种新的受众是需要在文化经验中实现自我表达的受众，需要试图弥补真实自我与理想自我之间鸿沟的受众，如果能够满足这种自我彰显的需要，他们将会异常忠实于这种文化参与行为（Radbourne，2010），从客体真实性（the authenticity of objects）走向主体真实性（the authenticity of subjects）。

四、研究局限与未来方向

由于研究过程的资料可得性和文化内涵本身测量的复杂性，主要的研究局限和未来进一步的探索方向主要包含：

（一）文化概念在公共文化服务语境中的再思考

文化具有多重语境下的不同语意范畴和研究视角。1982年的文化政策世界大会上，文化被定义为引领人类发展和智识更新的核心资源，包含传统的或流行的一切创意活动（Ghilardi，2001）。汉纳斯（1992）认为文化是人类所创造的一切使其社会化的意义。威廉姆斯（1961）将文化分为三类，文化是一种特殊生活方式，不仅在艺术和学习中获取一定的意义和价值，也蕴含在机构组织和日常行为中。这一定义不仅将文化与组织行为有效联结，还将文化发展规划等文化政策囊括其中。在面对文化内容多样化、价值多元化和表现形式碎片化对既有政策前提和模式构成挑战的语境下，这一定义更具亲和力。本研究并未在文化意义方面做过多停留，而是从既有公共文化服务政策文本的内容出发，根据所提供的公共文化服务职能内容分析政策工具的执行现状和效果，并将其作为文化参与的一部分进行探讨。从"自上而下"的视角而言，文化的价值在于提升国家整体文化（Baumol，1997），或重塑公众的整体的创造力（Guldberg，2000），从"自下而上"的视角而言，文化对每个个体的文化关联产生系统的、各异的作用，这两类视角都无法真正将公共文化服务的网络化视角贯彻其间。因此，公共文化服务中的文化意涵可以做进一步的分析，包括对既有文化意涵是否有新的延伸或者异化等。

（二）社会资本、强弱纽带和结构洞等的深入分析

社会网络的分析作为一个分析视角，成为分析公共文化服务地方实践的一个切口，但在社会网络图景呈现之后，仍有关于社会资本、强弱纽带和结构洞方面深化分析的可能。对社会网络结构的分析，社会资本是稳定网络关系中的资源，为网络行动者共同拥有使用，同时其他网络资本也具备转化可能（Bourdieu，1986）。公共文化服务机构的稳定网络结构互动和人际关系镶嵌过程中的社会资本，在地方运营中起到不可忽视的作用，尤其是对资源流动的过程，这种社会资本包含市场关系、社会关系和正式层级关系三个方面。本研究依据三类不同的行动者所具有的不同行动特征，截取相关的可测量因素对网络结构进行了描述性表达和可视化实现，并借助 Pajek 软件及相关的度中心性、接近中心性等概念将节点的联结关系数据化，并结合个案历史背景进一步观察这种结构所涵盖的意义，而没能够从社会资本角度，即更深入的镶嵌因素来观察行动者的资源交换过程或位置变换过程，这一过程同时也包含着另外两个重要的概念，即纽带和结构

洞，前者强调资源联结的途径（社会角色、情感强度、互惠行动和回报性等），后者强调资源（信息）交换的渠道（资讯利益和控制利益）。强弱纽带是长期以来社会网络研究的焦点，对于这一衡量节点关系的重要可量化概念而言，常规的强弱纽带关系测量包含时间量、情感强度、互信度和互惠度四方面内涵（Petróczi A，Nepusz T，Bazsó F，2007），不同的学者依据不同研究领域的语境在这四方面内涵基础上不断进行强弱纽带的进一步测量和解释，并利用嵌入结构分析的视角将强弱纽带关系与网络结构进一步关联分析，既有研究在网络社会、企业创新、产业集群等领域都有丰硕成果。社会资本在地方公共文化服务网络形成中的作用，尤其是对在地文化的影响、强弱纽带的测量因素与实际网络情形之间的关系、不同行动者的资源（信息）交换渠道及过程等，都应该成为后续研究非常重要的面向。

（三）公共文化服务作为文化参与形式的一种模型化测量和归纳

由于前期关于公共文化服务参与的测量模型较少，国外较成熟的文化参与测量面临本土化的情境要求，此次研究处于将文化参与测量应用到国内的本土化尝试过程，依然存在相当程度的量表开发，调试工作需要后续开展，将公共文化服务参与作为文化参与行为的一种表现只是研究的开始，文化参与各因素之间更为深入的关系需要借助更多的假设量表的回归分析和结构方程等形式模型化。

（四）从均质公众到多元分众的群体性关注

Dean（2003：117）和 Bang（2004：159）曾提出，当代自由民主体制面临的复杂状态，不再能以技术官僚组织来运作，也不再能仰赖对社会成员的直接指挥和控制，而是要求制度及实作的运行和改革，必须以个人自我治理和自我转变为媒介。这展现为通过多元文化主义来承认公共领域中的文化差异，文化作为调节国家与社会关系的重要场域，"大众"并非狭义的观众，而是不同文化类型需求的社群，且正是由于文化机构，相较于其他机关，被视为尤其能扮演社群融合的催化剂，因为"文化以及创意发展的主要能力就在于协助在地社群表达自身需求的能力"（Matarasso & Landry，1996；Sandell，2002：7）。

根据世界价值观调查（World Value Survey, WVS）自1990年至2014年的调查结果显示[①]，中国的公众志愿参与相关文化组织的情形（Member: Belong to education, arts, music or cultural activities）发生了显著变化，未固定参与相关文化组织或活动的人数比例从1990年的92.7%减少至2007年的83.7%，大众文化参与的意愿在逐步增强，参与形式也逐步多样化、稳定化。但这一趋势在2012的调查数据中又回落至92.5%，这一调查结果整体上表明中国的大众文化参与程度总体偏低，近年在新的互联网背景下，代际更迭及休闲时间等多重因素影响，又呈现出更加碎片化、原子化、多元化的趋势。

因本研究的区域选取特征，公共文化服务的政策重点以中老年为主，实际参与情形也以中老年为主，老龄化与公共文化服务可在此基础上做进一步的延伸。后续的文化参与讨论应更全面地了解所有年龄群体的文化参与状况，"社会和经济的劣势是导致青少年无法将高文化参与意愿付诸行动的核心因素"（Catterall, Dumais, & Hampden-Thompson, 2012），尤其是青年群体的公共文化服务参与可能与障碍应当成为下一阶段的研究对象。同时，在焦点小组的参与行为机制的归纳中，群体代入感的认知成为文化参与的重要动机。因此，群体性的划分除了年龄划分依据外，可更多地关注构成文化参与中的代入感和归属感的群体划分标准，即公众更加认同的群体身份是哪些，哪些群体身份能够更加深刻地驱动文化参与行为。这种群体归纳也可进一步上升为归纳比较，年龄群体的比较或国别群体的差异比较。鉴于本研究在公众文化参与中重点参考了美国历年公众文化艺术参与调查（SPPA）的核心问题，可就相同问题展开不同层面的比较。

与此同时，经验研究表明，互联网会促进新的公共领域的形成（Ho, Baber & Khondker, 2002）。在互联网的冲击下，用户产生内容（User Generated Content, UGC）迅速发展。大数据颠覆了传统的公共文化机构从资源到服务的全程单向提供的传统流程，而直接由需求驱动，由用户有意识的创造和提供内容，或者用户在使用公共文化服务的过程中自然产生的行

---

① WVS调查以五年为一个阶段，在目前连续五个阶段的调查中，均涉及对公众文化参与或志愿参与文化艺术组织的调查问题，题项表述略有不同。

为数据作为资源内容（张春景，曹磊，曲蕴，2015）。在这样的多元分众及用户产生内容的背景下，研究公共文化服务，其公共意义的重点在于探索公共文化服务与大众文化参与之间更为具体的关联。在新的社会及技术背景下，公共文化服务的公共性维持的动力为何？在用户产生内容背景下，多元文化参与偏好与文化参与行为之间的关系为何？是否有新的政策工具或技术工具突破参与障碍？如何突破？在公共文化层面，文化作为一种在地资源，如何体现地方文化的独特性？如何代表地方的集体记忆？

参考文献

一、中文文献

1. 杭州市上城区志编纂委员会. 杭州市上城区志［M］. 北京：方志出版社，2015.

2. 黄宗智. 华北的小农经济和社会变迁［M］. 北京：中华书局，1986.

3. 李伯重. 江南的早期工业化（1550—1850年）［M］. 北京：社会科学文献出版社，2000.

4. 李钢，蓝石. 公共政策内容分析方法：理论与应用［M］. 重庆：重庆大学出版社，2007.

5. 刘军. 社会网络分析导论［M］. 北京：社会科学文献出版社，2004.

6. 王国斌. 转变的中国：历史变迁与欧洲经验的局限［M］. 李伯重，连玲玲，译. 南京：江苏人民出版社，2008.

7. 吴自牧. 梦粱录（影印本）［M］. 台北：文海出版社，1981.

8. 夏书章. 行政管理学［M］. 广州：中山大学出版社，2003.

9. 杨伟民. 发展规划的理论和实践［M］. 北京：清华大学出版社，2010.

10. 米歇尔·福柯. 安全、领土与人口：法兰西学院演讲系列，1977—1978［M］. 上海：上海人民出版社，2010.

11. 蔡宁，吴结兵，殷鸣. 产业集群复杂网络的结构与功能分析［J］.

经济地理, 2006, 26 (3): 378-382.

12. 曹爱军. 公共文化服务: 理论蕴涵与价值取向 [J]. 湖北社会科学, 2009 (06): 40-42.

13. 曹普. 20世纪70年代末以来的中国文化体制改革 [J]. 当代中国史研究, 2007 (05): 021.

14. 曹志来. 发展农村公共文化事业应以政府为主导 [J]. 东北财经大学学报, 2006 (05): 58-60.

15. 陈波. 乡间艺人机会损失的形成与补偿研究——基于农村公共文化服务体系建设的视角 [J]. 武汉大学学报（人文科学版）, 2010 (03): 347-355.

16. 陈浩天. 公共文化服务的治理悖论与价值赓续 [J]. 华南农业大学学报（社会科学版）, 2014, 13 (3): 123-129.

17. 陈建. 文化精准扶贫视阈下的政府公共文化服务堕距问题 [J]. 图书馆论坛, 2017, 37 (7): 74-80.

18. 陈坚良. 和谐社会视野下公共文化服务体系的构建 [J]. 学术论坛, 2007, 30 (11): 176-179.

19. 陈介英. 社区营造与文化资源的创造 [J]. 庶民文化研究, 2015, (12): 144-174.

20. 陈立旭. 从传统"文化事业"到"公共文化服务体系"——浙江重构公共文化发展模式的过程 [J]. 中共宁波市委党校学报, 2008, 30 (6): 5-15.

21. 陈立旭. 推动基本公共文化服务均等化 [J]. 浙江社会科学, 2011 (12): 4-7.

22. 陈立旭. 中国公共文化体制的改革创新历程审视 [J]. 浙江学刊, 2017 (02): 001.

23. 陈水生. 项目制的执行过程与运作逻辑——对文化惠民工程的政策学考察 [J]. 公共行政评论, 2014, 7 (03): 133-156, 179-180.

24. 陈旭佳. 效果均等标准下基本公共文化服务均等化研究 [J]. 当代经济管理, 2016, 38 (11): 55-63.

25. 戴艳清, 孙颖博. 政府购买公共数字文化服务的参与方关系模型研究 [J]. 图书馆论坛, 2017, 37 (3): 74-79.

26. 单薇. 从多维视角综合评价我国公共文化服务均等化水平 [J]. 中国统计, 2015 (04): 56-58.

27. 方坤. 重塑文化空间: 公共文化服务建设的空间转向 [J]. 云南行政学院学报, 2015 (06): 005.

28. 方堃, 冷向明. 包容性视角下公共文化服务均等化研究 [J]. 江西社会科学, 2013 (01): 177-181.

29. 傅才武, 许启彤. 基层文化单位的效率困境: 供给侧结构问题还是管理技术问题——以5省10个文化站为中心的观察 [J]. 山东大学学报 (哲学社会科学版), 2017 (01): 50-59.

30. 高福安, 刘亮. 基于高新信息传播技术的数字化公共文化服务体系建设研究 [J]. 管理世界, 2012 (08): 1-4.

31. 高丙中. 社会团体的合法性问题 [J]. 中国社会科学, 2000, 2 (103): 9.

32. 顾金孚. 农村公共文化服务市场化的途径与模式研究 [J]. 学术论坛, 2009 (05): 171-175.

33. 韩博天, 奥利佛·麦尔敦, 石磊. 规划: 中国政策过程的核心机制 [J]. 开放时代, 2013 (06): 8-31.

34. 胡税根, 李倩. 我国公共文化服务政策发展研究 [J]. 华中师范大学学报 (人文社会科学版), 2015 (02): 43-53.

35. 胡税根, 吴芸芸, 翁列恩. 浙江省公共文化服务标准化发展研究 [J]. 文化艺术研究, 2014, 7 (01): 1-8.

36. 胡税根, 宋先龙. 我国西部地区基本公共文化服务均等化问题研究 [J]. 天津行政学院学报, 2011, 13 (1): 62-67.

37. 华燕. 论公民的文化参与权 [J]. 福州大学学报 (哲学社会科学版), 2012 (05): 63-68.

38. 江光华. 北京市公共文化转移支付制度研究 [J]. 北京社会科学, 2009 (06): 14-19.

39. 黄宗智. 发展还是内卷? 十八世纪英国与中国——评彭慕兰《大分岔: 欧洲, 中国及现代世界经济的发展》[J]. 历史研究, 2002 (04): 149-176, 191-192.

40. 蒋晓丽, 石磊. 公益与市场: 公共文化建设的路径选择 [J]. 广州大学学报 (社会科学版), 2006, 5 (8): 65-69.

41. 金慧, 余启军. 湖北省公共文化服务标准化均等化问题研究 [J]. 湖北社会科学, 2017 (02): 63-69.

42. 李国新. 公共图书馆法人治理: 结构·现状·问题·前瞻 [J]. 图书与情报, 2014, 158 (02): 1-6, 9.

43. 李纪英. 公共图书馆弱势群体特色服务的实践与思索——以黔南州图书馆盲人特色服务为例 [J]. 国家图书馆学刊, 2010 (01): 80-81.

44. 李俊玲. 城市图书馆在公共文化服务体系中的多元化建设 [J]. 图书馆建设, 2008 (10): 30-32.

45. 李立睿, 邓仲华. 基于"互联网+"的融合图书馆构建研究 [J]. 图书与情报, 2015, 159 (06): 33-37, 62.

46. 李少惠, 曹爱军, 王峥嵘. 行政变革中的公共文化服务及其路向 [J]. 中国行政管理, 2007 (04): 25-27.

47. 李少惠, 穆朝晖. 非政府组织参与西部农村公共文化产品供给的路径分析 [J]. 四川师范大学学报 (社会科学版), 2010, 37 (5): 17-22.

48. 李少惠, 王苗. 农村公共文化服务供给社会化的模式构建 [J]. 国家行政学院学报, 2010 (02): 44-48.

49. 李世敏, 吴理财. 社区治理的文化转向: 一种新的理论视角 [J]. 理论与改革, 2015 (01): 119-122.

50. 李婷. 延伸图书馆公益服务, 构建社会公共文化服务体系 [J]. 图书馆, 2007 (05): 66-68.

51. 李怡梅. 打造新生代农民工的"文化专列"——公共图书馆为新生代农民工服务的探索 [J]. 图书馆, 2010 (04): 23-24.

52. 梁灿兴, 卢儒珍. 试论公共图书馆事业发展中政府财政支持的变迁 [J]. 图书馆, 2006 (03): 6-8.

53. 梁钜霄. 读图时代的图书馆导读创新 [J]. 图书馆建设, 2012 (07): 51-54.

54. 廖青虎, 等. 公共文化服务设施的最优投资管理模式选择 [J]. 北京理工大学学报（社会科学版）, 2016 (01): 96-102.

55. 刘丛. 作为第三空间的公共图书馆社会价值分析 [J]. 图书馆理论与实践, 2012 (05): 69-70.

56. 刘辉. 公共文化服务的文化产业效应 [J]. 理论探索, 2012 (193): 103-106.

57. 刘俊生. 公共文化服务组织体系及其变迁研究——从旧思维到新思维的转变 [J]. 中国行政管理, 2010 (01): 41.

58. 刘敏惠, 张仙. 基于公共文化服务均等化的图书馆服务模式构建 [J]. 云南社会科学, 2016 (05): 177-180.

59. 刘淑兰. 政府创新与新农村公共文化服务体系的构建——以福建省为例 [J]. 福建农林大学学报（哲学社会科学版）, 2008, 11 (2): 41-45.

60. 罗云川, 李彤. 公共文化资源共享治理策略探析 [J]. 图书馆工作与研究, 2016 (04): 28-32.

61. 马跃如, 白勇, 程伟波. 基于SFA的我国文化产业效率及影响因素分析 [J]. 统计与决策, 2012 (08): 97-101.

62. 牛华. "内生 外包 合作"——我国公共文化服务机制创新的类型及其经验分析 [J]. 内蒙古财经学院学报（综合版）, 2010 (01): 108-112.

63. 邱冠华. 公共图书馆提升服务效能的途径 [J]. 中国图书馆学报, 2015, 41 (4): 14-24.

64. 邱冠华. 公共图书馆的设置与体系建设研究 [J]. 中国图书馆学报, 2010 (02): 16-23.

65. 曲哲. 第三空间图书馆在公共文化服务体系建设中的作用及发展趋势 [J]. 图书馆学刊, 2015, 37 (11): 16-18.

66. 疏仁华. 论农村公共文化供给的缺失与对策 [J]. 中国行政管

理，2007（01）：60-62.

67. 粟慧，刘丽东，祝茵. 创新理念引领下的公共图书馆服务网络——以东南沿海城市公共图书馆为例［J］. 图书情报工作，2007，51（07）：112-115.

68. 苏霞. 公共文化服务体系建设中基层文化站职能的偏离与回归——基于对 W 市街道文化站的调查［J］. 华中农业大学学报（社会科学版），2013（02）：118-124.

69. 孙浩. 农村公共文化服务有效供给的体制性障碍研究［J］. 甘肃行政学院学报，2011（06）：59-70，124.

70. 唐亚林. 当代中国文化治理的生成逻辑与维度建构［J］. 中国文化产业评论，2017，24（01）：121-130.

71. 唐亚林，朱春. 当代中国公共文化服务均等化的发展之道［J］. 学术界，2012（05）：24-39，254-255，265-266.

72. 王家庭，张容. 基于三阶段 DEA 模型的中国 31 省市文化产业效率研究［J］. 中国软科学，2009（09）：75-82.

73. 王婧，胡惠林. 我国文化国情的几个基本特征——基于中国文化发展指数体系（CCDIS）的测评分析［J］. 华中师范大学学报（人文社会科学版），2017（02）：74-82.

74. 王列生. 论构建公共文化服务体系的意识形态前置［J］. 文艺理论与批评，2007（02）：125-129.

75. 王列生. 论公民基本文化权益的意义内置［J］. 学习与探索，2009（06）：54-61.

76. 王列生. 论"功能配置"与"公众期待"的对位效应及其满足条件——基于现代公共文化服务体系建设中工具激活的向度［J］. 江汉学术，2014，33（3）：32-41.

77. 王森，孙红蕾，郑建明. 公共数字文化：概念解析与研究进展［J］. 现代情报，2017，37（7）：172-177.

78. 王素芳，等. 社会力量参与图书馆建设制度保障研究［J］. 中国图书馆学报，2010（04）：4-9.

79. 王显成. 公共文化服务投入的统计范围与保障标准 [J]. 统计与决策, 2017 (10): 39-42.

80. 王晓洁. 中国基本公共文化服务地区间均等化水平实证分析——基于1999年、2009年数据比较的考察 [J]. 财政研究, 2012 (03): 76-79.

81. 王旭东, 赵鹏. "互联网思维"在博物馆展示设计中的映射 [J]. 东南文化, 2016 (06): 113-117.

82. 王志弘. 文化如何治理? 一个分析架构的概念性探讨 [J]. 世新人文社会学报, 2010, (11): 1-38.

83. 魏鹏举. 公共财政扶持文化产业的合理性及政策选择 [J]. 中国行政管理, 2009 (05): 45-46.

84. 吴军. 市民参与的文化转向——城市公共政策国际理论前沿 [J]. 社会科学战线, 2015 (05): 202-206.

85. 吴理财. 非均等化的农村文化服务及其改进对策 [J]. 华中师范大学学报 (人文社会科学版), 2008, 47 (3): 10-17.

86. 吴理财. 公共文化服务的运作逻辑及后果 [J]. 江淮论坛, 2011, 248 (04): 143.

87. 吴理财. 把治理引入公共文化服务 [J]. 探索与争鸣, 2012 (06): 53.

88. 吴理财. 文化治理的三张面孔 [J]. 华中师范大学学报 (人文社会科学版), 2014 (01): 58-68.

89. 吴晓, 王芬林. 中国道路——论我国公共文化服务标准化建设 [J]. 图书馆论坛, 2018, 38 (02): 36-43.

90. 吴予敏. 城市公共文化服务的结构二重性和社会行动者——以吉登斯结构化理论为视角 [J]. 学术研究, 2016 (10): 44-50.

91. 肖希明, 唐义. 公共数字文化资源整合动力机制研究 [J]. 图书馆建设, 2014 (07): 1-5.

92. 肖希明, 完颜邓邓. 以公共数字文化资源整合促进基本公共文化服务均等化 [J]. 图书馆, 2015 (11): 22-25, 31.

93. 颜玉凡. 城市社区公共文化服务的多元主体互动机制：制度理想与现实图景——基于对 N 市 JY 区的考察 [J]. 南京社会科学, 2017 (10): 134 - 142.

94. 颜玉凡, 叶南客. 多元融入还是路径依赖：城市社区公共文化服务中的政府行动策略——以对 N 市 JY 区的考察为例 [J]. 艺术百家, 2016, 32 (06): 52 - 58.

95. 颜玉凡, 叶南客. 文化治理视域下的公共文化服务——基于政府的行动逻辑 [J]. 开放时代, 2016 (02): 158 - 173.

96. 杨林, 许敬轩. 地方财政公共文化服务支出效率评价与影响因素 [J]. 中央财经大学学报, 2013 (04): 7 - 13.

97. 杨伟民. 我国规划体制改革的任务及方向 [J]. 宏观经济管理, 2003 (04): 4 - 8.

98. 杨永, 朱春雷. 公共文化服务均等化三维视角分析 [J]. 理论月刊, 2008 (09): 150 - 152.

99. 张波, 郝玲玲. 公共财政视角下政府公共文化服务职能创新 [J]. 学术交流, 2010, 6 (80): 21.

100. 张波, 宋林霖. 优化政府公共文化服务成本的制度研究 [J]. 理论探讨, 2008 (06): 82 - 85.

101. 张春景, 曹磊, 曲蕴. 公共文化服务大数据应用模式与趋势研究 [J]. 图书馆杂志, 2015, 34 (12): 4 - 8.

102. 章建刚, 陈新亮, 张晓明. 中国公共文化服务发展的历史性转折 [M] // 李景源, 陈威. 中国公共文化服务发展报告. 北京：社会科学文献出版社, 2007: 9.

103. 张敏敏, 黄晓丽. 文化需求视角下现代公共文化服务体系建设研究——以东莞市长安镇实地调查数据为例 [J]. 黑龙江社会科学, 2016 (05): 91 - 97.

104. 张启春. 区域基本公共服务均等化与政府间转移支付 [J]. 华中师范大学学报 (人文社会科学版), 2009, 48 (1): 39 - 45.

105. 周晓丽, 毛寿龙. 论我国公共文化服务及其模式选择 [J]. 江苏社会科学, 2008 (01): 90-95.

106. 朱旭光, 郭晶晶. 双重失灵与公共文化服务体系建设 [J]. 经济论坛, 2010 (03): 57-59.

107. 朱媛媛, 等. 武汉市公共文化服务设施的空间格局优化研究 [J]. 华中师范大学学报 (自然科学版), 2017, 51 (04): 526-533.

108. 孔进. 公共文化服务供给: 政府的作用 [D]. 山东大学, 2010.

109. 杨海霞. 农村社区公共文化服务标准化研究 [D]. 华中师范大学, 2016.

110. 俞楠. "文化认同"的政治建构: 当代中国公共文化服务战略研究 [D]. 华东师范大学, 2008.

111. 文化部. 公共文化服务保障法正式施行 [EB/OL]. 新华网, (2017-03-01) [2017-12-01].

二、英文参考文献

112. AGNEW J A. Place and Politics: The Geographical Mediation of State and Society [M]. London: Unwin Hyman Ltd, 1987.

113. BARRETT J. Museums and The Public Sphere [M]. New Jersey: Wiley-Blackwell, 2012.

114. BENNETT T. The Birth of the Museum: History, Theory, Politics [M]. London: Routledge, 1995.

115. BERNSTEIN J S. Arts Marketing Insights: The Dynamics of Building and Retaining Performing Arts Audiences [M]. New Jersey: John Wiley & Sons, 2011.

116. BLACK G. Transforming Museums in The Twenty-First Century [M]. London: Routledge, 2012.

117. BOCOCK R. The Cultural Formations of Modern Society [M] // Hall S, Gieben B. The Formations of Modernity. Cambridge: Polity Press, 1993: 229-274.

118. BORRUP T, MCNULTY R H. The Creative Community Builder's

Handbook: How to Transform Communities Using Local Assets, Art, And Culture [M]. Saint Paul, Mn: Fieldstone Alliance, 2006.

119. BOURDIEU P. The Forms of Capital. In J. G. Richardson (Ed.) Handbook of Theory and Research for the Sociology of Education [M]. New York: Greenwood, 1986.

120. BRESSERS H, AKKERMANS W, RICHARDSON J, et al. Networks for Water Policy: A Comparative Perspective [M]. London: Psychology Press, 1995.

121. BRINKERHOFF J M. Partnership for International Development: Rhetoric or Results? [M]. Boulder, CO: Lynne Rienner, 2002.

122. BROWN A S, NOVAK J L. Assessing the Intrinsic Impacts of a Live Performance [M]. San Francisco, CA: WolfBrown, 2007.

123. CASTELLS M. The Urban Question: A Marxish Approach [M]. Cambridge Mass: MIT press. 1977.

124. CHHOTRAY V, STOKER G. Governance Theory and Practice: A Cross-Disciplinary Approach [M]. New York: Palgrave Macmillan, 2009.

125. CLARK T N. The City as an Entertainment Machine [M]. New York: JAI Press, 2003.

126. CLARK T N. The New Political Culture [M]. London: Routledge, 2018.

127. COLBERT F, NANTEL J, BILODEAU S, et al. Marketing culture and the arts (2nd ed.) [M]. Montreal: Chair in Arts Management, 2001.

128. CRAIK J. The Face of Fashion: Cultural Studies in Fashion [M]. London: Routledge, 2003.

129. CRAIK J. Re-visioning Arts and Cultural Policy: Current Impasses and Future Directions [M]. Canberra: ANU E Press, 2007.

130. CRANG M. Cultural Geography [M]. London: Routledge, 2013.

131. CRESSWELL T. Place: An Introduction [M]. New Jersey: John Wiley & Sons, 2014.

132. CYERT R M, MARCH J G. A Behavioral Theory of the Firm [M]. Englewood Cliffs: Prentice – Hall, 1963.

133. DEGENNE A, FORSÉ M. Introducing Social Networks [M]. London: SAGE Publications, 1999.

134. DE NOOY W, MRVAR A, Batagelj V. Exploratory Social Network Analysis with Pajek [M]. Cambridge: Cambridge University Press, 2011.

135. DIERS J. Neighbor Power: Building Community the Seattle Way [M]. Seattle University of Washington Press, 2004.

136. DAVIES J S. Challenging Governance Theory: From Networks to Hegemony [M]. Bristol: Policy Press, 2011.

137. DREESZEN C. Community Cultural Planning Handbook: A Guide For Community Leaders [M]. Washington: Americans for the Arts, 1997.

138. DREIER P, MOLLENKOPF J H, SWANSTR M T. Place Matters: Metropolitics for The Twenty – First Century [M]. Kansas: University Press of Kansas, 2004.

139. EAGLETON T. The Idea of Culture [M]. New Jersey: Wiley – Blackwell, 2000.

140. FINLEY M I. Democracy Ancient and Modern [M]. New Jersey: Rutgers University Press, 1985.

141. FLORIDA R. The Rise of the Creative Class: And How It's Transforming Work, Leisure, Community and Everyday Life [M]. New York: Basic Books , 2002.

142. FLORIDA R. Cities and The Creative Class [M]. London: Routledge, 2005.

143. FREDERICKSON H G. The Spirit of Public Administration [M]. San Francisco: Jossey – Bass Incorporated Pub, 1997.

144. GALBRAITH J R. Designing Complex Organizations [M]. Boston, MA: Addison – Wesley Longham Publishing Co. , 1973.

145. GEERTZ C. Agricultural Involution: The Process of Ecological Change

in Indonesia [M]. Berkeley: University of California Press, 1963.

146. GOLDSMITH S, EGGERS W D. Governing by Network: The New Shape of the Public Sector [M]. New York: Brookings Institution Press, 2005.

147. GROGAN D, MERCER C, ENGWICHT D. The Cultural Planning Handbook: An Essential Australian Guide [M]. Sydney: Allen & Unwin, 1995.

148. GROSSBERG L. Cultural Studies in The Future Tense [M]. Durham, NC: Duke University Press, 2010.

149. GUPPY M, et al. Better Places Richer Communities: Cultural Planning and Local Development: A Practical Guide [M]. Sydney: Australia Council, 1997.

150. HABERMAS J. The Structural Transformation of the Public Sphere—An Inquiry into a Category of Bourgeois Society [M]. Cambridge: MIT Press, 1991.

151. HADDOCK S V. Brand – Building: The Creative City: A Critical Look at Current Concepts and Practices [M]. Firenze: Firenze University Press, 2010.

152. HALL S. The Centrality of Culture: Notes On the Cultural Revolutions of Our Time [M] // Thompson K. Media and Cultural Regulation, London: SAGE Publications, 1997.

153. HANNERZ U. Cultural Complexity: Studies in The Social Organization of Meaning [M]. New York: Columbia University Press, 1992.

154. HARVEY D. Spaces of Capital: Towards a Critical Geography [M]. London: Routledge, 2001.

155. HAYTER C, PIERCE S C. Arts & the Economy: Using Artsand Culture to Stimulate State Economic Development [M]. National Governors Association, 2009.

156. INGLEHART R. Culture Shift in Advanced Industrial Society [M].

Princeton, NJ: Princeton University Press, 1990.

157. Networked Politics: Agency, Power, And Governance [M]. Ithaca, NY: Cornell University Press, 2015.

158. KAWASHIMA N. Beyond the Division of Attenders vs Non – attenders: A Study into Audience Development in Policy and Practice [M]. Coventry Centre for Cultural Policy Studies: University of Warwick, 2000.

159. KETTL D F. Sharing Power: Public Governance and Private Markets [M]. New York: Brookings Institution Press, 2011.

160. KETTL D F. The Transformation of Governance: Public Administration for The Twenty – First Century [M]. Baltimore: JHU Press, 2015.

161. KETTL D. F., Milward H. B. The State of Public Management [M]. Baltimore: JHU Press, 1996.

162. KICKERT W J, Klijn E – H., K – Oppenjan J. F. M., et al. Managing Complex Networks: Strategies for The Public Sector [M]. London: SAGE Publications, 1997.

163. KILDUFF M, Tsai W. Social Networks and Organizations [M]. London: SAGE Publications, 2003.

164. KNOKE D. Political Networks: The Structural Perspective [M]. Cambridge: Cambridge University Press, 1994.

165. KOLB B M. Marketing for Cultural Organizations: New Strategies for Attracting Audiences [M]. London: Routledge, 2013.

166. KOOIMAN J. Modern Governance: New Government – Society Interactions [M]. London: SAGE Publications, 1993.

167. KOOIMAN J. Governing as Governance [M]. London: SAGE Publications, 2003.

168. KOPPENJAN J F M, KLIJN E H. Managing Uncertainties in Networks: A Network Approach to Problem Solving and Decision Making [M]. London: Psychology Press, 2004.

169. KOTLER P, SCHEFF J. Standing Room Only: Strategies for Market-

ing the Performing Arts [M]. Boston: Harvard Business School Press, 1997.

170. KRETZMANN J P. Building Communities from The Inside Out: A Path Toward Finding and Mobilizing a Community's Assets [M]. Chicago: Acta Publications, 1993.

171. KRUEGER R A, CASEY M A. Focus Groups: A Practical Guide for Applied Research (5th Edition) [M]. Los Angeles: SAGE Publications, 2005.

172. KUMAR R, NOVAK J, TOMKINS A. Structure and Evolution of Online Social Networks [M] // Link Mining: Models, Algorithms, And Applications New York: Springer, 2010.

173. LAUMANN E O, Knoke D. The Organizational State: Social Choice in National Policy Domains [M]. Madison, WI: University of Wisconsin Press, 1987.

174. LIPSKY M. Street-Level Bureaucracy: Dilemmas of The Individual in Public Service [M]. Russell Sage Foundation, 2010.

175. MADANIPOURA, HULL A. The Governance of Place: Space and Planning Processes [M]. London: Routledge, 2017.

176. MARSH D. Comparing Policy Networks [M]. Maidenhead, Berkshire: Open University Press, 1998.

177. MCKEVITT D, LAWTON A. Public Sector Management: Theory, Critique And Practice [M]. London: SAGE Publications, 1994.

178. MCKNIGHT J. The Abundant Community: Awakeningthe Power of Families and Neighborhoods [M]. San Francisco: Berrett-Koehler Publishers, 2012.

179. MILES M B, Huberman A M. Qualitative Data Analysis: An Expanded Sourcebook [M]. London: SAGE Publications, 1994.

180. MOULAERT F, SWYNGEDOUW E, MARTINELLI F, et al. Can Neighbourhoods Save The City? Community Development And Social Innovation [M]. London: Routledge, 2010.

181. NASH K, SCOTT A. The Blackwell Companion to Political Sociology [M]. New Jersey: John Wiley & Sons, 2008.

182. NEUMAN W L. Social Research Methods: Qualitativeand Quantitative Approaches [M]. New Jersey: Pearson Education, 2013.

183. OSBORNE D, GAEBLER T. Reinventing Government. How to Entrepreneurial Spirit is Transforming the Public Sector [M]. New York: Addison Wesley. , 1992.

184. PETERSON J, O'TOOLE J L. The European Union: A Policy Network Perspective [M] //NICOLAIDIS K, HOWSE R. The Federal Vision: Legitimacy and Levels of Governance in the United States and the European Union. New York: Qxford University Press, 2001.

185. PUTNAM R D, FELDSTEIN L F, COHEN D. Better Together: Restoring the American Community [M]. New York: Simon & Schuster, 2003.

186. RAMSAY M. Community, Culture, And Economic Development: The Social Roots of Local Action [M]. New York: State University of New York Press, 1996.

187. RHODES R A W. Understanding Governance: Policy Networks, Governance, Reflexivity and Accountability [M]. Maidenhead, Berkshire: Open University Press, 1997.

188. RUTHERFORD J. Identity: Community, Culture, Difference [M]. London: Lawrence & Wishart, 1990.

189. SALAMON L M. Partners in Public Service: Government – Nonprofit Relations in the Modern Welfare State [M]. Baltimore: Johns Hopkins University Press, 1995.

190. SCHILLER D. Digital Capitalism: NetworkingThe Global Market System [M]. Cambridge: MIT Press, 2000.

191. SCOTT J. Social Network Analysis [M]. London: SAGE Publications, 2017.

192. SCOTT J. Social Network Analysis: AHandbook (2nd Ed.) [M].

London: SAGE Publications, 2000.

193. SILBER B, TRIPLETT T. A Decade of Arts Engagement: Findings from The Survey of Public Participation in The Arts, 2002 - 2012 [M]. National Endowment for The Arts, 2015.

194. SILVER D, CLARK T. Scenes: Culture and Place [M]. Chicago: University of Chicago Press, 2013.

195. STEVENSON D. Art andOrganisation: Making Australian Cultural Policy [M]. St Lucia: University of Queensland Press, 2000.

196. STOREY J. Cultural Theory and Popular Culture: A Reader [M]. Georgia: University of Georgia Press, 2006.

197. STOREY J. Culture and Power in Cultural Studies: The Politics of Signification [M]. Edinburgh: Edinburgh University Press, 2010.

198. STOREY J. Cultural Theory and Popular Culture: An Introduction [M]. London: Routledge, 2018.

199. STRAUSS A, CORBIN J M. Grounded Theoryin Practice [M]. London: SAGE Publications, 1997.

200. SULLIVAN H, SKELCHER C. Working Across Boundaries: Collaboration in Public Services [M]. London: Palgrave Macmillan, 2002.

201. THOMPSON J D. Organizations in Action: Social Science Bases of Administration [M]. New York: Mcgraw - Hill, 1967.

202. TOEPLER S, WYSZOMIRSKI M. Arts and Culture [M] //The State of Nonprofit America. New York: Brookings Institution Press, 2012.

203. VICARI H S. The Creative City: a Critical Look at Current Concepts and Practices [M]. Firenze: Firenze University Press, 2010.

204. YU - SION L. The Chinese Community in France: Immigration, Economic Activity, Cultural Organization and Representations [M] //BENTON G, FRANK N. The Chinese in Europe. London: Palgrave Macmillan, 1998: 96 - 124.

205. ZUKIN S. Loft Living: Culture and Capital in Urban Change [M].

New Brunswick, N J: Rutgers University Press, 1989.

206. ZUKIN S. The Cultures of Cities [M] . New Jersey: Wiley – Blackwell, 1996.

207. ADLER P S, KWON S W. Social Capital: Prospects for a New Concept [J] . Academy of Management Review, 2002, 27 (1): 17 – 40.

208. ALEXANDER APD E R. A Structuration Theory of Interorganizational Coordination: Cases in Environmental Management [J] . The International Journal of Organizational Analysis, 1998, 6 (4): 334 – 354.

209. ANDREWS R, BOYNE G A, MEIER K J, et al. Vertical Strategic Alignment and Public Service Performance [J] . Public Administration, 2012, 90 (1): 77 – 98.

210. ANSELL C, GASH A. Collaborative Governance in Theory and Practice [J] . Journal of Public Administration Research and Theory, 2008, 18 (4): 543 – 571.

211. BALDWIN K, HUBER J D. Economic Versus Cultural Differences: Forms of Ethnic Diversity and Public Goods Provision [J] . American Political Science Review, 2010, 104 (4): 644 – 662.

212. BANG H P. Culture Governance: Governing Self – Reflexive Modernity [J] . Public Administration, 2004, 82 (1): 157 – 190.

213. BARDHAN P, MOOKHERJEE D. Decentralisation and Accountability in Infrastructure Delivery in Developing Countries [J] . The Economic Journal, 2006, 116 (508): 101 – 127.

214. BARNEY J. Firm Resourcesand Sustained Competitive Advantage [J] . Journal of Management, 1991, 17 (1): 99 – 120.

215. BARNEY J B, HANSEN M H. Trustworthiness as a Sourceof Competitive Advantage [J] . Strategic Management Journal, 1994, 15 (S1): 175 – 190.

216. BARTEL C A. Social Comparisons in Boundary – Spanning Work: Effects of Community Outreachon Members' Organizational Identity and Identifi-

cation [J]. Administrative Science Quarterly, 2001, 46 (3): 379 - 413.

217. BELFIORE E. Art as A Means of Alleviating Social Exclusion: Does It Really Work? A Critique of Instrumental Cultural Policies and Social Impact Studies in The UK [J]. International Journal of Cultural Policy, 2002, 8 (1): 91 - 106.

218. BENNETT T, MERCER C, WOOLLACOTT J. Popular Culture and Social Relations [M]. Milton Keynes: Open University Press, 1986.

219. BENSON J K. The Interorganizational Network as a Political Economy [J]. Administrative Science Quarterly, 1975: 229 - 249.

220. BERRY F S. Innovation in Public Management: The Adoption of Strategic Planning [J]. Public Administration Review, 1994, 54 (4): 322 - 330.

221. BHATTI Y, OLSEN A L, PEDERSEN L H. Administrative Professionals and The Diffusion of Innovations: The Case of Citizen ServiceCentres [J]. Public Administration, 2011, 89 (2): 577 - 594.

222. BIANCHINI F. Remaking European Cities: The Role of Cultural Policies [J]. Cultural Policy and Urban Regeneration: The West European Experience, 1993: 1 - 20.

223. BOERNER S, RENZ S. Performance Measurementin Opera Companies: Comparing the Subjective Quality Judgements of Experts and Non - Experts [J]. International Journal of Arts Management, 2008: 21 - 37.

224. BOGASON P, TOONEN T A J. Introduction: Networks in Public Administration [J]. Public Administration, 1998, 76 (2): 205 - 227.

225. BOORSMA M. A strategic Logic for Arts Marketing: Integrating Customer Value and Artistic Objectives [J]. International Journal of Cultural Policy, 2006, 12 (1), 73 - 92.

226. BORGATTI S P, EVERETT M G, FREEMAN L C. Ucinet for Windows: Software for Social Network Analysis [J]. Analytic Technologies, 2002.

227. BOWLES S, GINTIS H. Social Capital and Community Governance [J].

The Economic Journal, 2002, 112 (483).

228. BOYNE G A, WALKER R M. Strategy Content and Public Service Organizations [J]. Journal of Public Administration Research and Theory, 2004, 14 (2): 231 – 252.

229. BRADLEY S W, SHEPHERD D A, WIKLUND J. The Importance of Slack for New Organizations Facing "Tough" Environments [J]. Journal of Management Studies, 2011, 48 (5): 1071 – 1097.

230. BRADLEY S W, WIKLUND J, Shepherd D A. Swinging A Double – Edged Sword: The Effect of Slack on Entrepreneurial Management and Growth [J]. Journal of Business Venturing, 2011, 26 (5): 537 – 554.

231. BRANDES U, KENIS P, RAAB J, et al. Explorations into The Visualization of Policy Networks [J]. Journal of Theoretical Politics, 1999, 11 (1): 75 – 106.

232. BRUDNEY J L, SELDEN S C. The Adoption of Innovation by Smaller Local Governments: The Case of Computer Technology [J]. The American Review of Public Administration, 1995, 25 (1): 71 – 86.

233. BOURGEOIS L J. On The Measurement of Organizational Slack [J]. Academy of Management Review, 1981, 6 (1): 29 – 39.

234. CAMARERO C, GARRIDO M J, VICENTE E. How Cultural Organizations' Size and Funding Influence Innovation and Performance: The Case of Museums [J]. Journal of Cultural Economics, 2011, 35 (4): 247.

235. CAMARERO C, GARRIDO M J, VICENTE E. Determinants of Brand Equity in Cultural Organizations: The Case of an Art Exhibition [J]. The Service Industries Journal, 2012, 32 (9): 1527 – 1549.

236. CARMEN C, MARÍA José G. The Role of Technological and Organizational Innovation in The Relation Between Market Orientation and Performance in Cultural Organizations [J]. European Journal of Innovation Management, 2008, 11 (3): 413 – 434.

237. CARPENTER D P, ESTERLING K M, LAZER D M J. The Strength

of Weak Ties in Lobbying Networks: Evidence from Health – Care Politics in The United States [J]. Journal of Theoretical Politics, 1998, 10 (4): 417 – 444.

238. CASTORA – BINKLEY M, NOELKER L, PROHASKA T, et al. Impact of arts participation on health outcomes for older adults [J]. Journal of Aging, Humanities, and the Arts, 4 (4), 352 – 367.

239. CHENG J LC, KESNER I F. Organizational Slack and Response to Environmental Shifts: The Impact of Resource Allocation Patterns [J]. Journal of Management, 1997, 23 (1): 1 – 18.

240. CHENG S W. Cultural Goods Creation, Cultural Capital Formation, Provision of Cultural Services and Cultural Atmosphere Accumulation [J]. Journal of Cultural Economics, 2006, 30 (4): 263 – 286.

241. CHIU Y C, LIAW Y C. Organizational Slack: Is More or Less Better? [J]. Journal of Organizational Change Management, 2009, 22 (3): 321 – 342.

242. COMUNIAN R. Rethinking the Creative City: The Role of Complexity, Networks and Interactions in The Urban Creative Economy [J]. Urban Studies, 2011, 48 (6): 1157 – 1179.

243. CONNOLLY M G. The 'Liverpool Model (S)': Cultural Planning, Liverpool and Capital of Culture 2008 [J]. International Journal of Cultural Policy, 2013, 19 (2): 162 – 181.

244. COWAN R, JONARD N. Network Structure and the Diffusion of Knowledge [J]. Journal of Economic Dynamics and Control, 2004, 28 (8): 1557 – 1575.

245. CRAIK J. Dilemmas in Policy Support for The Arts and Cultural Sector [J]. Australian Journal of Public Administration, 2005, 64 (4): 6 – 19.

246. CURSON T, EVANS G, FOORD J, et al. Cultural Planning Toolkit: Report on Resources – Guidance, Toolkits and Data [J]. Cities Institute, 2007.

247. DAMANPOUR F. The Adoptionof Technological, Administrative, and Ancillary Innovations: Impact of Organizational Factors [J]. Journal of Man-

agement, 1987, 13 (4): 675 - 688.

248. DANIEL F, LOHRKE F T, FORNACIARI C J, et al. Slack Resources and Firm Performance: A Meta - Analysis [J]. Journal of Business Research, 2004, 57 (6): 565 - 574.

249. BANG H P. Governance as Social and Political Communication [M]. Manchester: Manchester University Press, 2003: 117 - 139.

250. DELEON P, VARDA D M. Toward A Theory of Collaborative Policy Networks: Identifying Structural Tendencies [J]. Policy Studies Journal, 2009, 37 (1): 59 - 74.

251. DE VRIES H, BEKKERS V, TUMMERS L. Innovation in The Public Sector: A Systematic Review and Future Research Agenda [J]. Public Administration, 2016, 94 (1): 146 - 166.

252. DOWDING K. Model or Metaphor? A Critical Review of the Policy Network Approach [J]. Political Studies, 1995, 43 (1): 136 - 158.

253. EASTON D. Political Science in The United States: Past and Present [J]. International Political Science Review, 1985, 6 (1): 133 - 152.

254. EVANS G, SHAW P. The Contribution of Culture to Regeneration in The UK: A Review of Evidence [J]. London: Department for Culture Media and Sport, 2004, 4.

255. FERNANDEZ S, WISE L R. An Exploration of Why Public Organizations 'Ingest' Innovations [J]. Public Administration, 2010, 88 (4): 979 - 998.

256. FLORIDA R. The Economic Geography of Talent [J]. Annals of The Association of American Geographers, 2002, 92 (4): 743 - 755.

257. FLORIDA R. The Flight of the Creative Class: The New Global Competition for Talent [J]. Liberal Education, 2006, 92 (3): 22 - 29.

258. FREEMAN L C. Centrality in Social Networks Conceptual Clarification [J]. Social Networks, 1978, 1 (3): 215 - 239.

259. FUNG A. Intra - Asian Cultural Flow: Cultural Homologies in Hong

Kong and Japanese Television Soap Operas [J]. Journal of Broadcasting & Electronic Media, 2007, 51 (2): 265 - 286.

260. GARCÍA M, EIZAGUIRRE S, PRADEL M. Social Innovation and Creativity in Cities: A Socially Inclusive Governance Approach in Two Peripheral Spaces of Barcelona [J]. City, Culture and Society, 2015, 6 (4): 93 - 100.

261. GEIGER S W, CASHEN L H. A Multidimensional Examination of Slack and Its Impact on Innovation [J]. Journal of Managerial Issues, 2002: 68 - 84.

262. GEORGE G. Slack Resources and The Performance of Privately Held Firms [J]. Academy of Management Journal, 2005, 48 (4): 661 - 676.

263. GHILARDI L. Cultural Planning and Cultural Diversity [J]. Differing Diversities, 2001: 123.

264. GIBSON L, STEVENSON D. Urban Space and the Uses of Culture [J]. International Journal of Cultural Policy, 2004, 10 (1): 1 - 4.

265. GILLEN M. Promoting Place: Elevating Place - Based Discourse and New Approaches in Local Governance in New South Wales [J]. Urban Policy and Research, 2004, 22 (2): 207 - 220.

266. GOLDENWEISER A. Loose Ends of TheoryOn the Individual, Pattern, And Involution in Primitive Society [J]. Essays in Anthropology, 1936: 99 - 104.

267. GRAHAM S, HEALEY P. Relational Concepts of Space and Place: Issues for Planning Theory and Practice [J]. European Planning Studies, 1999, 7 (5): 623 - 646.

268. GRAYSON K, Martinec R. Consumer Perceptions of Iconicity and Indexicality and Their Influence on Assessments of Authentic Market Offerings [J]. Journal of Consumer Research, 2004, 31 (2): 296 - 312.

269. GREVE H R. Investment and The Behavioral Theory of the Firm: Evidence from Shipbuilding [J]. Industrial and Corporate Change, 2003, 12 (5): 1051 - 1076.

270. GRODACH C, ANASTASIA L-S. Cultural Development Strategies and Urban Revitalization: A Survey of US Cities [J]. International Journal of Cultural Policy, 2007, 13 (4): 349-370.

271. GUETZKOW J. How The Arts Impact Communities [J]. Centre for Arts and Cultural Policy Studies, 2002: 7-8.

272. HARVEY D. The Art of Rent: Globalisation, Monopoly and The Commodification of Culture [J]. Socialist Register, 2009, 38 (38): 93-110.

273. HEALEY P. The Treatment of Space and Place in The New Strategic Spatial Planning in Europe [J]. International Journal of Urban and Regional Research, 2004, 28 (1): 45-67.

274. HEILMANN S. Economic Governance: Authoritarian Upgrading and Innovative Potential [M] //EWSMITH J. China Today, China Tomorrow: Domestic Politics, Economy, And Society. Lanham, Md: Rowman & Littlefield, 2010: 109-128.

275. HERRIOTT R E, FIRESTONE W A. Multisite Qualitative Policy Research: Optimizing Description and Generalizability [J]. Educational Researcher, 1983, 12 (2): 14-19.

276. HO K C, BABER Z, KHONDKER H. 'Sites' of Resistance: Alternative Websites and State - Society Relations 1 [J]. The British Journal of Sociology, 2002, 53 (1): 127-148.

277. HOOPER - GREENHILL E. Changing Values in The Art Museum: Rethinking Communication and Learning [J]. International Journal of Heritage Studies, 2000, 6 (1): 9-31.

278. HORTON R D. Expenditures, Services, And Public Management [J]. Public Administration Review, 1987: 378-384.

279. JACOBSEN DI. Public Sector Growth: Comparing Politicians' and Administrators' Spending Preferences [J]. Public Administration, 2006, 84 (1): 185-204.

280. JUNG K, MOON M J. The Double - Edged Sword Of Public - Re-

source Dependence: The Impact of Public Resources On Autonomy and Legitimacy in Korean Cultural Nonprofit Organizations [J]. Policy Studies Journal, 2007, 35 (2): 205 -226.

281. KAGAN S, HAHN J. Creative Cities and (Un) Sustainability: From Creative Class to Sustainable Creative Cities [J]. Culture and Local Governance, 2011, 3 (1): 11 -27.

282. KAPLE D, RIVKIN - FISH Z, LOUCH H, et al. Comparing Sample Frames for Research On Arts Organizations: Results of A Study in Three Metropolitan Areas [J]. The Journal of Arts Management, Law, and Society, 1998, 28 (1): 41 -66.

283. KAWASHIMA N. Audience Development and Social Inclusion in Britain: Tensions, Contradictions and Paradoxes in Policy and Their Implications for Cultural Management [J]. International Journal of Cultural Policy, 2006, 12 (1): 55 -72.

284. KHALEGHIAN P. Decentralization and Public Services: The Case of Immunization [J]. Social Science & Medicine, 2004, 59 (1): 163 -183.

285. KIMBERLY J R, EVANISKO M J. Organizational Innovation: The Influence of Individual, Organizational, and Contextual Factors on Hospital Adoption of Technological and Administrative Innovations [J]. Academy of Management Journal, 1981, 24 (4): 689 -713.

286. KIRCHBERG V, KAGAN S. The Roles of Artists in The Emergence of Creative Sustainable Cities: Theoretical Clues and Empirical Illustrations [J]. City, Culture and Society, 2013, 4 (3): 137 -152.

287. KITZINGER J. The Methodology of Focus Groups: The Importance of Interaction Between Research Participants [J]. Sociology of Health & Illness, 1994, 16 (1): 103 -121.

288. KLIJN E H. Policy Networks: An Overview [J]. Managing Complex Networks: Strategies for The Public Sector. London: Sage, 1997: 14 -34.

289. KLIJN E H, KOPPENJAN J, TERMEER K. Managing Networks in

The Public Sector: A Theoretical Study of Management Strategies in Policy Networks [J]. Public Administration, 1995, 73 (3): 437 – 454.

290. KOUZMIN A, KORAC – KAKABADSE N, JARMAN A M G. Economic Rationalism, Risk and Institutional Vulnerability [J]. Risk Decision and Policy, 1996, 1 (2): 229 – 256.

291. KRENSKY B. Going On Beyond Zebra: A Middle School and Community – Based Arts Organization Collaborate for Change [J]. Education and Urban Society, 2001, 33 (4): 427 – 444.

292. LEE S. A Longitudinal Analysis of Foreign Program Imports On South Korean Television, 1978 – 2002: A Case of Rising Indigenous Capacity in Program Supply [J]. Journal of Broadcasting & Electronic Media, 2007, 51 (1): 172 – 187.

293. LEIGH T W, PETERS C, SHELTON J. The Consumer Quest for Authenticity: The Multiplicity of Meanings Within the MG Subculture of Consumption [J]. Journal of the Academy of Marketing Science, 2006, 34 (4): 481 – 493.

294. LEROUX K, BERNADSKA A. Impact of the Arts on Individual Contributions to US Civil Society [J]. Journal of Civil Society 10.2 (2014): 144 – 164.

295. LEVINE T R, PARK H S, KIM R K. Some Conceptual and Theoretical Challenges for Cross – Cultural Communication Research inThe 21st Century [J]. Journal of Intercultural Communication Research, 2007, 36 (3): 205 – 221.

296. LEWIS K, KAUFMAN J, GONZALEZ M, et al. Tastes, Ties, And Time: A New Social Network Dataset Using Facebook. com [J]. Social Networks, 2008, 30 (4): 330 – 342.

297. MAJOOR S. Framing Large – Scale Projects: Barcelona Forum and The Challenge of Balancing Local and Global Needs [J]. Journal of Planning Education and Research, 2011, 31 (2): 143 – 156.

298. MARANTO R, WOLF P J. Cops, Teachers, And The Art of the Impossible: Explaining The Lack of Diffusion of Innovations That Make Impossible Jobs Possible [J]. Public Administration Review, 2013, 73 (2): 230 - 240.

299. MARCH J G, SIMON H A. Organizations [M]. New York: Wiley-blackwell, 1958.

300. MARKUSEN A. Urban Development and The Politics of a Creative Class: Evidence from A Study of Artists [J]. Environment and Planning A, 2006, 38 (10): 1921 - 1940.

301. MARKUSEN A, GADWA A. Arts and Culture in Urban or Regional Planning: A Review And Research Agenda [J]. Journal of Planning Education and Research, 2010, 29 (3): 379 - 391.

302. LANDRY C, GREENE L, MATARASSO F, et al. The Art of Regeneration [J]. Urban Renewal Through Cultural Activity. Stroud: Comedia, 1996.

303. MCCARTHY K. Building an Understanding of the Benefits of Participation in The Arts [J]. Unpublished Proposal Submitted by The Rand Corporation to The Wallace - Reader's Digest Funds, 2002.

304. MCGUIGAN J. Three Discourses of Cultural Policy [J]. Culture and Citizenship, 2001: 124 - 137.

305. MCLEAN H E. Cracks in The Creative City: The Contradictions of Community Arts Practice [J]. International Journal of Urban and Regional Research, 2014, 38 (6): 2156 - 2173.

306. MEIER K J, KEISER L R. Public Administration as A Science of the Artificial: A Methodology for Prescription [J]. Public Administration Review, 1996: 459 - 466.

307. MEIER K J, O'TOOLE Jr L J. Managerial Strategies and Behavior in Networks: A Model with Evidence from Us Public Education [J]. Journal of Public Administration Research and Theory, 2001, 11 (3): 271 - 294.

308. MEIER K J, O'TOOLE Jr L J. Public Management and Educational

Performance: The Impact of Managerial Networking [J]. Public Administration Review, 2003, 63 (6): 689 – 699.

309. MELTON E K, MEIER K J. For The Want of a Nail: The Interaction of Managerial Capacity and Human Resource ManagementOn Organizational Performance [J]. Public Administration Review, 2017, 77 (1): 118 – 130.

310. MERTON R K. The Focussed Interview and Focus Groups: Continuities and Discontinuities [J]. The Public Opinion Quarterly, 1987, 51 (4): 550 – 566.

311. TRAVERS J, MILGRAM S. The Small World Problem [J]. Phychology Today, 1967, 1 (1): 61 – 67.

312. MIZUTANI F, NAKAMURA E. Managerial Incentive, Organizational Slack, and Performance: Empirical Analysis of Japanese Firms' Behavior [J]. Journal of Management & Governance, 2014, 18 (1): 245 – 284.

313. MOON M J, BRETSCHNEIBER S. Does The Perception of Red Tape Constrain It Innovativeness in Organizations? Unexpected Results from A Simultaneous Equation Model and Implications [J]. Journal of Public Administration Research and Theory, 2002, 12 (2): 273 – 292.

314. MORGAN D L. Focus Groups [J]. Annual Review of Sociology, 1996, 22 (1): 129 – 152.

315. MOSES O D. Organizational Slack and Risk – TakingBehaviour: Tests of Product Pricing Strategy [J]. Journal of Organizational Change Management, 1992, 5 (3): 38 – 54.

316. MOYNIHAN D P, LANDUYT N. How Do Public Organizations Learn? Bridging Cultural and Structural Perspectives [J]. Public Administration Review, 2009, 69 (6): 1097 – 1105.

317. NAMEN A A, BORNSTEIN C T, ROSENHEAD J. Robustness Analysis for Sustainable Community Development [J]. Journal of The Operational Research Society, 2009, 60 (5): 587 – 597.

318. NARANJO – GIL D. The Influence of Environmental and Organization-

al FactorsOn Innovation Adoptions: Consequences for Performance in Public Sector Organizations [J]. Technovation, 2009, 29 (12): 810 – 818.

319. NIEC H. Cultural Rights and Wrongs: A Collection of Essays in Commemoration ofThe 50th Anniversary of The Universal Declaration of Human Rights [J]. 1998.

320. NOHRIA N, GULATI R. Is Slack Good or Bad for Innovation? [J]. Academy of Management Journal, 1996, 39 (5): 1245 – 1264.

321. NOVY J, COLOMB C. Struggling for The Right to The (Creative) City in Berlin and Hamburg: New Urban Social Movements, New 'Spaces of Hope'? [J]. International Journal of Urban and Regional Research, 2013, 37 (5): 1816 – 1838.

322. O'FAIRCHEALLAIGH C. Making Social Impact Assessment Count: A Negotiation – Based ApproachFor Indigenous Peoples [J]. Society & Natural Resources, 1999, 12 (1): 63 – 80.

323. O'TOOLE Jr L J. Rational Choice and Policy Implementation: Implications for Interorganizational Network Management [J]. The American Review of Public Administration, 1995, 25 (1): 43 – 57.

324. O'TOOLE Jr L J. Treating Networks Seriously: Practical and Research – Based Agendas in Public Administration [J]. Public administration review, 1997: 45 – 52.

325. O'TOOLE Jr L J, Meier K J. In Defense of Bureaucracy: Public Managerial Capacity, Slack and The Dampening of Environmental Shocks [J]. Public Management Review, 2010, 12 (3): 341 – 361.

326. PEACOCK A. The Design and Operation of Public Funding of the Arts: An Economist's View. In Cultural Economics and Cultural Policies. Peacock A and Rizzo I (eds.). Kluwer Academic Press, 1994: 167 – 184.

327. PECK J. Struggling with The Creative Class [J]. International Journal of Urban and Regional Research, 2005, 29 (4): 740 – 770.

328. PETERS B G, PIERRE J. Governance Without Government? Rethin-

king Public Administration [J]. Journal of Public Administration Research and Theory, 1998, 8 (2): 223 - 243.

329. PETRÓCZI A, NEPUSZ T, BAZSÓ F. Measuring tie - strength in virtual social networks [J]. Connections, 2007, 27 (2): 39 - 52.

330. PILL M, BAILEY N. Community Empowermentor a Strategy of Containment? Evaluating Neighbourhood Governance in the City of Westminster [J]. Local Government Studies, 2012, 38 (6): 731 - 751.

331. PRATT A C. Creative Cities: Tensions Within and Between Social, Cultural and Economic Development: A Critical Reading of the UK Experience [J]. City, Culture and Society, 2010, 1 (1): 13 - 20.

332. PRATT A C. The Cultural Contradictions of the Creative City [J]. City, Culture and Society, 2011, 2 (3): 123 - 130.

333. PROVAN K G, KENIS P. Modes of Network Governance: Structure, Management, And Effectiveness [J]. Journal of Public Administration Research and Theory, 2008, 18 (2): 229 - 252.

334. RADBOURNE J. Full House Theory: A New Theory for Assessing Demand for Arts Centers [J]. The Journal of Arts Management, Law, And Society, 2001, 30 (4): 254 - 267.

335. RADBOURNE J, GLOW H, JOHANSON K. Hidden Stories: Listening to The Audience at The Live Performance [J]. Double Dialogues, 2010 (13): 1 - 14.

336. RADBOURNE J, JOHANSON K, GLOW H, et al. The Audience Experience: Measuring Quality in The Performing Arts [J]. International Journal of Arts Management, 2009: 16 - 29.

337. RADIN B A. Managing Across Boundaries [J]. The State of Public Management, 1996: 145 - 67.

338. ROSENTHAL U, KOUZMIN A. Crisis Management and Institutional Resilience: An Editorial Statement [J]. Journal of Contingencies and Crisis Management, 1996, 4 (3): 119 - 124.

339. ROWLEY T, BEHRENS D, KRACKHARDT D. Redundant Governance Structures: An Analysis of Structural and Relational Embeddedness in the Steel and Semiconductor Industries [J]. Strategic Management Journal, 2000: 369-386.

340. SALGE T O. A Behavioral Model of Innovative Search: Evidence from Public Hospital Services [J]. Journal of Public Administration Research and Theory, 2010, 21 (1): 181-210.

341. SANDELL R. Museums and The Combating of Social Inequality: Roles, Responsibilities, Resistance [J]. Museums, Society and Inequality, 2002: 3-23.

342. SANTAGATA W, SIGNORELLO G. Contingent Valuation of a Cultural Public Good and Policy Design: The Case of "Napoli Musei Aperti" [J]. Journal of Cultural Economics, 2000, 24 (3): 181-204.

343. SCOTT A J. Cultural Economy and The Creative Field of the City [J]. Geografiska Annaler: Series B, Human Geography, 2010, 92 (2): 115-130.

344. SCOTT A J. Beyond The Creative City: Cognitive - Cultural Capitalism and The New Urbanism [J]. Regional Studies, 2014, 48 (4): 565-578.

345. SHARFMAN M P, WOLF G, CHASE R B, et al. Antecedents of Organizational Slack [J]. Academy of Management Review, 1988, 13 (4): 601-614.

346. SINGH J V. Performance, Slack, And Risk Taking in Organizational Decision Making [J]. Academy of Management Journal, 1986, 29 (3): 562-585.

347. SIRAYI M. Cultural Planningand Urban Renewal in South Africa [J]. The Journal of Arts Management, Law, and Society, 2008, 37 (4): 333-344.

348. STOKMAN F N, BERVELING J. Dynamic Modeling of Policy Networks in Amsterdam [J]. Journal of Theoretical Politics, 1998, 10 (4): 577-601.

349. STUCKEY H L, NOBEL J. The Connection Between Art, Healing, and Public Health: A Review of Current Literature [J]. American JournalOf Public Health, 2010, 100 (2): 254 – 263.

350. SU Z, XIE E, LI Y. Organizational Slack and Firm Performance During Institutional Transitions [J]. Asia Pacific Journal of Management, 2009, 26 (1): 75 – 91.

351. TAN J, PENG M W. Organizational Slack and Firm Performance During Economic Transitions: Two Studies from an Emerging Economy [J]. Strategic Management Journal, 2003, 24 (13): 1249 – 1263.

352. TOBIAS S. Quality in the Performing Arts: Aggregating and Rationalizing Expert Opinion. Journal of Cultural Economics, 2004. 28 (2), 109 – 124.

353. TREMBLAY D G, PILATI T. Social Innovation Through Arts and Creativity [J]. The International Handbook On Social Innovation, 2013: 67 – 79.

354. TZANELLI R. Cultural Imitations and the Commodification of Culture: Sign Industries as Makers ofthe'Public Sphere' [J]. The Global Studies Journal, 2008, 1 (3): 1 – 10.

355. TUAN Y F. Place: An Experiential Perspective [J]. Geographical Review, 1975: 151 – 165.

356. TURNER J C, REYNOLDS K J. The Social Identity Perspective in Intergroup Relations: Theories, Themes, And Controversies [J]. Blackwell HandbookOf Social Psychology: Intergroup Processes, 2001, 4: 133 – 152.

357. TZOKAS N, SAREN M. Value Transformation in Relationship Marketing [J]. Australasian Marketing Journal, 1999, 7 (1): 52 – 62.

358. VARGO S L, LUSCH R F. Service – Dominant Logic: Continuing the Evolution [J]. Journal of the Academy of Marketing Science, 2008, 36 (1): 1 – 10.

359. VENTRISS C. The Publicness of Administrative Ethics [J]. Handbook of Administrative Ethics, 1994: 199 – 218.

360. VOSS G B, SIRDESHMUKH D, VOSS Z G. The Effects of Slack Re-

sources and Environmental threat On Product Exploration and Exploitation [J]. Academy of Management Journal, 2008, 51 (1): 147-164.

361. VOSS G B, Voss Z G. Strategic Orientation and Firm Performance in an Artistic Environment [J]. Journal of Marketing, 2000, 64 (1): 67-83.

362. WALKER R M. Innovation Type and Diffusion: An Empirical Analysis of Local Government [J]. Public Administration, 2006, 84 (2): 311-335.

363. WALKER R M, JEANES E, ROWLANDS R. Measuring Innovation - ApplyingThe Literature - Based Innovation Output Indicator to Public Services [J]. Public Administration, 2002, 80 (1): 201-214.

364. WATTS D J, STROGATZ S H. Collective Dynamics of 'Small - World' Networks [J]. Nature, 1998, 393 (6684): 440-442.

365. WEFALD A J, KATZ J P, DOWNEY R G, et al. Organizational Slack and Performance: The Impact of Outliers [J]. Journal of Applied Business Research, 2010, 26 (1): 1-10.

366. WILLIAMS P. The Competent Boundary Spanner [J]. Public Administration, 2002, 80 (1): 103-124.

367. XU E, YANG H, QUAN J M, et al. Organizational Slack and Corporate Social Performance: Empirical Evidence fromChina's Public Firms [J]. Asia Pacific Journal of Management, 2015, 32 (1): 181-198.

368. ZIMMER A, TOEPLER S. The Subsidized Muse: Government and the Arts in Western Europe and the United States [J]. Journal of Cultural Economics, 1999 (23): 33-49.

369. ZONA F. Corporate Investing as A Response to Economic Downturn: Prospect Theory, TheBehavioural Agency Model and The Role of Financial Slack [J]. British Journal of Management, 2012, 23 (S1): 42-57.

370. ZUKIN S, BRASLOW L. The Life Cycle of New York's Creative Districts: Reflections On the Unanticipated Consequences of Unplanned Cultural Zones [J]. City, Culture and Society, 2011, 2 (3): 131-140.

附录一

深度访谈提纲1（政府职能部门）

1. 所在职能部门的主要职能与组织结构

（1）你（您）所理解的公共文化服务是什么？包括哪些职能？

（2）你（您）所在组织结构在上城区公共文化服务中主要承担哪些职能？

（3）是否存在机构职能交叉、重叠的情况？

2. 公共文化服务职能的资源构成

（1）每年大概投入多少财政资金、人员、场地等到公共文化服务？

（2）现有的财政投入结构是怎样的？省、市、区各级的投入比例是怎样的？哪一类公共文化服务事项的投入比例较高？（注：因统计数据不完全，需要特别了解分类公共文化服务的分级供给情况）

（3）你（您）认为这样的供给安排是为什么？是否合理？对基层公共文化服务的职能履行有什么影响？

（4）政府购买公共文化服务目前的执行情况是怎样的？

3. 公共文化服务的政策重点

（1）去年的公共文化服务政策重点是什么？政策重点是否都在政府规划和工作总结中有所体现？

（2）在你（您）的任职期间，是否感受到公共文化服务的政策重点有所转变？具体的转变有哪些？

（3）政策重点及转变对具体工作开展的影响有哪些？

4. 组织的重要活动

（1）你（您）在履职期间，所组织的最为重要的公共文化服务相关的活动是什么？

（2）原有的公共文化服务活动的服务内容和对象与现在的服务内容和对象有什么大的区别？

（3）组织活动中的服务对象感受如何？感受是否有改变？

（4）你（您）认为怎样的公共文化服务活动是成功的？哪些因素对于这种成功起到关键作用？

5. 政府层级对职能影响的观点

（1）目前地方公共文化服务职能履行过程中还有哪些压力？还需要上级部门提供哪些支持？

（2）业务主管部门和文化行政部门在公共文化服务中的职能有何具体分工？基层职能部门是否感受到来自不同部门的不同压力？在工作中有何困惑？

6. 与其他社会主体的关系

（1）文化类社会团体、文化类民办非企业在上城区的基本情况？数量、规模、资金来源、开展活动等基本情况。

（2）文化类社会团体、文化类民办非企业与文化主管部门的关系？除了审批之外，平时在哪些方面还有联系？

（3）在成立的前置审查中规定"在同一行政区域内没有业务范围相同或者相似的社会团体或民办非企业单位"，这一规定的初衷和依据是什么？

7. 个人信息

（1）简要介绍下你（您）的个人学习背景与工作经历；

（2）简要介绍下你（您）目前的工作岗位及岗位职能；

（3）对于公共文化服务议题，是否还有其他补充。

附录二

深度访谈提纲2（公共文化服务机构）

1. 所在机构的主要职能与组织结构

（1）你（您）所理解的公共文化服务是什么？包括哪些职能？

（2）你（您）所在机构的主要职能是什么？日常运作情况？

（3）你（您）认为所在组织的职能与公共文化服务有哪些结合点？

2. 组织的重要活动

（1）你（您）所在机构近年来所组织的最为重要的文化活动是什么？

（2）组织活动中的服务对象感受如何？感受是否有改变？

（3）你（您）认为怎样的公共文化服务活动是成功的？哪些因素对于这种成功起到关键作用？

3. 组织资源构成

（1）组织每年财政资金、人员、场地的投入情况如何？近年来的资源结构变化情形如何？

（2）重要的组织资源主要用于哪几方面的职能运行？

（3）资源投入公共文化服务中的情况如何？

（4）你（您）认为目前的资源状况是否理想？

（5）你（您）认为组织资源在组织发展中起到怎样的作用，是否处在核心位置？如若不尽然，你（您）认为哪些因素构成公共文化服务类组织发展的核心？

4. 与其他社会主体的关系

（1）你（您）所了解的其他公共文化服务机构场所在上城区的基本情况？

（2）公共文化服务机构与文化主管部门的关系？除了审批之外，平时在哪些方面还有联系？

5. 个人信息

（1）简要介绍下你（您）的个人学习背景与工作经历；

（2）简要介绍下你（您）目前的工作岗位及岗位职能；

（3）对于公共文化服务议题，是否还有其他补充。

附录三

上城区公共文化服务机构的参与情况

1. 请问您过去一个月内是否去过以下公共文化活动场所？

名称	参加情况	
	是	否
杭州博物馆		
中国财税博物馆		
南宋官窑博物馆		
胡庆余堂中药博物馆		
杭州西湖博物馆		
杭州近代教育史陈列馆		
杭州市上城区非物质文化遗产展示馆		
杭州图书馆生活主题分馆		
杭州市老年活动中心		
杭州市工人文化宫		
上城区文化馆		
吴山文化公园		
东坡大剧院		
红星剧院		
浙江胜利剧院		

续表

名称	参加情况	
	是	否
杭州市上城区葛德瑞书画艺术馆		
唐云艺术馆		
浙江美术馆		
浙江赛丽美术馆		
小营街道文化活动中心		
南星街道文化站		
紫阳街道文化站		
湖滨街道文化活动中心		
望江街道文化活动中心		
清波街道文化站		

附录四

上城区居民文化参与调查问卷

一、文化活动参与情形调查

1. 请问过去 1 年内，您曾出席（欣赏）过哪些文化活动（可多选）
   （1）主题讲座　　　　　　（2）木偶戏　　　　　　（3）交响乐
   （4）音乐/舞台剧/歌剧　　　（5）话剧/哑剧/儿童剧
   （6）越剧/昆曲/京剧　　　　（7）流行音乐演唱会
   （8）艺术文化展览会/手工艺展览会/节庆
   （9）舞蹈表演（如芭蕾舞、现代舞、中国传统民俗舞）
   （10）其他（<u>请说明　　</u>）

1-2 请问您如何得知文化活动的相关讯息？（可多选）
   （1）网页浏览　　　　　　（2）微博、微信等新媒体
   （3）广播电视　　　　　　（4）书报杂志
   （5）旅游观光　　　　　　（6）亲朋介绍
   （7）文化活动场所　　　　（8）文化展示场所
   （9）其他（<u>请说明　　</u>）

1-3 请问您出席（欣赏）的文化活动是免费的还是需要付费的？
   （1）免费　　　　　　　　（2）付费

1-4 请问您过去 1 年内参加的付费文化活动，平均的门票费用大约是多少钱？
   （1）500 元以下　　　　　　（2）500 元—1000 元
   （3）1001 元—2000 元　　　　（4）2000 元以上
   （0）全都免费

2. 请问您过去一个月内是否去过以下公共文化服务机构？

名称	参加情况	
	是	否
杭州博物馆		
中国财税博物馆		
南宋官窑博物馆		
胡庆余堂中药博物馆		
杭州西湖博物馆		
杭州近代教育史陈列馆		
杭州市上城区非物质文化遗产展示馆		
杭州图书馆生活主题分馆		
杭州市老年活动中心		
杭州市工人文化宫		
上城区文化馆		
吴山文化公园		
东坡大剧院		
红星剧院		
浙江胜利剧院		
杭州市上城区葛德瑞书画艺术馆		
唐云艺术馆		
浙江美术馆		
浙江赛丽美术馆		
小营街道文化活动中心		
南星街道文化站		

续表

名称	参加情况	
	是	否
紫阳街道文化站		
湖滨街道文化活动中心		
望江街道文化活动中心		
清波街道文化站		

二、参与艺术文化活动的偏好与障碍

3. 如果依您个人喜好，请问哪些文化活动您更有兴趣出席（欣赏）？（可多选）

（1）主题讲座　　　　　（2）木偶戏　　　　　　（3）交响乐

（4）音乐/舞台剧/歌剧　　（5）话剧/哑剧/儿童剧

（6）越剧/昆曲/京剧　　　（7）流行音乐演唱会

（8）艺术文化展览会/手工艺展览会/节庆

（9）舞蹈表演（如芭蕾舞、现代舞、中国传统民俗舞）

（10）其他（请说明＿＿＿）

4. 您是否曾因为某些原因，而无法出席喜欢的文化活动？（可多选）

（1）门票销售一空，来不及购买　　（2）门票太贵

（3）居住地区少有活动举办　　　　（4）没有多余时间参加

（5）没有人一起参加　　　　　　　（6）必须照顾家庭成员

（7）自身健康问题　　　　　　　　（8）活动位置交通不便

（9）表演或展览的质量不佳　　　　（10）其他（请说明＿＿＿）

5. 您是否同意文化活动的票价，会影响你出席（欣赏）的意愿？

（1）非常同意　　　　　（2）同意　　　　　　　（3）普通

（4）不同意　　　　　　（5）非常不同意

6. 您是否同意文化活动的举办地点的交通便利性，会影响你出席（欣赏）的意愿？

(1) 非常同意 　　　　　(2) 同意 　　　　　　(3) 普通
(4) 不同意 　　　　　　(5) 非常不同意

7. 您是否同意文化活动大多集中在交通便利或区域中心地区举办？
(1) 非常同意 　　　　　(2) 同意 　　　　　　(3) 普通
(4) 不同意 　　　　　　(5) 非常不同意

三、文化参与知识

8. 请问您曾经上过下列的课程吗？（可多选）
(1) 音乐鉴赏课 　　　　(2) 视觉艺术课
(3) 表演课/戏剧课 　　 (4) 舞蹈表演课
(5) 创意写作课 　　　　(6) 艺术欣赏课
(7) 地方文化、采风介绍 (8) 其他（请说明____）
(9) 没有（跳答第 10 题）

9. 请问您是何时上这些课程的？
(1) 12 岁之前 　　　　 (2) 12—17 岁 　　　　(3) 18—24 岁
(4) 25 岁以后 　　　　 (5) 不知道

四、家庭成员文化参与

10. 请问您是否有 6—17 岁的小孩？
(1) 是（续答 10 - 1） 　(2) 否（跳答第 11 题）

10 - 1. 请问过去 1 年内，您曾带小孩去参观过博物馆或展览馆吗？
(1) 有 　　　　　　　　(2) 没有

10 - 2. 请问过去 1 年内，您曾带小孩参加过主题讲座吗？
(1) 有 　　　　　　　　(2) 没有

10 - 3. 除了孩子所在学校的表演外，请问过去 1 年内，您曾带小孩出席（欣赏）过任何舞台剧、音乐剧、歌剧、舞蹈或古典音乐表演吗？
(1) 有 　　　　　　　　(2) 没有

10 - 4. 除了孩子所在学校的表演外，请问过去 1 年内，您曾带小孩出席（欣赏）过任何艺术文化展览会或节庆活动吗？

（1）有　　　　　　　　　（2）没有

　　11. 请问您的父母或家中其他成年人，过去 1 年参观博物馆或展览馆的频率如何？

　　　　（1）经常（每月一次，或半年三次以上即经常）

　　　　（2）偶尔（平均三个月一次）

　　　　（3）从未　　　　　　　（4）不知道

　　12. 请问您的父母或家中其他成年人，过去 1 年参加主题讲座的频率如何？

　　　　（1）经常（每月一次，或半年三次以上即经常）

　　　　（2）偶尔（平均三个月一次）

　　　　（3）从未　　　　　　　（4）不知道

　　13. 请问您的父母或家中其他成年人，过去 1 年出席（欣赏）流行音乐演唱会的频率如何？

　　　　（1）经常（每月一次，或半年三次以上即经常）

　　　　（2）偶尔（平均三个月一次）

　　　　（3）从未　　　　　　　（4）不知道

　　14. 请问您的父母或家中其他成年人，过去 1 年出席（欣赏）交响乐的频率如何？

　　　　（1）经常（每月一次，或半年三次以上即经常）

　　　　（2）偶尔（平均三个月一次）

　　　　（3）从未　　　　　　　（4）不知道

　　15. 请问您的父母或家中其他成年人，过去 1 年出席（欣赏）音乐舞台剧或歌剧或其他戏剧活动的频率如何？

　　　　（1）经常（每月一次，或半年三次以上即经常）

　　　　（2）偶尔（平均三个月一次）

　　　　（3）从未　　　　　　　（4）不知道

　　16. 请问您的父母或家中其他成年人，过去 1 年出席（欣赏）话剧、哑剧、儿童剧的频率如何？

　　　　（1）经常（每月一次，或半年三次以上即经常）

（2）偶尔（平均三个月一次）

（3）从未　　　　　　　　（4）不知道

17. 请问您的父母或家中其他成年人，过去 1 年出席（欣赏）木偶戏的频率如何？

（1）经常（每月一次，或半年三次以上即经常）

（2）偶尔（平均三个月一次）

（3）从未　　　　　　　　（4）不知道

18. 请问您的父母或家中其他成年人，过去 1 年出席（欣赏）传统戏曲（如越剧、昆曲或京剧）的频率如何？

（1）经常（每月一次，或半年三次以上即经常）

（2）偶尔（平均三个月一次）

（3）从未　　　　　　　　（4）不知道

19. 请问您的父母或家中其他成年人，过去 1 年出席（欣赏）艺术文化展览会/节庆活动的频率如何？

（1）经常（每月一次，或半年三次以上即经常）

（2）偶尔（平均三个月一次）

（3）从未　　　　　　　　（4）不知道

20. 请问您的父母或家中其他成年人，过去 1 年出席（欣赏）舞蹈表演（如芭蕾舞、现代舞、中国传统民族舞）的频率如何？

（1）经常（每月一次，或半年三次以上即经常）

（2）偶尔（平均三个月一次）

（3）从未　　　　　　　　（4）不知道

21. 请问您的父母或家中其他成年人，过去 1 年出席（欣赏）传统戏曲（如越剧、昆曲或京剧）的频率如何？

（1）经常（每月一次，或半年三次以上即经常）

（2）偶尔（平均三个月一次）

（3）从未　　　　　　　　（4）不知道

四、个人背景与家庭特征

22. 请问您的年龄？

(1) 20—29 岁　　　　　　(2) 30—39 岁　　　　　　(3) 40—49 岁

(4) 50—59 岁　　　　　　(5) 60 岁（含）以上

23. 请问您的教育程度是？

(1) 初中或以下　　　　　(2) 高中、高职　　　　　(3) 大专

(4) 大学本科　　　　　　(5) 研究生以上

24. 请问您的父亲教育程度是？

(1) 初中或以下　　　　　(2) 高中、高职　　　　　(3) 大专

(4) 大学本科　　　　　　(5) 研究生及以上

25. 请问您的母亲教育程度是？

(1) 初中或以下　　　　　(2) 高中、高职　　　　　(3) 专科

(4) 大学　　　　　　　　(5) 研究生及以上

26. 请问您目前的职业？

(1) 机关单位、事业单位工作人员

(2) 社区工作人员　　　　(3) 企业人员

(4) 个体工商业者　　　　(5) 自由职业者　　　　　(6) 在校学生

(7) 离退休人员　　　　　(8) 无业人员

(9) 其他（请注明＿）

27. 请问您的个人年收入（包括薪资、租金、投资所得、退休金等）大概多少？

(1) 5 万元及以下

(2) 5 万—10 万元（含 10 万）

(3) 10 万—15 万元（含 15 万）

(4) 15 万—30 万元（含 30 万）

(5) 30 万—50 万元（含 50 万）

(6) 50 万以上

(7) 无收入

28. 目前您居住地所在的区域：

(1) 湖滨街道　　　　　　(2) 清波街道

(3) 小营街道　　　　　　(4) 望江街道

（5）南星街道　　　　　　（6）紫阳街道

29. 您的户籍：

（1）上城区本地户口　　　（2）上城区以外户口

（3）境外人士　　　　　　（4）其他（请说明_____）

30. 您在上城区的居住时间：

（1）1年及以下　　　　　（2）1—3年（含3年）

（3）3—8年（含8年）　　（4）8年以上

31. 您的性别：

（1）男　　　　　　　　　（2）女

32. 其他意见和建议？

_____